全国职业病诊疗康复人才培训系列教材

工作相关肌肉骨骼疾病

国家卫生健康委职业健康司　组织编写

李树强　主编

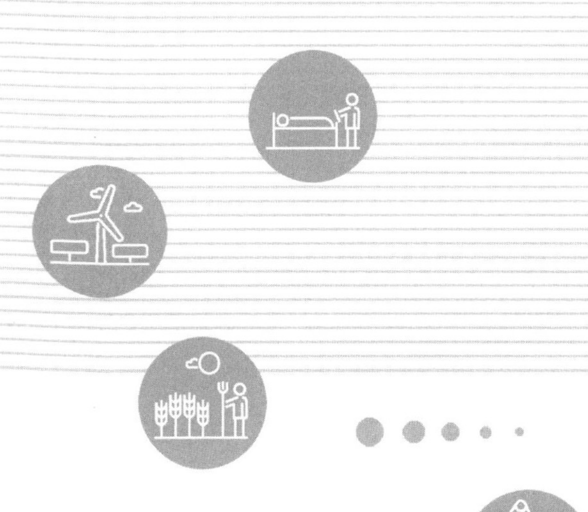

中国人口与健康出版社
China Population and Health Publishing House
全国百佳图书出版单位

图书在版编目（CIP）数据

工作相关肌肉骨骼疾病 / 国家卫生健康委职业健康司组织编写 . -- 北京 ：中国人口与健康出版社，2025. 6. --（全国职业病诊疗康复人才培训系列教材）.
ISBN 978-7-5238-0436-0

Ⅰ. R68

中国国家版本馆 CIP 数据核字第 2025EV1373 号

全国职业病诊疗康复人才培训系列教材
工作相关肌肉骨骼疾病

QUANGUO ZHIYEBING ZHENLIAO KANGFU RENCAI PEIXUN XILIE JIAOCAI
GONGZUO XIANGGUAN JIROU GUGE JIBING

国家卫生健康委职业健康司　组织编写

责任编辑　赵晓昀
责任设计　刘海刚
责任印制　任伟英
出版发行　中国人口与健康出版社
印　　刷　天津中印联印务有限公司
开　　本　889 毫米 × 1194 毫米　1/16
印　　张　11.5
字　　数　303 千字
版　　次　2025 年 6 月第 1 版
印　　次　2025 年 6 月第 1 次印刷
书　　号　ISBN 978-7-5238-0436-0
定　　价　38.00 元

微 信 ID　中国人口与健康出版社
图书订购　中国人口与健康出版社天猫旗舰店
新浪微博　@ 中国人口与健康出版社
电子信箱　rkcbs@126.com
总编室电话　（010）83519392　**发行部电话**　（010）83557247
办公室电话　（010）83519400　**网销部电话**　（010）83530809
传　　真　（010）83519400
地　　址　北京市海淀区交大东路甲 36 号
邮　　编　100044

全国职业病诊疗康复人才培训系列教材
编写指导委员会

《工作相关肌肉骨骼疾病》编委会

主　编：李树强　北京大学第三医院

副主编：王　生　北京大学公共卫生学院

王忠旭　中国疾病预防控制中心职业卫生与中毒控制所

何丽华　北京大学公共卫生学院

关　里　北京大学第三医院

编写人员：（按姓氏笔画排序）

王　云　北京大学公共卫生学院

王　奔　北京大学第三医院

王会宁　北京市职业病防治院

朱　戈　北京大学第三医院

华英汇　复旦大学附属华山医院

刘　飞　湖北省中西医结合医院（湖北省职业病医院）

刘小燮　北京大学第三医院

刘京宇　北京大学第三医院

刘振龙　北京大学第三医院

阎腾龙　北京市职业病防治院

祁文静　北京大学第三医院

孙　扬　复旦大学附属华山医院

李　涛　北京大学人民医院

李云霞　复旦大学附属华山医院

杨延砚　北京大学第三医院

肖　斌　广东省职业病防治院

谷　莉　北京大学第三医院
张元鸣飞　北京大学第三医院
陆梓予　复旦大学附属华山医院
陈章健　北京大学公共卫生学院
苗　欣　北京大学第三医院
范　飞　天津市职业病防治院
和清源　北京大学第三医院
金　旭　北京大学公共卫生学院
周非非　北京大学第三医院
郑亦沐　北京大学第三医院
赵怡然　北京大学第三医院
胡贵平　北京航空航天大学医学科学与工程学院
胡新尧　深圳大学机电与控制工程学院
姜　宇　北京大学第三医院
莫仕围　深圳大学体育学院
贾　宁　中国疾病预防控制中心职业卫生与中毒控制所
贾　光　北京大学公共卫生学院
徐　擎　中国疾病预防控制中心职业卫生与中毒控制所
凌瑞杰　湖北省中西医结合医院（湖北省职业病医院）
梅　宇　北京大学第三医院
常　琳　复旦大学附属华山医院
韩　承　天津市疾病预防控制中心
蒋　洁　北京大学第三医院
薛云皓　首都医科大学附属北京积水潭医院

序 言

人民健康是民族昌盛和国家富强的重要标志，职业健康关系亿万劳动者身心健康和家庭幸福，党中央、国务院历来高度重视职业健康工作。党的十八大以来，以习近平同志为核心的党中央坚持以人民为中心的发展思想，把保障人民健康放在优先发展的战略地位，提出从以治病为中心转变为以人民健康为中心，实施健康中国战略，将健康融入所有政策，为人民群众提供全方位全周期健康服务。党的二十届三中全会明确提出实施健康优先发展战略，健全公共卫生体系，促进社会共治、医防协同、医防融合，强化监测预警、风险评估、医疗救治等能力。

我国正处于工业化、城镇化快速发展阶段，广大劳动者在职业活动中接触的职业病危害因素日益复杂多样，职业性尘肺病、职业中毒等传统职业病防治形势仍然严峻，肌肉骨骼系统疾病和工作压力导致的生理、心理问题正成为亟待应对的职业健康新挑战。保障劳动者健康，做好职业病诊疗康复工作，需要大力加强专业技术人才培养，加强职业卫生放射卫生服务能力建设，以适应新时代职业健康工作需要。

按照《“健康中国 2030”规划纲要》《国家职业病防治规划（2021—2025 年）》等要求，国家卫生健康委将职业病诊疗康复人才培训纳入卫生健康人才培养项目。为加强人才培训培养工作的专业性、规范性和实效性，国家卫生健康委职业健康司组织编写了“全国职业病诊疗康复人才培训系列教材”，共 10 种，分别是《职业健康检查》《职业病诊断与鉴定》《职业性尘肺病》《职业性化学中毒》《职业性噪声聋》《职业性皮肤病及其他职业病》《放射工作人员职业健康检查》《职业性放射性疾病》《工作相关肌肉骨骼疾病》《工作相关精神和行为障碍》。

本套教材由 200 多位来自疾病预防控制机构、职业病防治院所、专科医院等职业病诊断、治疗和康复相关领域的专家学者共同编写，内容丰富、科学系统，具有较强的专业性、科学性、针对性、实用性，既可用于职业病诊疗康复人员的培训，也可供职业健康监管人员、用人单位职业卫生管理人员、职业健康技术服务人员以及大专院校相关专业师生学习参考。

因时间仓促，本套教材虽经多次讨论和修改，但难免会有不妥和错误之处，欢迎广大读者批评指正。

全国职业病诊疗康复人才培训系列教材

编写指导委员会

2025 年 6 月

前言

随着我国产业结构的深度调整和职业形态的多元化发展，工作相关肌肉骨骼疾病的防治面临前所未有的挑战，其危害已经引起全社会的广泛关注。在《健康中国行动（2019—2030年）》中明确提出了工作相关肌肉骨骼系统疾病预防控制要求，《国家职业病防治规划（2021—2025年）》在职业健康现状和问题中，专门提出要开展肌肉骨骼系统疾患防治工作。2024年12月11日，国家卫生健康委等四部门联合发布调整后的《职业病分类和目录》，首次新增职业性肌肉骨骼疾病类别，这一调整标志着我国工作相关肌肉骨骼疾病防治政策体系正在经历从无到有、从粗放到精细的变化过程，具有里程碑意义。

《工作相关肌肉骨骼疾病》为全国职业病诊疗康复人才培训系列教材之一，重点突出我国本土特色，系统梳理工作相关肌肉骨骼疾病的流行病学特征、政策法规体系和防治实践，帮助读者建立系统化知识框架。本书共分为十章，涵盖工作相关肌肉骨骼疾病总论，人体肌肉骨骼与工效学基本知识，常见颈肩部、腰背部、肘腕部和膝部等工作相关肌肉骨骼疾病诊疗、康复和预防等内容。本书第三章重点针对职业性肌肉骨骼疾病目录进展作全面阐述，对《职业性腕管综合征诊断标准》作充分解读，并提供了具体实用策略。

本书的主要特色和亮点在于其系统性、科学性、准确性和实用性。编者突破了传统职业医学教材编写思路，构建多学科交叉的知识体系，整合了临床医学、生物力学、人机工程学、预防医学等学科相关知识。同时，通过实操指导，使得理论知识得以落地应用。本书可作为基层职业病防治人员工作肌肉骨骼疾病相关培训、诊治及康复的参考用书，也可供劳动者熟悉和掌握相关工作肌肉骨骼疾病知识参考。

本书是在国家卫生健康委职业健康司的指导下，由国内临床职业病学、手外科学、骨科学、运动医学、康复医学、人体工效学及职业卫生学等领域的知名专家学者共同执笔撰写，由李树强担任主编，王生、王忠旭、何丽华和关里担任副主编。在此，谨向参与教材编写的各位专家、老师的辛勤付出，向来自各方面的支持帮助，一并表示衷心感谢。

由于编者经验、水平有限，书中难免存在不足甚或错误，敬请各位同行和读者批评、指正，以便再版时修订。

《工作相关肌肉骨骼疾病》编委会

2025年6月

目录

01 第一章　工作相关肌肉骨骼疾病总论

第一节　概　述

工作相关肌肉骨骼疾病（work-related musculoskeletal diseases，WMSDs）是指由工作场所存在的危险因素引起的肌肉、神经、肌腱、韧带、关节、软骨及局部循环系统损伤的疾病，其发生和发展是由在职业活动中反复暴露于不良工效学因素产生的结果。不良工效学因素主要包括用力作业（包括动态移动）、重复性活动、不舒服或静态姿势作业、接触应力作业、振动作业和低温作业等。此类疾病不包括因滑倒、绊倒、跌倒、被物体击中或其他类似事故造成组织及部位的伤害。WMSDs与职业活动相关度高，且往往与工作暴露有较明确的剂量-反应关系，可损害劳动者的健康和工作效率，不仅影响生活质量，还导致大量的缺勤和时间损失，对用人单位、家庭和社会造成严重的经济负担。因此，《中华人民共和国基本医疗卫生与健康促进法》在第二十三条和第七十九条中对用人单位分别提出要求，要求用人单位应当控制职业病危害因素，采取工程技术、个体防护和健康管理等综合治理措施，改善工作环境和劳动条件。应当为职工创造有益于健康的环境和条件，严格执行劳动安全卫生等相关规定，积极组织职工开展健身活动，保护职工健康。国家鼓励用人单位开展职工健康指导工作，提倡用人单位为职工定期开展健康检查。本书将主要针对常见多发工作相关肌肉骨骼疾病做陈述。

一、国内外工作相关肌肉骨骼疾病研究进展

（一）起源和发展

国外对于WMSDs的研究开展较早。1700年，意大利医师贝纳迪诺·拉马兹尼（Bernardino Ramazzini）在其出版的职业病综合性著作《工人的疾病》（*Disease of Workers*）中就指出，并非所有工人的疾病都归因于工作环境中的化学因素或物理因素，一部分常见的工人疾病可能是由工作时间长、工作过程中不合理的姿势或不自然的动作造成的。他第一次历史性地描述了办公室职员和抄写员因久坐和不良姿势引起的背痛和颈部不适，被认为是职业医学及工效学领域提出WMSDs概念的先驱。1825年Vleepau首先明确报道了工作相关腱鞘炎。

随着西方工业革命的开展，劳动密集型产业兴起，生产不断专一化、机械化和自动化，工作过程中与劳动者肌肉骨骼损伤有关的问题日益显著。1960年，国际劳工组织（International Labour Organization，ILO）将肌肉骨骼系统疾病作为靶器官系统疾病中的一类疾病列入国际职业病名单，促进了社会和研究人员对WMSDs的关注。20世纪90年代前，国外研究主要集中在以重复操作为特点的重体力劳动行业。据美国1990年劳工统计局的报告，WMSDs的高风险行业包括建筑业、食品加

工业、工业制造业和采矿业。此阶段我国关于 WMSDs 的研究很少，在进入 20 世纪 90 年代后，我国才开始逐步在不同行业及工种的职业人群中开展大量的肌肉骨骼疾病流行病学调查，职业人群的选择借鉴了国外的研究成果并结合我国的国情，主要调查劳动密集型行业，如电子行业、纺织服装业、机械制造业、金属加工业、石油开采业、交通运输业和建筑业等。我国的肌肉骨骼疾病流行病学调查主要集中于了解 WMSDs 在高危人群中的发病情况，以问卷调查为主，重点关注身体疼痛或症状发生的部位及相关的影响因素，其中损伤部位以颈部、肩部、腕部和腰背部最为多见。

20 世纪 90 年代前，生物力学因素被认为是 WMSDs 发生的主要危险因素。20 世纪末，国外研究人员开始注意到 WMSDs 高发行业较为广泛，不仅限于体力劳动者，现金收纳员、流水线劳动者、办公室视频显示终端（visual display terminal，VDT）操作人员等也是高风险职业人群。研究人员重点分析了上述不同行业 WMSDs 流行趋势的变化，对 WMSDs 的研究也扩展到医疗保险、职业健康、社会经济等多方面，并且对 WMSDs 的危险因素提出预防控制措施，将其作为职业健康管理的主要手段。美国国立职业安全卫生研究所通过调查电信行业和报纸行业的 VDT 操作人员，创新性地提出社会心理因素可能是导致 WMSDs 的重要原因。当时我国未曾有类似报道。在这一阶段，我国的研究仍然以横断面调查研究为主。

（二）研究现状

1. 国外 WMSDs 研究现状

进入 21 世纪，科技不断进步，生产方式发生转变，以手工劳作为主的生产效率较低的行业逐步淘汰，企业也从劳动密集型向资本密集型、技术密集型转型。因而劳动者的工作环境发生较大变化，以脑力劳动为主的行业的肌肉骨骼损伤状况得到了研究人员的关注，研究热点从传统的生物力学因素扩展到劳动组织、工作压力等多种因素，其中研究较为广泛的行业包括医疗行业、IT 行业和教育行业等。这一阶段，WMSDs 在许多工业化国家已经成为高发的职业性疾病。2005 年欧盟统计局确认的职业病中，WMSDs 占欧盟各国全部职业病的 39%，由于各国诊断标准不一，此数据存在被低估的可能。国外有相当多的研究报道了由 WMSDs 导致的经济负担。欧盟的一项专题调查显示，尽管由 WMSDs 导致的花费及负担难以评估和比较，还是有一些指标可表明这一疾病造成的损失，这些指标主要有伤残调整寿命年、缺勤、企业的生产及生产力损失。也有研究直接报道了可观的赔偿及花费等。其中，比利时由机械振动引起的 WMSDs（主要是运输行业和建筑行业发生的腰背部损伤）申请职业病赔偿的数量居首位，西班牙的 WMSDs 患病率居所有职业病首位，欧盟其他成员国的 WMSDs 发病率也呈上升趋势。另有研究结果显示，加拿大和澳大利亚管辖区于 2004—2013 年共有 120 万 WMSDs 因时间损失获得索赔补偿，WMSDs 累计造成的时间损失在加拿大管辖区相当于 239345 年，在澳大利亚管辖区相当于 321488 年；美国华盛顿州 1999—2013 年因 WMSDs 的索赔案例占可赔偿案例的 40.0% 以上；美国俄勒冈州 2013—2018 年 24 岁以下的青年劳动者中，WMSDs 是居于首位的导致索赔的疾病，占 19.5%。其中，针对上述 WMSDs 带来的健康影响及经济负担，各个国家的应对政策集中在两大方面，一方面是针对作业场所相关因素的重点干预，另一方面是健康风险评估。鉴于 WMSDs 的高发态势和对劳动者的健康损害，2010 年 3 月 ILO 批准生效的最新版职业病名单中对肌肉骨骼疾病分类进一步细化，分为 8 类：腕部反复运动、过度用力和非自然体位姿势导致的桡骨茎突腱鞘炎，反复运动、过度用力和非自然体位姿势导致的手和腕慢性腱鞘炎，肘部长期受压导致的鹰嘴滑囊炎，长时间保持跪姿导致的髌前滑囊炎，重复性用力作业姿势导致的上髁炎，长时间跪 /

蹲姿势作业导致的半月板损伤，长时间重复用力作业、振动作业、手腕极端姿势导致的腕管综合征，以及上述条目未提及的因明确职业相关暴露因素致 WMSDs。这对 ILO 的 187 个成员国的职业病发现、认定、预防、登记、报告以及赔偿政策和实践有重要影响。许多国家将 WMSDs 纳入职业病或可赔偿的工作相关疾病范畴，但各个国家对于 WMSDs 的定义和诊断标准有所差异。西班牙的 WMSDs 诊断条目中，病因主要包括物理因素中的机械振动和生物力学因素中的强迫姿势、重复动作，所导致的疾病包括骨关节疾患、血管神经疾病和神经障碍，但除半月板损伤外未列举具体疾病名称；瑞士的 WMSDs 诊断条目中，只纳入压力和振动两个物理因素，所导致的疾病包括骨关节疾患、神经障碍和周围神经血管系统疾病；德国的 WMSDs 诊断条目比较明确，除了振动和压力两种物理因素外，更多地将 WMSDs 归因于生物力学因素，如抬举或搬运重物、强迫姿势、过度负荷及重复动作等；芬兰的职业病名单中涉及 WMSDs 的条目较为简单，仅列入持续反复压迫、振动和高压三个病因，导致的疾病也仅涉及骨关节疾患、上肢周围神经血管障碍两类；英国也是为数不多的将手、肘及膝的皮下蜂窝织炎及振动导致的 WMSDs 列入职业病名单的国家；意大利、奥地利和法国均未对 WMSDs 的诊断条目按照病因进行分类；日本的职业病名单也是由病因部分和疾病部分组成，但与上述欧洲国家不同，日本将 WMSDs 归类于生物力学因素 / 过度负荷引起的疾病，而非物理因素引起的疾病；韩国职业病名单有关的 WMSDs 诊断条目中，详细表述存在致病因素的相应工作类型，纳入物理因素（如振动）和生物力学因素（如重复动作、过度用力、强迫姿势等），对于病因所导致的疾病仅以“劳动者的手臂、腿或背部发生或加剧了肌肉骨骼疾病”等进行概括，并未罗列 WMSDs 种类或具体疾病名称。

2. 国内 WMSDs 研究现状

国家卫生健康委于 2024 年 12 月印发了新的《职业病分类和目录》，其中新增了职业性肌肉骨骼疾病这一类别，包括腕管综合征（限于长时间腕部重复作业或用力作业的制造业工人）和滑囊炎（限于井下工人）等病种。这一调整将于 2025 年 8 月 1 日起正式实施。《健康中国行动（2019–2030 年）》规划的行动目标中，针对从事长时间、高强度重复用力、快速移动等作业方式以及视屏作业的人员，提出了推广先进工艺技术、调整作息时间等措施，以预防和控制过度疲劳和工作相关肌肉骨骼系统疾病的发生。特别针对长时间伏案低头工作或长期前倾坐姿的职业人群以及教师、交通警察、医生、护士和驾驶员等，提出了应注意通过伸展活动等方式缓解肌肉紧张，避免颈椎病、肩周炎和腰背痛的发生等职业人群的健康保护措施。在《国家职业病防治规划（2021—2025 年）》职业健康现状和问题中也专门提到了工作相关疾病防控、工作压力及肌肉骨骼疾患问题，将这一重要的职业健康问题提升到国家战略层面。我国是世界上劳动人口最多的国家，劳动人口占比超过总人口的一半，多数劳动者职业生涯超过其生命周期的一半，因此对于 WMSDs 的全方位多角度研究及其防控是非常迫切和重要的。

近年来，我国研究人员通过大量的横断面流行病学研究，不断收集、分析、解释、发布 WMSDs 有关的健康影响因素，对判断发病趋势、形成预防策略和评价监护系统具有重要意义，主要报道人群症状发生率，WMSDs 的不良工效学因素分析，工效学负荷评价以及近年运用数学建模来分析及描述 WMSDs 的发生模式等，目前已取得很多令人信服的成果。除了科学研究，我国也陆续发布了相关指南和团体标准。2021 年，中国疾病预防控制中心发布实施的《工作相关肌肉骨骼疾患的工效学预防原则》，规定了预防因不良工效学因素致劳动者肌肉骨骼疾患的基本原则、工效学危害因素及其危险源、工效学原则、危险评估、危险控制原则等方面内容，用于指导用人单位开展作业场所工效学危害因素的识别、评估和控制工作，具有较强的专业性和实用性，是我国推进职业人群健康发展的重要参考资料。2022 年，国家卫生健康委职业健康司委托北京大学第三医院牵头制定了《工作相关肌肉骨骼疾患防治科普指南》（以下简称《指南》），针对与职业活动密切相关的上肢（肘、腕部）和躯干（颈、肩、腰部）部位的工作相关肌肉骨骼疾病，从人体工效学角度指导劳动者在作业岗位操作过程中、在使用相关设备时，避免可能遇到的不安全因素，同时减少工作环境中存在的不安全因素。《指南》强调用人单位要加强职业健康管理，帮助劳动者识别和改善劳动环境中的不安全因素，提示劳动者需要注意的事项，预防工作相关肌肉骨骼疾病的发生和发展。

此外，WMSDs 需要做好基础预防，降低工作场所不良工效学风险是预防 WMSDs 的关键，应采取以下措施：①用人单位应合理组织和安排工作任务，减少劳动者的肌肉骨骼重复作业频率和用力操作作业频率。在生产工艺允许的情况下，采用机械化作业代替人工作业。为劳动者提供符合人体工效学的劳动保护，避免或降低劳动者 WMSDs 的风险。②劳动者自身应保持正确工作习惯、减少过度用力、降低重复作业频率。工间休息时，可适当做肢体活动，或局部按摩，缓解肌肉疲劳。

综上所述，我国与其他国家相比，WMSDs 相关研究仍处于探索阶段，未来急需在全国范围内开展大规模的前瞻性队列研究，以反映我国当前 WMSDs 的发生、发展情况。这将为 WMSDs 的防治，以及职业性肌肉骨骼疾病被纳入我国法定职业病范畴提供科学依据，对于保障和促进劳动者健康，推进健康中国目标的实现具有重要意义。

二、流行病学特征

全球范围内，约有 17.1 亿人口遭受肌肉骨骼疾患的困扰。其中，高收入国家的病例数量最多，达到 4.41 亿，其次是西太平洋地区的 4.27 亿和东南亚地区的 3.69 亿。WMSDs 的患病率随着年龄和具体诊断而有所变化，但这类疾病实际上涉及了各个年龄段的人群。目前，WMSDs 所导致的残疾情况呈现出不断加重的趋势，已经成为全球疾病负担中伤残损失寿命年（years lived with disability，YLDs）最高的单一病因，占比高达 17%。根据现有的发展趋势预测，未来几十年 WMSDs 所带来的残疾负担将会持续增加，尤其是在经济水平较低的国家和地区，这一增长速度预计将会更为显著。在全球 160 个国家的统计数据中，腰痛被列为导致人们残疾的首要原因。此外，腰痛也是全球康复医疗需求中占据最大份额的疾病。因此，针对 WMSDs，尤其是腰痛的有效预防、诊断和治疗措施，对于减轻全球疾病负担、提高人民生活质量具有极其重要的意义。

目前针对不同行业内 WMSDs 流行趋势调查主要发现如下。

（一）国际情况

2005 年，欧盟统计局指出，WMSDs 占据了整个欧盟职业病案例的 39%。值得注意的是，由于其成员国之间在职业病诊断标准上存在差异，这一统计数字有可能被低估。具体到成员国情况，2014 年第六次欧洲工作状况调查结果显示，比利时报告了因机械性振动导致的 WMSDs 职业病索赔数量最多，而西班牙则以 WMSDs 在所有职业病中的比例最高而突出（见表 1–1）。这些数据反映了 WMSDs 在欧洲工作环境中的普遍性和重要性，以及对于制定统一的预防和管理策略的迫切需求。

（二）国内情况

中国疾病预防控制中心职业卫生与中毒控制所于 2018—2023 年在我国华北、华东、华中、华

表 1-1　2014 年欧洲十国 WMSDs 患病情况

国家	参保人员（人）	诊断申报（人）	诊断病例（人）	职业病病例总数（人）	WMSDs 占比（%）
德国	42861173	10009	1240	36436	3.40
奥地利	3411138	—	40	1129	3.54
比利时	3059833	8062	2498	3609	69.22
丹麦	2720661	6982	588	3756	15.65
西班牙	13647833	—	1286	17260	74.51
芬兰[a]	2197000	454	209	1811	11.54
法国[b]	18632122	86382	60018	68556	87.55
意大利[c]	21200000	31823	13669	19841	68.89
瑞典	4647314	710	344	1089	31.59
瑞士	3944691	505	221	2152	10.27

注：a 芬兰为 2013 年统计数据；b 法国为 2013 年统计数据；c 意大利为 2012 年统计数据。

资料来源：杨秋月，王海椒．欧洲职业性肌肉骨骼疾患流行现状和诊断标准概述［J］．环境与职业医学，2017，34（9）：826-830.

南、西南、西北和东北七个地区，对汽车制造业，计算机、通信和其他电子设备制造业，家具制造业，制鞋业，医疗卫生，黑色金属冶炼和压延加工业，电气机械和器材制造业，船舶及相关装置制造业，煤炭开采和洗选业，金属制品业，有色金属冶炼和压延加工业，道路运输业，铁路运输设备制造业，建筑业，通用航空服务，有色金属矿采选业，综合零售业，食品制造业，汽车修理与维护，玩具制造业，畜牧业，农业，水泥、石灰和石膏制造业，石油化工业，化学原料和化学制品制造业，装卸搬运和仓储业，电力、热力、燃气及水生产和供应业，包装装潢及其他印刷业等 29 个行业或作业，开展了为期 6 年的不良工效学因素所致工作相关肌肉骨骼疾患的风险评估项目，旨在为我国制定工作相关肌肉骨骼疾患相关预防对策和策略、职业病分类和目录的修订工作提供既往缺乏的数据支持。本次调查采用中国疾病预防控制中心职业卫生与中毒控制所职业防护与工效学研究室研发的《工作相关肌肉骨骼疾患的工效学评估与分析系统》，对我国不同地区重点行业或作业劳动局部肌肉骨骼不适症状的发生情况及其影响因素开展调查。截至 2023 年底，共收到有效问卷 88609 份，包括对照人群和观察人群。对照人群为技术管理、行政办公、后勤保障等非一线操作类岗位，其余一线操作类岗位为观察人群。观察人群共计 83006 人（男性 56149 人、女性 26857 人），对照人群共计 5603 人（男性 3840 人、女性 1763 人）。工作相关肌肉骨骼疾患的判定准则参考了美国国家职业安全卫生研究所（National Institute for Occupational Safety and Health，NIOSH）的标准，即出现疼痛、僵硬、烧灼感、麻木或刺痛等不适症状，同时满足：①过去 1 年内不适；②从事当前工作以后开始出现不适；③既往无事故或突发伤害（影响不适的局部区域）；④每月都出现不适发生或持续时间超过 1 周，则判定为该部位的肌肉骨骼疾患。

调查采用第七次全国人口普查（18~60 岁）年龄构成数据进行年龄标化的发生率表示。比值比（OR）的计算，在各指标分组计算时基于各指标的有无或接触程度，以无或无接触的阴性结果为对照计算获得。本数据表格中显著性检验结果以数据右上角的“*”表示，“*”代表 $P<0.05$。

研究结果如下：

（1）不同地区局部肌肉骨骼不适症状标化发生率和发生危险。我国不同地区局部肌肉骨骼不适症状的标化发生率（不分部位，即任一部位发生局部肌肉骨骼不适症状，均列为病例）波动在32.54%~49.70%，位列前三位的地区依次为西北（49.70%）、东北（46.16%）和华北（40.24%）。华东、华南和西南地区明显低于华中、华北、东北和西北地区。除华东地区外，各地区观察人群局部肌肉骨骼不适症状发生危险均显著高于对照人群。从反映职业发生特征的发生危险（*OR*，即观察人群发生率与对照人群发生率之比）来看，以西北地区为最高，其次为东北、华北、华中、西南和华南等，与对照人群相比，华东地区的观察人群发生率无显著差异，但略低（见表1–2）。

表1–2　不同地区人群不分部位局部肌肉骨骼不适症状发生数、发生率和发生危险

地区	人数（人）	发生数（人）	标化发生率	*OR*（95%*CI*）
东北	3866	1780	46.16%	1.620*（1.490~1.762）
华北	12356	5250	40.24%	1.403*（1.314~1.498）
华东	22808	7593	32.54%	0.947（0.891~1.008）
华南	29365	10538	35.14%	1.063*（1.001~1.128）
华中	5236	2137	40.00%	1.309*（1.211~1.415）
西北	3870	1906	49.70%	1.843*（1.695~2.003）
西南	5505	2110	36.66%	1.180*（1.092~1.275）

（2）不同部位局部肌肉骨骼不适症状标化发生率和发生危险。不同部位局部肌肉骨骼不适症状标化发生率差异均有统计学意义（$P<0.05$），按标化发生率从高到低排序，排在前三位的部位依次为颈部（21.37%）、肩部（18.23%）和下背部（14.92%）。与对照人群相比，观察人群手部（*OR*=2.261）、肘部（*OR*=1.926）和足部（*OR*=1.878）局部肌肉骨骼不适症状发生危险较高，颈部局部肌肉骨骼不适症状发生危险无统计学差异（见表1–3）。由此提示，标化发生率最高的颈部WMSDs可能不是由职业接触特征所致。

表1–3　我国职业人群不同部位局部肌肉骨骼不适症状发生情况

局部肌肉骨骼不适症状发生部位	对照人群			观察人群			*OR*（95%*CI*）
	人数（人）	发生数（人）	标化发生率	人数（人）	发生数（人）	标化发生率	
颈部	5603	1305	22.77%	83006	18530	21.37%	0.947（0.888~1.009）
肩部		983	17.10%		15552	18.23%	1.084*（1.009~1.163）
上背部		605	11.11%		10810	12.41%	1.237*（1.134~1.349）
下背部		624	11.14%		12570	14.92%	1.424*（1.307~1.551）
肘部		209	4.05%		5765	7.03%	1.926*（1.673~2.217）
手部		324	6.06%		10114	11.83%	2.261*（2.017~2.534）
腿部		343	6.58%		8100	9.60%	1.658*（1.483~1.854）
膝部		389	7.32%		8216	9.91%	1.472*（1.325~1.636）
足部		382	6.86%		10027	10.90%	1.878*（1.689~2.088）

（3）2018—2023 年历年局部肌肉骨骼不适症状标化发生率和发生危险。我国重点行业职业人群（观察人群）局部肌肉骨骼不适症状标化发生率由 2018 年的 42.88% 逐步下降至 2023 年的 29.94%；2018—2020 年，局部肌肉骨骼不适症状标化发生率下降明显，2021—2023 年，局部肌肉骨骼不适症状标化发生率变化不大，稳定在 29% 左右（见表 1–4 和图 1–1）。

表 1–4　2018—2023 年局部肌肉骨骼不适症状标化发生率

统计年份（年）	人数（人）	发生数（人）	标化发生率
2018	14033	6057	42.88%
2019	29744	12392	41.74%
2020	11358	4425	37.42%
2021	7952	2375	28.98%
2022	5372	1601	29.52%
2023	14547	4464	29.94%

（4）重点职业人群局部肌肉骨骼不适症状标化发生率和发生危险。表 1–5 列出了不同行业劳动者局部肌肉骨骼不适症状的标化发生率和发生危险。不同行业劳动者局部肌肉骨骼不适症状的标化发生率之间的差异存在统计学意义（$P<0.05$），且高于全国平均水平。按照从高到低排序依次为医疗卫生（53.18%），玩具制造业（50.54%），汽车制造业（43.39%），通用航空服务（42.71%）、船舶及相关装备制造业（40.56%），计算机、通信和其他电子设备制造业（40.42%），有色金属冶炼和压延加工业（40.06%），畜牧业（38.74%），化学原料和化学制品制造业（37.26%），制鞋业（37.13%），汽车修理与维护（36.93%）。按照发生危险（*OR* 值），位列前五的行业是包装装潢及其他印刷业（*OR*=6.731）、农业（*OR*=2.878）、医疗卫生（*OR*=2.414）、通用航空服务（*OR*=1.977）和玩具制造业（*OR*=1.910）。我国不同企业规模人群局部肌肉骨骼不适症状的标化发生率波动在 35.86%~39.19%，微型企业最高，大型企业最低（见表 1–6）。局部肌肉骨骼不适症状的标化发生率和发生危险观察人群均高于对照人群，且女性均高于男性。由此提示，女性职业人群较男性职业人群更易患局部肌肉骨骼不适症状（见表 1–7）。40 岁以下观察人群局部肌肉骨骼不适症状的发生率和发生危险均显著高于对照人群。40 岁以上观察人群与对照人群局部肌肉骨骼不适症状的发生差异逐步减小。原因可能与工作组织和个体生活习惯相关（见表 1–8）。为探讨本工种工龄对局部肌肉骨骼不适症状发生的影响，表 1–9 列出了我国职业人群本工种不同工龄组局部肌肉骨骼不适症状的标化发生率和发生危险。结果显示，局部肌肉骨骼不适症状的标化发生率和发生危险均呈现随工龄先增加后下降的趋势，35~39 年工龄组标化发生率和发生危险均为最高（41.04%，*OR*=1.596）。

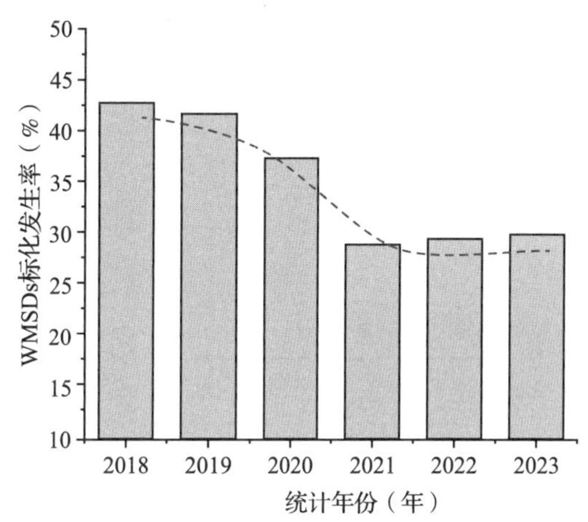

图 1–1　2018—2023 年劳动者局部肌肉骨骼不适症状标化发生率

表 1-5　不同行业劳动者局部肌肉骨骼不适症状的标化发生率和发生危险

行业	人数（人）	发生数（人）	标化发生率	*OR*（95%*CI*）
包装装潢及其他印刷业（C2319）	50	39	34.17%	6.731*（3.440~13.173）
畜牧业（A03）	242	93	38.74%	1.185（0.909~1.544）
船舶及相关装置制造业（C373）	3065	1287	40.56%	1.374*（1.255~1.504）
道路运输业（G54）	2296	657	33.86%	0.761*（0.685~0.846）
电力、热力、燃气及水生产和供应业（D44）	86	32	30.12%	1.125（0.724~1.748）
电气机械和器材制造业（C38）	3321	921	26.25%	0.729*（0.663~0.800）
黑色金属冶炼和压延加工业（C31）	3425	1200	33.76%	1.024（0.937~1.120）
化学原料和化学制品制造业（C26）	60	23	37.26%	1.180（0.699~1.992）
计算机、通信和其他电子设备制造业（C39）	9811	3734	40.42%	1.167*（1.089~1.249）
家具制造业（C21）	8865	2265	24.08%	0.652*（0.606~0.701）
建筑业（E47）	1257	304	24.08%	0.606*（0.526~0.697）
金属制品业（C33）	2690	751	26.48%	0.735*（0.665~0.813）
煤炭开采和洗选业（B06）	2378	906	36.03%	1.169*（1.058~1.291）
农业（A01）	239	144	35.18%	2.878*（2.208~3.751）
汽车修理与维护（O8111）	745	225	36.93%	0.822*（0.696~0.970）
汽车制造业（C36）	20497	8484	43.39%	1.341*（1.261~1.426）
石油化工业（C251）	150	22	13.20%	0.326*（0.207~0.515）
食品制造业（C14）	783	264	32.63%	0.966（0.825~1.131）
水泥、石灰和石膏制造业（C301）	144	31	23.08%	0.521*（0.349~0.778）
铁路运输设备制造业（C371）	1615	538	31.22%	0.948（0.844~1.066）
通用航空服务（G562）	1341	684	42.71%	1.977*（1.752~2.230）
玩具制造业（C245）	325	163	50.54%	1.910*（1.526~2.391）
医疗卫生（Q84）	6871	3846	53.18%	2.414*（2.244~2.596）
医药制造业（C27）	1449	483	31.61%	0.949（0.840~1.073）
有色金属矿采选业（B09）	1128	349	29.91%	0.851*（0.741~0.976）
有色金属冶炼和压延加工业（C32）	2199	929	40.06%	1.389*（1.255~1.536）
制鞋业（C195）	6911	2600	37.13%	1.145*（1.064~1.232）
装卸搬运和仓储业（G59）	65	18	25.08%	0.727（0.421~1.255）
综合零售业（F521）	998	322	32.02%	0.904（0.783~1.044）

表 1-6　不同企业规模劳动者局部肌肉骨骼不适症状的标化发生率和发生危险

企业规模	人数（人）	发生数（人）	标化发生率	*OR*（95%*CI*）
微型	1997	766	39.19%	1.181*（1.063~1.313）
小型	18472	7151	37.81%	1.199*（1.127~1.277）
中型	17540	6831	37.00%	1.211*（1.137~1.290）
大型	44997	16566	35.86%	1.106*（1.044~1.173）

表 1-7　我国不同性别劳动者局部肌肉骨骼不适症状的标化发生率和发生危险

性别	对照人群			观察人群			
	人数（人）	发生数（人）	标化发生率	人数（人）	发生数（人）	标化发生率	*OR*（95%*CI*）
男	3840	1255	32.04%	56149	19603	34.08%	1.105*（1.031~1.185）
女	1763	678	39.06%	26857	11711	42.28%	1.237*（1.121~1.366）

表 1-8　不同年龄段劳动者局部肌肉骨骼不适症状的标化发生率和发生危险

年龄分组（岁）	对照人群			观察人群			
	人数（人）	发生数（人）	标化发生率	人数（人）	发生数（人）	标化发生率	*OR*（95%*CI*）
<30	1262	403	31.93%	29245	11165	38.18%	1.316*（1.167~1.485）
30~34	1341	477	35.57%	16837	6767	40.19%	1.217*（1.084~1.367）
35~39	1162	433	37.26%	11660	4532	38.87%	1.070（0.945~1.212）
40~44	709	237	33.43%	8641	3193	36.95%	1.167（0.993~1.373）
45~49	514	197	38.33%	7809	2732	34.99%	0.866（0.721~1.041）
50~54	346	96	27.75%	4748	1553	32.71%	1.266（0.993~1.614）
55~59	134	48	35.82%	1665	527	31.65%	0.830（0.574~1.199）
≥60	135	42	31.11%	2401	845	35.19%	1.202（0.827~1.748）

表 1-9　我国职业人群工龄与出现局部肌肉骨骼不适症状的关系

本工种工龄分组（年）	人数（人）	发生数（人）	标化发生率	*OR*（95%*CI*）
<5	42414	14667	32.54%	1
5~9	19277	7843	37.91%	1.298*（1.253~1.344）
10~14	12245	5007	38.85%	1.309*（1.256~1.364）
15~29	4117	1676	39.12%	1.299*（1.217~1.387）
20~24	2133	913	40.74%	1.416*（1.296~1.546）
25~29	1424	607	31.15%	1.406*（1.263~1.564）
30~34	961	414	33.57%	1.432*（1.258~1.629）
35~39	295	135	41.04%	1.596*（1.268~2.009）
40~44	86	34	25.81%	1.237（0.802~1.907）
≥45	54	18	39.22%	0.946（0.537~1.666）

（贾　宁　王忠旭　徐　擎）

第二节　工作相关肌肉骨骼疾病致伤模型和发病机制

一、工作相关肌肉骨骼疾病致伤模型

目前，国际上已有公认的WMSDs致伤模型，即“工效学负荷→肌肉反应→疲劳→损伤（WMSDs）”（见图1-2）。在该模型中，作业负荷重、节奏快、重复高、时间长、姿势不良及休息不足等因素极易引发局部肌肉疲劳，如此长期慢性累积，最终导致WMSDs。

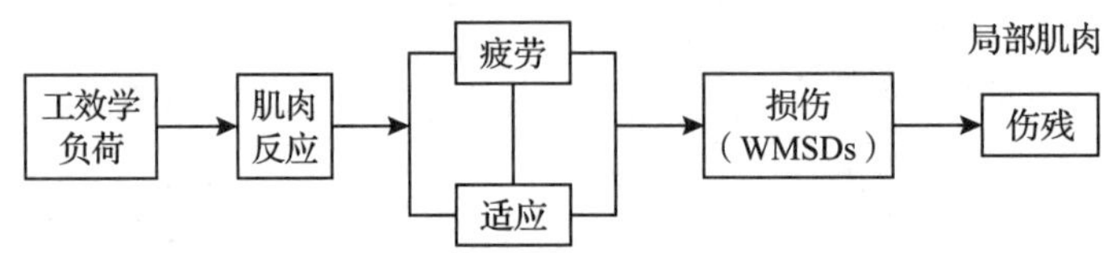

图1-2　WMSDs致伤模型

图片来源：BUCKLE P W, DEVEREUX J J. The nature of work-related neck and upper limb musculoskeletal disorders [J]. Appl Ergon, 2002, 33 (3): 207-217.

WMSDs的形成可能与局部肌肉接触高生理负荷的不当职业活动有关，引发了肌肉疲劳或反复持续性疲劳，导致肌肉、软骨、肌腱和神经的损伤，此过程是一个复杂的生物化学过程，在疾病发展不同阶段中存在多种生物标志物及其生物学改变，包括活动、疲劳、损伤等过程中的代谢、氧化损伤、炎性和疼痛标志物，且与不同的病因学机制有关。

二、发病机制

目前对于局部肌肉疲劳与损伤发生机制存在多种假说，如能源物质耗竭学说、疲劳物质累积学说、机体内环境稳定性失调学说、机械损伤学说、炎性损伤学说等。对于肌肉骨骼疲劳与损伤的这些假说，本部分基于文献报道，分别从细胞学、炎性损伤、关节及肌肉损伤3种致病机制进行阐述。

（一）细胞学致病机制

职业活动过程中，在持续工效学负荷的作用下，骨骼肌连续经历损伤与修复反应，从损伤和死亡的细胞中释放多种损伤相关分子，形成以下胞内作用途径：①损伤分子诱导内质网应激反应（未折叠的蛋白质反应和内质网超载反应），进而导致细胞产生过量活性氧（reactive oxygen species，ROS）并诱导细胞凋亡；②内质网应激及肿瘤坏死因子（tumor necrosis factor，TNF）与胞膜受体结合会引发核因子κB（NF-κB）途径的激活，导致促炎细胞因子、趋化因子和黏附因子的产生，抑制新的肌细胞生成，并通过激活半胱天冬酶及钙蛋白酶通路来诱导细胞死亡；③损伤信号作用于细胞会通过Toll样受体（toll-like receptor，TLR）信号介导致炎症小体激活，形成自噬体并诱导自噬，分泌白细胞介素-1（interleukin-1，IL-1）；④损伤相关分子会在肌肉中将线粒体能量相关代谢途径和嘌呤核苷酸代谢途径相互连接。此外，在损伤相关细胞因子的作用下，嘌呤核苷酸循环的限速酶和骨骼肌AMPD1的表达有所下降，导致肌力降低和疲劳。自噬、内质网应激、炎症小体和嘌呤核苷酸途径之间存在积极的相互作用。当工效学负荷过重，肌细胞长期得不到修复，在多种细胞机制的共同作用下，超出骨骼肌适应能力时则引起肌组织病理学改变，骨骼肌此阶段中乳酸（LA）、血氨（AMM）、氧化嘌呤、硫代巴比妥酸反应物（TBARS）、蛋白羟基化合物、谷胱甘肽（GSH）、Ca^{2+}水平发生变化，能量代谢产物及氧化应激产物累积。肌肉骨骼微环境是复杂的，在任何时候都具有组织修复和组织破坏机制。这些途径的相对比例决定了疾病的严重程度和进展。

（二）炎性损伤致病机制

骨骼肌损伤早期，由肌肉释放的炎性因子向外周血炎性细胞提供趋化信息，这些物质以浓度梯度诱导炎性细胞向损伤部位移动。损伤过程中会启动多种免疫信号通路，通过与损伤特异性的受体结合，激活多种相关细胞的反应机制，包括骨骼肌纤维、巨噬细胞、树突状细胞、血管内皮细胞和成纤维细胞等。①损伤信号通过多种受体诱导促炎细胞因子和趋化因子分泌至微环境中，如 α 干扰素（IFN-α）、γ 干扰素（IFN-γ）、肿瘤坏死因子 -α（TNF-α）、IL-1、白细胞介素 -6（IL-6）等。这些细胞因子与各自受体（如 IFN 受体、IL-1 受体等）结合，并对下游产生影响。细胞因子和趋化因子直接导致受损的毛细血管和肌肉缺氧。细胞因子（如 TNF-α）可直接诱导肌肉细胞死亡，而 NF-κB 已知可阻止肌分化因子（MyoD）和抑制新的肌纤维形成。因此，这条途径不仅有效增强现有肌纤维的死亡，而且抑制新的肌纤维形成，导致骨骼肌肌力下降。②免疫细胞中的信号传导激活肌肉中的各种抗原呈递细胞（antigen presenting cell，APC），启动自身抗原特异性 T 细胞应答。在各种细胞因子存在下，活化的 $CD4^+T$ 细胞分化为 T 辅助（Th）-17（TGF-β）、Th2（IL-4）和 Th1（IL-12）效应 T 细胞，影响多种细胞类型的离散细胞因子组。Th1 细胞通过 IFN-γ 产生 M_1 型巨噬细胞，分泌 TNF-α、IL-6 和 IL-1，并损伤细胞。Th2 细胞通过 IL-4、TGF-β 和 IL-10 产生 M_2 巨噬细胞，已知这些巨噬细胞可以帮助损伤组织进行修复和重塑。Th2 细胞还有助于刺激 B 细胞成熟并分化成产生自身抗体的浆细胞，进一步启动补体介导的毛细血管损伤并诱导缺氧。

（三）关节、肌肉损伤致病机制

WMSDs 病因较为复杂，受多种因素影响，其发病机制尚不十分明确。目前的研究认为，WMSDs 的常见病因包括软组织（如软骨）、关节炎症和肌肉的损伤。主要发病原因包括软骨损伤、肌肉损伤、肌腱损伤和神经损伤等。在细胞层面，骨骼肌疲劳和损伤多集中于肌细胞膜、内质网膜。肌肉活动时，肌纤维受到牵拉，肌组织内生理代谢紊乱，生化环境改变，造成骨骼肌细胞超微结构的损伤，包括肌丝断裂、胞膜磷脂过氧化等，导致细胞膜的完整性、通透性改变，内容物渗漏进入外周血液。研究已经证实，长期接触高负荷和重复任务可导致组织学变化，包括细胞破裂、肌腱磨损及其他结构异常。

依据 WMSDs 发生机理，生物标志物初步分为代谢性标志物、氧化应激标志物、炎性标志物和疼痛相关标志物。确认生物标志物，一般需满足两个条件：①具有随被监测进程的功能变化，可被准确测量；②稳定且与运动负荷相关，在可测的生物液体中存在可检测的量。随着生物技术的进步，上述生物标志物的研究都已能够实现。虽然在一些研究中，某些代表性的生物标志物可以单独使用，但 WMSDs 是多组织疾病，涉及肌肉、骨骼、软骨和神经，因而在 WMSDs 的识别中，组合生物标志物可能比任何单一的生物标志物有更大的价值。使用生物标志物或将多种生物标志物组合、与其他研究手段结合使用，有可能给 WMSDs 的早期诊断和检测方法带来革命性的改变。尽管目前对于 WMSDs 生物标志物的研究已经取得了很大进展，但不同研究结果之间一直存在争论，同一生物标志物在不同的研究中可能会呈现不一致的结论。

（王忠旭　贾　宁）

第三节　工作相关肌肉骨骼疾病相关危险因素

WMSDs 的发生可能由多种工效学因素引起，既有机体内部的，也有机体外部的。丹麦、芬兰、瑞典、英国和美国研究并总结出可能导致颈和上肢 WMSDs 发生途径的内部因素概念模型。劳动者在一定的接触作业环境下进行作业活动，产生对机体组织的压力；接触影响了机体局部血液循环，导致局部肌肉疲劳和其他不同生理、生物力学改变，同时机体自身因外部因素而产生内部应激反应；机体反应可能增加（或减少）机体应对进一步反应的能力；如果没有充分的时间使机体组织应对能力再生或恢复，那么进一步的系列反应可能退化机体有效应对能力，直至导致如疼痛、肿胀或活动受限这样的结局。这是导致机体 WMSDs 的内部因素概念模型。2001 年，美国国家科学院（National Academy of Sciences）提出了一个全面的概念模型，深入探讨了 WMSDs 的成因。该模型综合考虑了外在危险因素如何与个体的内在因素相互作用，共同促成 WMSDs 的发展。具体来说，该模型识别了生物力学负荷、组织因素、社会环境因素及个体因素等关键外在因素。生物力学负荷包括工作过程中个体所承受的内部负荷和外部负荷，这些负荷对个体的肌肉骨骼系统构成了直接的机械应力。个体对这些生物力学负荷的生理反应，如疲劳，是模型中的另一个重要组成部分。个体对负荷的耐受能力受到个体差异和组织管理实践的共同影响。组织层面的管理因素，如工作设计和政策，对个体的机械应变和生理反应产生影响。社会环境，包括社会支持和压力，也在 WMSDs 的发生中起着作用。这些因素不仅独立作用，而且相互之间存在着复杂的交互作用。例如，高负荷的工作条件可能会加剧个体的生理反应，而组织因素可能会调节这种反应的强度。社会环境因素，如社会支持的缺乏，可能会进一步加剧这些影响。最终，这些因素的累积效应可能导致个体出现疼痛不适、伤害残疾等不良健康结局（见图 1-3）。

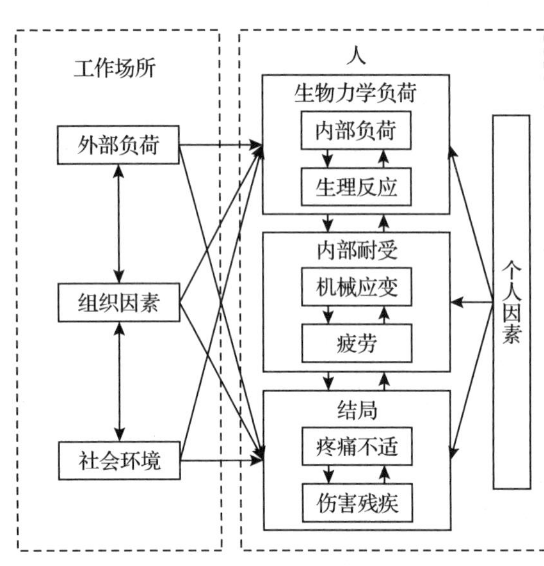

图 1-3　WMSDs 发生途径

图片来源：Bhattacharya A，McGlothlin JD. Occupational Ergonomics：Theory and Applications，Second Edition（2nd ed.）[M].Boca Raton：CRC Press，2011. https://doi.org/10.1201/b11717.

WMSDs 是由多种危险因素引起的多因素协同作用的结果。以往认为生物力学是 WMSDs 的最主要因素，机制可能是因用力过度、工作姿势不良、重复性操作和休息不充分引起组织损伤，分为静态负荷和动态负荷两种。但随着对 WMSDs 病因研究的深入和社会的发展，心理健康问题日益凸显，近年来研究人员更加关注社会心理因素和组织管理因素对 WMSDs 的影响。

一、工作过程、设备和环境

体力负荷过重、强迫姿势作业（不良体位）、不适的工作姿势会引起 WMSDs。反复地提升、搬运、推拉重物会增加患下背痛的风险；扭曲或弯曲躯干会增加患下背部疾病的风险，在狭窄空间范围内工作时姿势要求发挥更为重要的作用；反复或长时间转身、弯腰等姿势易使机体处于疲劳状态而得不到恢复，使下背痛（low back pain，LBP）的发病风险增加。流行病学研究发现，手部的重复性活动会显著增加WMSDs的发病风险。例如，上臂的反复提升可引起肩部肌腱炎，手腕的长时间重复弯曲可引起WMSDs。不适的工作姿势也是WMSDs的重要危险因素。例如，颈部长期前屈、后伸、侧弯和扭曲均可引起肌肉疲劳，导致患颈肩部疾患的风险显著升高；VDT作业、建筑劳动者的头上作业（手在头部以上的作业）都可使颈部肌肉疲劳。手腕高度弯曲和外展的姿势也会增加患WMSDs的风险。另外有研究显示，工作时手臂处于肩部或肩部以上、静态姿势也增加患WMSDs的风险。接触的持续时间是WMSDs发生过程中的一个重要因素，取决于单位时间（如每天）重复次数和接触时间，短期接触可能导致急性健康障碍，而长时间接触可能在最后阶段引起WMSDs。

工作场所中人机界面设计不符合工效学原则，使工作时腰部扭曲、长时间低头、抬肩臂等强迫体位姿势工作，可使颈部、肩部、背部的肌肉负荷明显增加。Hagberg等对流水线作业劳动者的调查显示，工作台、座椅的设计不符合人体解剖、生理、心理特点和人体测量数据，劳动者颈肩腕综合征患病率为44%，并认为其患病率较高与上述原因致使臂部重复活动造成颈、肩静态负荷有关。

不良的作业环境易引起工作人员烦躁、注意力分散、疲劳、工作能力下降。温度对WMSDs有一定影响。合适的温度使人体感到舒适，可以提高劳动效率和工作质量。强体力负荷状态下高温接触可能导致体温升高，低温接触可使人体的调节能力减弱，反应迟钝。作业环境中的湿度不同，人体的感觉也会发生变化。例如，空气温度30℃、相对湿度90%的作业环境会对人体健康产生危害。合适的照明条件可提高工作准确性，减少视觉疲劳。噪声对人体的心血管功能有一定影响；手臂振动可导致血液循环问题，发生“白指征”。较大的噪声、振动也会影响肌肉和血管的营养供应，不利于肌肉疲劳的恢复。

二、组织管理因素

管理松散无序、不合理的岗位安排、缺乏必要的相关知识培训均易引起WMSDs。有研究人员对加拿大1645名护士的前瞻性研究发现，52.3%发生WMSDs的护士缺乏相关培训（如搬抬患者技巧等）。意大利一项研究对两所位于同一地区的医院护士的LBP患病率进行统计，发现存在显著性差异，造成这种差异的主要原因是两所医院的护士和患者比例（简称护患比）不同（分别为0.57和1.27）。一所医院护患比小，意味着护士的工作量将大大增加，而护患比的大小与管理决策部门的决策密切相关。此外，工作任务分配不当；工作量过大，劳动者没有足够的休息时间；工作进度安排过快，劳动者难以适应，等等，都与WMSDs的发生密切相关。

三、社会因素

不同社会阶层群体WMSDs的发生有差异。例如，从事铝业作业的蓝领工作者与白领工作者相比具有更高的因WMSDs缺勤风险。这种情况在一般人群、综合治疗的患者及化学工业中同样存在。冶金行业因患LBP导致缺勤的一项研究也得出了同样的结论。WMSDs的发生同样受到社会及管理者对劳动者支持程度的影响，缺乏管理者的支持与WMSDs症状呈显著相关，管理者的支持比同事的支持对预防WMSDs作用更大。

四、个人生理和心理因素

男性和女性的骨骼形态不同，这种生理结构差异会导致男性和女性罹患肌肉骨骼疾病的易感性也存在差异。肌肉力量有差异，男性通常比女性拥有更大的肌肉力量和更低的体脂率，这在一定程度上可保护他们免受某些肌肉骨骼疾病的损坏。此外，雌激素在维持骨骼健康方面起着重要作用，女性绝经后雌激素水平下降，导致骨质疏松的风险增加。同时，疼痛感知和处理研究表明，女性和男性在疼痛感知和处理方面存在差异，这可能导致女性和男性在面对肌肉骨骼疾病时的不同表现。

肌肉的低阈限运动单元（low threshold motor units）不仅可被生理负荷激活，也能被心理负荷激活，而低阈限运动单元的持续激活一般被认为是肌肉疲劳的表现。特定肌肉的紧张不仅能导致其他肌肉发生紧张，而且可引发新的不良反应（如损坏组织等）。在认知和情绪应激状态下，较长的休息时间并不能使更多的肌肉放松。工作应激可导致肾上腺素和去甲肾上腺素释放量、心率、心脏收缩压等发生变化，而这些变化与肌肉活动存在明显的联系。应激导致的换气过度，可提高劳动者对交感神经活动的敏感性，容易产生疲劳。

许多研究结果表明，心理状态不同的工作群体，其 WMSDs 的发生存在显著性差异。工作紧张，尤其是工作紧张伴高体力付出是下背痛的危险因素，而且工作越紧张，症状越明显。平时经常主诉有头痛、疲劳、情绪低落等非肌肉骨骼症状的护士容易有下背痛的主诉。工作时间、工作量、工作节奏、工作单调、过度焦虑等心理因素与下背痛的发生呈正相关。同时，接触高物理负荷和高心理负荷者更易患 WMSDs，但在低物理负荷时，心理因素显得格外重要。国内一些研究人员对护理操作、坐位作业、建筑、金属加工等职业活动的研究也得出了类似的结论。不利的心理社会因素可诱发 WMSDs，而 WMSDs 又会对心理和社会状态产生消极影响，进一步增加劳动者的危险性，两者存在双向联系和反馈循环。

（王忠旭　贾　宁）

第四节　工作相关肌肉骨骼疾病流行病学判别标准

一、工作相关肌肉骨骼疾病问卷判别标准

职业流行病学研究中，WMSDs 阳性病例的调查包括自报式问卷调查、临床体格检查等方法，其中，自报式问卷调查应用更为广泛。针对研究关注的身体部位不同采用的调查问卷也有所差异，例如，《McGill 疼痛问卷》侧重于评价下背痛的疼痛程度，《马斯特里赫特上肢问卷》侧重于上肢肌肉骨骼损伤情况调查，《北欧肌肉骨骼问卷》（Nordic Musculoskeletal Questionnaire，NMQ）侧重于全身各部位综合性调查，《荷兰肌肉骨骼问卷》（Dutch Musculoskeletal Questionnaire，DMQ）侧重于职业性肌肉骨骼疾病危险因素的调查。目前，职业流行病学研究中并未就 WMSDs 阳性病例判别标准达成共识。

针对 WMSDs 的职业流行病学问卷调查中多采用 NMQ 及其不同文化背景下的译本。NMQ 关于阳性病例的判别标准如下：在过去 12 个月内，身体各部位存在症状（疼痛或不适），并且对其日常工作造成影响。NMQ 中的判别标准以身体不适的调查时限、不适影响到的身体部位、不适的具体症状及日常工作是否受限等为主要参考依据，也有研究对症状的持续发作时间特别注明了需持续超过 7 日，即过去 12 个月内出现疼痛等症状且连续超过 7 日才有可能被判定为阳性病例。在 NMQ 的基础上将不适症状持续的天数具体化，使判定是否存在不适症状的标准更为详尽，有利于研究资料的数

据收集及阳性病例纳入标准的细致化，但对症状持续发作时间的限定尚缺乏足够的临床研究数据支持，且持续发作时间限定过长易导致阳性病例判定缺失，造成灵敏度下降。在流行病学实践中，对肌肉骨骼症状的调查时限多参考 NMQ（即过去 12 个月），部分研究将调查时限调整为过去 3 或 6 个月内。职业流行病学研究中采用的自报式问卷调查因其回忆式症状反馈致使其存在信息偏倚，缩短回忆时限有助于提高回忆信息的准确性；但如果调查时限过短，可能造成部分病例处于疾病潜伏期内而未能被有效识别，反而造成新的偏倚。

国内关于 WMSDs 的研究多采用 NMQ 的中文译本作为判别阳性病例调查问卷，此外还有自主研发的调查问卷。国内职业流行病学研究中对 WMSDs 的判别标准也包括身体不适的调查时限、不适影响到的身体部位及肌肉骨骼系统具体症状等方面，并且对症状的持续发作时间做了相应说明。国内有关采用 NMQ 中文译本进行的 WMSDs 研究中，对阳性病例的判别标准基本遵从 NMQ，但也有部分研究将症状持续发作时间限定为连续超过 24 小时。例如，采用《中国肌肉骨骼问卷》（China Musculoskeletal Questionnaire，CMQ）调查研究中，对阳性病例的判别标准为：在过去 12 个月内，身体各部位出现不适、麻木、疼痛和活动受限等症状，症状持续时间超过 24 小时且经下班休息后未能缓解。此外，国内也有依据体格检查结果阳性作为研究中阳性病例的判别标准。规范化的体格检查结果可避免问卷调查所面临的信息偏倚，阳性病例判别准确度较高；但受到可行性等限制，自报式问卷调查依然作为职业流行病学研究中阳性病例判定的主要方法。

二、职业流行病学诊断原则

WMSDs 的病因复杂，包含的肌肉骨骼疾患多样，如下背痛、颈肩痛、手腕痛等多部位症状，病变部位和症状表现多样；导致 WMSDs 的职业危害因素也较为复杂，包括重复性动作、用力过度、不良姿势、机械振动等物理因素，以及工作时间过长、工作压力大等心理因素；个体差异大，同样的工作环境和职业接触，不同人群表现的症状也存在差异；发病机制涉及生理、心理、社会等多重因素的复杂交互作用。因此，难以形成统一、明确的临床诊断标准。职业流行病学调查中的判别标准，是筛选阳性病例的判定依据，并不能作为 WMSDs 职业病诊断的临床诊断标准，大多数国家对于 WMSDs 的职业病诊断均有相应的职业病临床诊断依据。

归纳国内外的职业流行病学调查资料，WMSDs 阳性病例的判别应涵盖以下几点要素：①具有疼痛、麻木和肿胀等不适症状，可影响到肌肉、韧带、肌腱、软骨、血管及神经等多个生理系统，其症状表现不局限于把疼痛作为单一的判定症状，应筛选其可能由职业危害因素引起的不适症状作为阳性病例的纳入症状；②症状调查时限，即针对过去某一时间段内的肌肉骨骼系统症状进行调查，如调查过去 12 个月内的肌肉骨骼症状，症状调查时限过长则难以有效控制回忆导致的信息偏倚，过短则可能因病例处于潜伏期造成阳性遗漏；③症状持续发作时间，即出现症状连续存在的时间，症状持续发作时间的界定应遵循临床数据研究资料，尽可能提高诊断的准确性，避免阳性遗漏；④医疗行为，即由工作原因导致肌肉骨骼系统出现症状所产生的医疗行为，在职业流行病学调查中，WMSDs 相关医疗行为既包括因肌肉骨骼症状出现休假或就医行为，也包括经休息后症状未能缓解；⑤病因因素，WMSDs 属于工作相关疾病，这类疾病的发生和发展通常涉及包括职业危害因素在内的多种因素，这些因素可能单独或相互影响，共同导致 WMSDs 的发生和发展，需要从多方面综合评估。

（金　旭　何丽华　王　生）

02 第二章　人体肌肉骨骼与工效学

第一节　肌肉骨骼系统生理学基础知识

一、骨

（一）骨的分类

骨是一种高度特殊的结缔组织，能够支撑身体和四肢，并且为肌肉提供一系列的杠杆用来移动身体。在人体的复杂结构中，骨骼作为支持运动的重要组织，其形态多样，功能各异。根据形状，骨可以分为长骨、短骨、扁骨和不规则骨。

1. 长骨

长骨呈长管状，分布于人体四肢。长骨分为一体两端，体又称为骨干，内部的空腔即髓腔，其中容纳着骨髓，体表面有滋养孔。两端膨大的部分称为骺，它与骨干之间的相邻部分称为干骺端，人在幼年时期此处保留一片软骨，称为骺软骨，骺软骨的存在使得骨骼能够不断生长，直至成年后骨化，骨干与骨骺融为一体，在其间遗留一骺线。

2. 短骨

短骨形似立方体，多成群分布于连接牢固并且比较灵活的部位，主要由松质骨构成，外层是一层很薄的密质骨。例如，腕关节处的腕骨和踝部的跗骨，都是典型的短骨。

3. 扁骨

扁骨的形状呈板状，主要构成颅腔、胸腔和盆腔的壁，为重要器官提供保护。例如，颅盖骨保护着大脑，肋骨则保护着心、肺等内脏器官。

4. 不规则骨

不规则骨，顾名思义，其形状不规则，不易分类，但它们同样在人体中发挥着重要作用。上颌骨、坐骨和耻骨等都是不规则骨的代表。

（二）骨的构造

骨质、骨膜和骨髓是构成骨的三个部分，它们各自发挥着不可或缺的作用。

1. 骨质

骨质由骨组织构成，骨组织是由矿物、胶原纤维所组成的支持结缔组织。人体中的骨组织可分为松质骨和密质骨两种类型，它们通过成骨细胞和破骨细胞的共同作用产生并维持结构。

2. 骨膜

骨膜紧密地附着在骨表面，是一层富含血管、神经和淋巴管的致密结缔组织膜。它不仅为骨骼提供营养，还在骨骼的再生和感觉中发挥着重要作用。骨膜分为内、外两层，外层致密，内层疏松。特别值得一提的是，骨膜的内层与骨的修复和再生有着密切的联系。当骨骼受到损伤时，骨膜的成骨功能会表现活跃，促进骨骼的再生过程。然而，如果骨膜受到严重损伤，骨骼的再生功能将受到严重影响。

3. 骨髓

骨髓作为填充在骨髓腔和松质骨间的软组织，分为红骨髓和黄骨髓两种类型。红骨髓含有不同发育阶段的红细胞和其他幼稚型血细胞，呈红色，红骨髓具有造血功能。人在5岁以后，长骨骨干内的红骨髓被脂肪组织替代，转化为黄骨髓。黄骨髓失去了造血能力，但在某些特殊情况下，如慢性失血过多或重度贫血时，黄骨髓可以重新转化为红骨髓，恢复其造血功能。人体的一些特定部位，如椎骨、髂骨、肋骨、胸骨及股骨等长骨的骺内，终生都保持着红骨髓的状态。

总之，相对来说，骨具有丰富的血液供应和非常活跃的新陈代谢，这使得骨能够不断地重塑以应对身体的压力，也为骨折后的愈合创造了条件。

（三）人体骨骼

人体共有206块骨骼，可分为中轴骨和附肢骨。对于成人来说，中轴骨有80块，附肢骨有126块。

中轴骨组成了人体的中央部位，由躯干骨（51块）和颅及相关骨（29块）构成。躯干骨包括26块脊柱骨（24块椎骨、1块骶骨、1块尾骨）、1块胸骨和24块肋骨（12对），它们分别参与脊柱、骨盆和骨性轮廓的构成。颅部骨骼包括8块颅骨、6块听小骨和15块面颅骨。

附肢骨包括4块上肢带骨、60块自由上肢骨、60块自由下肢骨和2块髋骨（构成骨盆）。

（四）骨性标志

人体某些部位的骨在体表形成比较明显的突起或者凹陷，由于这些特征常常在临床上起定位等作用，因此被称为骨性标志。骨性标志在医学领域扮演了极其重要的角色。重要的骨性标志有乳突、第7颈椎棘突、胸骨角、肩峰、剑突、股骨大转子等。

虽然骨性标志在医学领域具有重要作用，但并非所有的骨性标志都易于识别。有些标志可能受到个体差异、年龄、疾病等因素的影响而发生变化。

二、骨骼肌

人体全身的肌肉共约639块，根据功能和结构不同可分为骨骼肌、心肌和平滑肌。由于本节重点阐述人体肌肉骨骼系统，因而在此重点介绍骨骼肌。

（一）骨骼肌的基本概念

骨骼肌一般都附着于骨，可以随人的意志而收缩，因此骨骼肌又称为随意肌，主要分布于躯干和四肢。骨骼肌为机体骨与关节的稳定和运动提供了主要肌力。神经系统动作电位激活之后，肌肉通过收缩或抵抗延长产生肌力。

（二）骨骼肌的构造和形态

单个骨骼肌由成束的肌纤维或肌肉细胞组成，而每个肌纤维由许多肌原纤维组成。肌原纤维包含粗肌丝（直径12~18nm）和细肌丝（直径5~8nm），粗肌丝由肌球蛋白组成，细肌丝由肌动蛋白构成，被原肌球蛋白和肌钙蛋白覆盖，粗肌丝和细肌丝组合成特定的模式，并在肌肉上不断重复，赋予了骨骼肌条纹状的外观。

骨骼肌的构造和类型如图 2-1 所示。

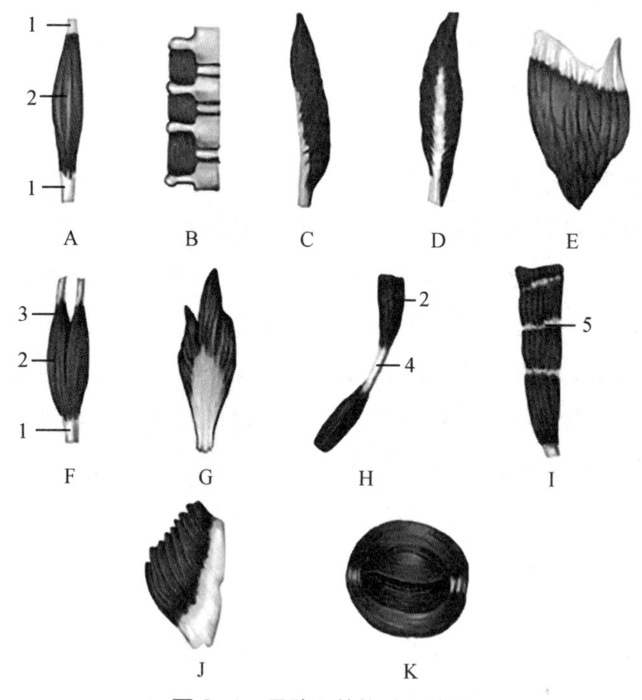

图 2-1 骨骼肌的构造和类型

A. 长肌 B. 短肌 C. 半羽肌 D. 羽肌 E. 多羽肌 F. 二头肌 G. 三头肌 H. 二腹肌 I. 多腹肌 J. 扁肌 K. 轮匝肌
1. 肌腱 2. 肌腹 3. 肌头 4. 中间腱 5. 腱划

图片来源：樊瑜波，王丽珍．骨肌系统生物力学建模与仿真［M］．北京：人民卫生出版社，2017.

骨骼肌主要由肌腹和肌腱两部分组成。肌腹，主要由大量的肌纤维构成，具有收缩能力，这些肌纤维含有肌红蛋白，使得肌腹呈现出红色。肌腱，主要由坚韧的胶原纤维束构成，呈现出白色。它虽然不具备收缩功能，但其强大的韧性和附着力确保了肌肉与骨骼之间的稳定连接，使得肌肉的力量能够有效地传递到骨骼，驱动身体的运动。

根据形态的不同，骨骼肌主要分为长肌、短肌、扁肌和轮匝肌四种。长肌主要分布在四肢，它们在收缩时能够显著缩短，从而产生大幅度的运动，使得人们可以完成如跑步、跳跃等大幅度动作。值得注意的是，长肌的形态也有所不同，有些长肌的肌腹被中间肌腱分割成两个或两个以上的部分，如二腹肌和多腹肌；而有些长肌的起端则有两个或两个以上的头，最终合成一个肌腹，如二头肌、三头肌或四头肌。短肌则主要分布在躯干部的深层，收缩幅度相对较小。扁肌多分布于胸腹壁，它们不仅具有保护内脏的功能，还能通过收缩产生运动。轮匝肌以其环形的肌纤维结构为特点，主要分布在身体的孔裂周围，如眼睛的周围。当轮匝肌收缩时，能够关闭这些孔裂，如闭眼、闭嘴等动作。此外，根据肌肉形状，即肌纤维排列是否与肌腱平行，最常见的分类为梭形肌和羽状肌。梭形肌的肌纤维彼此平行并与中央肌腱相连，如肱二头肌。羽状肌的肌纤维斜向接近中央肌腱，可进一步根据附着于中央肌腱上的具有相同角度的纤维组数量，归类为半羽肌、羽肌或多羽肌。

（三）骨骼肌的起止、配布和作用

肌在收缩时，两骨彼此靠近或分离从而产生运动。肌在关节周围配布的方式和多少与关节的运动轴相关，即在一个运动轴的相对侧至少配布有两组作用相反的肌或肌群，这两组作用相对抗的肌或肌群称为拮抗肌。而在一个运动轴同侧配布并具有相同作用的两块或多块肌，称为协同肌。在协同肌和拮抗肌的作用下，完成了关节的屈、伸等动作。

三、骨连结

在人体中，骨与骨连结形成骨连结，骨与骨之间通过纤维结缔组织、软骨或者骨相连。根据连结的不同方式，骨连接可分为直接连结和间接连结两大类。

（一）直接连结

直接连结是骨骼之间的一种牢固连结方式，其特点在于连结部位不活动或仅有少许活动。根据其特性，直接连结主要可以分为三类，即纤维连结、软骨连结和骨性结合。

1. 纤维连结

纤维连结又可以细分为两种方式。第一种方式是韧带连结，这种连结方式是通过条索状或模板状的纤维结缔组织将两块骨头连接在一起。例如，小腿骨间膜就是韧带连结的一个典型例子，它帮助稳固小腿骨骼。第二种方式是缝，这是骨间连续的骨膜连结，如颅骨间的缝。

2. 软骨连结

软骨连结则是通过软骨组织将两块骨头连接在一起。这种连结方式相对于纤维连结具有更大的活动范围，因为它允许骨头之间有轻微的运动。软骨连结可分为透明软骨结合和纤维软骨结合。

3. 骨性结合

骨性结合指的是两块骨头之间直接通过骨组织进行连结。这种连结通常是由纤维连结或透明软骨骨化而成的，如盆骨的髂骨、耻骨和坐骨之间的连结就是典型的骨性结合。

（二）间接连结

间接连结，又称为关节或滑膜关节，这种连结方式的特点在于一般具有较大的活动性。身体运动过程中骨围绕各个关节轴旋转，并且关节能传递和分散重力与肌肉收缩力。关节的基本结构包括关节面、关节囊和关节腔。

1. 关节面

关节面是构成关节的各相关骨的接触面，一般至少包括两个关节面，一凹一凸，凹的部分被称为关节窝，凸起的部分被称为关节头。关节面上覆盖着关节软骨。

2. 关节囊

关节囊的外层为纤维膜，内层为滑膜。滑膜内富含血管网，能够产生滑液，为关节腔内提供液态环境。这种滑液不仅可以增加关节的润滑，而且还是关节软骨等组织新陈代谢的重要媒介。

3. 关节腔

关节腔是由关节囊的滑膜层和关节面共同围成的密闭腔隙，其中含有滑液，并呈负压状态，对维持关节的稳定性有一定的作用。

不同关节的形状与功能差别较大，因此部分关节会出现其他组成元素。例如，半月板是在关节表面之间的纤维软骨垫，能增加关节的匹配度并且改善其力学分布。

（王　云　何丽华　王　生）

第二节 肌肉骨骼系统生物力学基础知识

一、肌肉骨骼系统生物力学研究内容

（一）生物力学

生物力学（biomechanics）是一门将力学与生物学原理和方法有机结合的科学，旨在研究生命过程中发生的力学现象及其规律。生物力学的研究领域非常广泛，其中，包括人体肌肉骨骼系统的生物力学研究，重点关注人体“骨骼—肌肉—韧带—软骨”组成的力学系统中各种力学现象，涵盖宏观层面和微观层面的力学现象。宏观力学问题主要涉及人体运动学和动力学、骨骼的应力与应变、关节摩擦学等。通过研究人体的姿势、运动和力量产生，可以了解人体运动的机制和效率，以及骨骼受力时的响应和适应能力。细观力学问题包括基于微 CT 建模的松质骨生物力学和基于多相流理论的软骨生物力学。通过使用微观成像技术和模拟方法，可以研究骨骼组织和软骨的微观结构和性质，揭示其力学行为和功能。微观力学涉及骨组织的细胞力学、分子马达与肌肉动力学、微重力和失重状态下骨组织的重建力学等。这些研究领域关注细胞和分子水平上的生物力学现象，如细胞内力的传递、肌肉收缩机制，以及在微重力或失重环境下骨骼组织的变化和适应。此外，生物力学还与其他专业领域结合进行应用研究，包括骨组织外科生物力学、运动与康复力学、口腔生物力学等。这些应用研究将生物力学原理应用于医学和康复领域，以改善人类的健康和生活质量。

（二）研究内容

人体肌肉骨骼系统生物力学主要研究人体中的如下力学问题。

1. 人体姿态与静力学问题

人体姿态与静力学问题包括人体姿态与骨肌系统相关静力学参数，姿态平衡的力学、控制学机理，姿态保持与体能消耗等。

2. 人体运动学问题

人体运动学问题包括人体各部位典型行为运动，相关的运动学参数，如位移、速度、加速度、关节角位移、角速度、角加速度，运动的可视化，运动分析与优化等。各种行为运动中外部作用力、冲击力的测量，足底力的测量，人体各肢段质量、惯性与惯性矩的确定，关节力与关节力矩的计算，肌肉的激活状态与肌肉力计算，行为运动中的功与体能，人体各部位在运动中的协调与平衡等。

3. 肌肉骨骼系统损伤和功能重建

（1）骨的受力、损伤和功能重建中的力学问题：包括骨的应力与应变，骨组织损伤与修复的力学机理，骨吸收、塑形与重建的宏观、细观和微观生物力学机理等。

（2）软组织的受力、损伤和功能重建中的力学问题：包括韧带与肌腱的物理生理特性与受力、肌肉力学功能的发生机理，肌肉等软组织损伤的力学机理与后果，软组织重建中的力学问题等。

（3）运动关节受力、损伤和功能重建中的力学问题：包括关节的力学功能解剖学，各种行为运动中关节内部的接触力、接触应力与相对位移，关节软骨中的摩擦学问题，关节损伤与修复的力学机理等。

4. 肌肉骨骼系统的综合力学问题

肌肉骨骼系统的综合力学问题包括不同性别、年龄、人种的肌肉骨骼系统特点与统计学差异，肌肉骨骼系统与人体各系统的功能耦合，人体在体的肌肉骨骼组织物理性能测试方法与手段等。

5. 肌肉骨骼系统植入物中的力学问题

肌肉骨骼系统植入物中的力学问题包括植入物的强度、刚度及其与人体组织的力学匹配，植入物的固定与微动、松动机理，应力遮挡问题的设计处理，人体环境下植入物材料的力学与摩擦、磨损性能，在体环境下植入物工作状态与摩擦学性能的测试技术等。

6. 基础性研究

基础性研究包括应力与骨细胞生长关系，微重力与失重状态下肌肉骨骼系统的生理学与力学性能变化，肌肉力计算方法的进一步研究与直接测量技术，力学生物学试验理论与方法等。

7. 肌肉骨骼系统康复生物力学

康复治疗是整个医疗过程中的重要环节。对人体肌肉骨骼系统的康复治疗主要建立在人体骨肌力学研究与相关康复器械研发的基础上。目前，用于康复治疗的器械大体分为以下五类，它们的研发都涉及人体生物力学。研究内容包括：①假肢生物力学；②轮椅生物力学；③矫形器生物力学；④助行器生物力学；⑤康复机器人生物力学。

二、肌肉骨骼系统生物力学特性

（一）骨的生物力学特性

1. 强度与刚度

从生物力学的角度来看，骨骼是一种由两种不同成分构成的复合材料。一种成分是无机物，另一种成分则是胶原和无定形基质。从功能的角度来看，骨骼重要的力学性能是其强度和刚度。强度指的是材料或结构在受力时抵抗破坏的能力，而刚度指的是材料在受载时抵抗形变的能力。研究骨骼在外力作用下的力学特性变化有助于更好地理解骨骼（或其他类似结构的组织）的强度、刚度及其他力学特征。当外力作用于组织结构时，可以导致组织结构的形变或尺寸变化。通过在已知方向施加力，并测量结构体的形变，可以绘制出载荷—形变曲线。这样的研究有助于深入了解骨骼（或其他生物组织）在不同载荷条件下的响应和适应能力。例如，可以研究骨骼在正常生理负荷下的力学特性，以及在疾病、损伤或老化等情况下的力学变化。这些研究结果对于骨骼疾病的预防、诊断和治疗康复，以及人工骨骼材料的设计和改进具有重要意义。

图 2–2 表示某一韧性纤维结构组织（如长骨）的假想载荷—形变曲线。在曲线的弹性范围（A~B）内加载，去载荷后结构可以复原，即不发生永久性形变。如继续加载，材料最外层的纤维在某一点（B）上开始屈服，此点称为屈服点。载荷继续增加超过屈服点则进入曲线的非弹性（塑性）范围，将造成永久性形变。如在非弹性范围继续加载，则达到结构的极限断裂点（C）。如果组织负载到达塑性区 D 点然后取消载荷，A 和 D′ 之间的距离就代表着结构体发生的永久性形

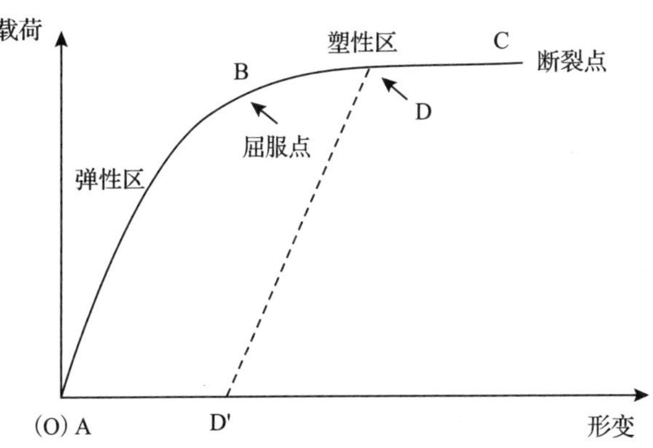

图 2–2 由韧性材料组成的结构体的载荷—形变曲线

变量。

2. 应力与应变

载荷—形变曲线可用于测定大小、形状和性质不同的物体的强度和刚度。当检查某一确定材料的力学性能及比较不同材料的力学性能时，必须使试样和试验条件标准化。当测试标准大小和形状的试样时，可测定单位面积上的载荷并用长度来表示形变量。根据标准试样的载荷和形变量所绘制的曲线称为应力—应变曲线。应力是指结构体内某一平面对外部负荷的反应，用单位面积上的力表示，同截面垂直的力称为正应力或法向应力，同截面相切的力称为剪应力或切应力。测定骨试样的应力最常用单位是 N/cm^2。应变是结构体受到外来载荷时的形变。应变有两种基本形式，即线应变和角应变。线应变又叫正应变，它是某一方向上微小线段因形变产生的长度增量（伸长时为正）与原长度的比值；角应变又叫剪应变或切应变，它是两个相互垂直方向上的微小线段在形变后夹角的改变量（以弧度表示，角度减小时为正）。将一骨的标准试样置于夹具中加载至破坏，即可获得骨的应力和应变值，获得应力—应变曲线（见图 2-3）。

应力—应变曲线各区与载荷—形变曲线相似，在弹性范围内的载荷不会造成永久性形变。然而一旦超过屈服点（B），则将发生永久性形变。图 2-3 中 B′ 和 C′ 分别为屈服应力和极限应力，B" 和 C" 分别为屈服应变和极限应变。材料的强度可用极限应力来表示，也可用整个曲线下的面积（能量积累的量）来表示。骨的刚度以曲线在弹性范围的斜率表示，通过弹性区（直线部分）的应力除以对应的应变可以获得材料的刚度，也称之为弹性模量。

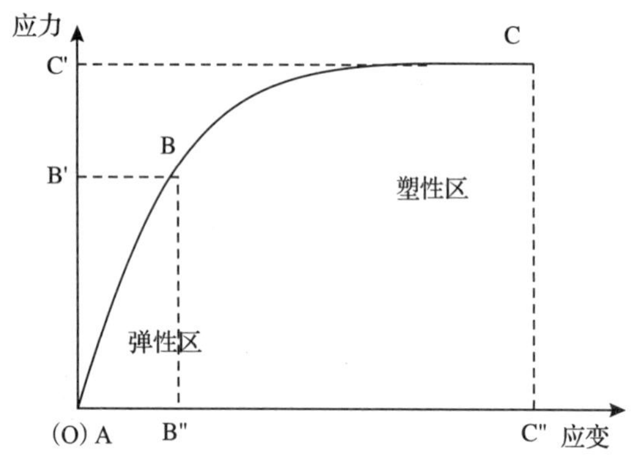

图 2-3　皮质骨标本在张力（拉伸）实验中的应力—应变曲线

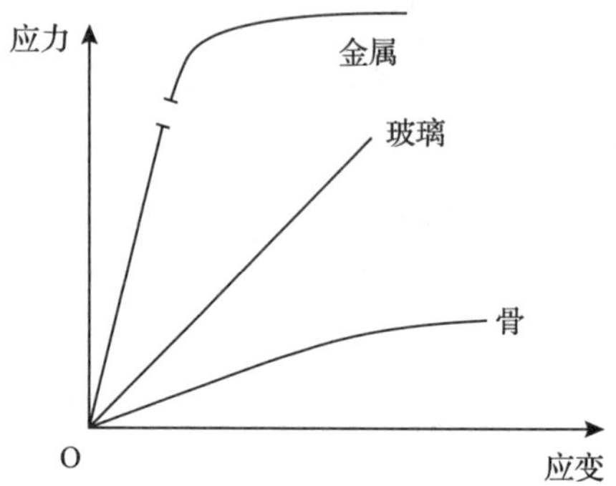

图 2-4　骨、金属和玻璃的应力—应变曲线

3. 骨的刚度特征和强度特征

骨的力学性质受多种因素影响，如种族、性别及年龄等，甚至同一块骨的不同部位，其性质也不同。骨、金属和玻璃的应力—应变曲线示意图表明了这些材料在力学性能方面的差异（见图 2-4）。在曲线弹性区，金属的斜率最为陡峭，因此它的刚度是最大的。金属的长弹性区意味着金属是典型的延性材料，它在被破坏之前能够发生很大程度的形变。玻璃是脆性材料，虽然表现的也是线弹性行为，但是一旦形变到了某一程度就会突然发生失效（破坏），在应力—应变曲线上缺乏塑性区。骨同时具有脆性和延性特征，在应力—应变曲线图中弹性区为斜率较小的曲线，这意味着在这个区域负载时会发生部分屈服。

相对于刚度特征，骨的强度特征更为重要，这直接关系到骨遭受破坏的力学极限。与其他材料相比，骨的密度比钢的密度小得多，骨的强度虽小于钢，但比花岗岩、洋松要大得多，这说明骨具有强度大、重量轻的特点，是人体理想的构成材料。

骨的密度和强度，通常在30~40岁时最高。随着年龄的增长，骨量的下降和骨尺寸的轻度减小降低了骨的强度和刚度。青年人和老年人的极限应力大致相近，老年人骨的应变能力是青年人骨的一半，表明老年人骨脆性较大，这是由骨的密度、强度和刚度降低引起的。

4. 骨的受力形式与表现

力和力矩自不同方向施加于骨上，产生拉伸载荷、压缩载荷、弯曲载荷、剪切载荷、扭转载荷和复合载荷。

（1）拉伸载荷：是指自骨的表面向外施加大小相等而方向相反的载荷，在骨内部产生拉应力和应变。拉应力可看作许多自表面向外的内力。骨在拉伸载荷作用下伸长，同时变细。骨在拉伸载荷下断裂的机理主要为结合线的分离和骨单位的脱离。例如，小腿三头肌的强力收缩，对跟骨产生异常高的拉伸载荷，可使跟骨出现撕脱性骨折。

（2）压缩载荷：是指加于骨表面的大小相等而方向相反的作用载荷。在骨内部产生压缩应力和应变。压缩应力可看作许多自表面向骨内的小应力。在压缩载荷作用下，骨缩短和变粗。骨在压缩载荷下破坏的机理主要是骨单位的斜行劈裂。关节周围的肌肉异常强力收缩，可造成关节的压缩骨折。人体椎体在高压缩载荷下可发生压缩性骨折。

（3）弯曲载荷：是指使骨沿其轴线发生弯曲的载荷。骨在弯曲时同时受到拉伸和压缩，拉应力和应变作用于中性轴的一侧，压应力和应变作用于中性轴的另一侧，而在中性轴上，没有应力和应变。因为成年人骨骼的抗张性能要差于抗压性能，所以骨折一般首先发生在张力侧；而未成熟骨具有良好的延展性，所以骨折一般首先发生在压力侧。

（4）剪切载荷：剪切载荷作用时，载荷施加方向与骨表面平行，在骨内部产生剪切应力和应变。剪应力可看作许多小的内力作用于与载荷平行的平面上。骨受剪切载荷时，在其内部发生角变形，由直角变为钝角或锐角。

（5）扭转载荷：当载荷作用于骨骼并引起其沿轴线扭转时，便形成扭转。扭转引发的骨折通常表现为螺旋骨折，骨折面呈45°螺旋形。由于骨骼形状不规则且受力不均，断裂时可能出现多个螺旋断口，从而使骨骼发生螺旋性粉碎骨折。以投掷动作为例，肩部肌肉产生的内旋力矩，与投掷物惯性力对肱骨产生的力矩方向相反，当运动员开始内旋上臂并向前投掷时，肱骨可能因承受过大扭转载荷而发生螺旋骨折。

（6）复合载荷：是指骨受到以上两种或两种以上载荷的作用。在体骨受到的载荷是复杂的，主要原因是骨的几何结构不规则，且始终受到多种不定的载荷。

骨能承受不同形式外力作用的强度由大到小的排列顺序是压缩、拉伸弯曲和剪切。说明骨在承受压力情况下不易破坏，在承受拉力及剪切力的情况下容易破坏。骨在体内受载荷时，附着于骨的肌肉收缩可改变骨应力分布。肌肉收缩所产生的压应力，与部分或全部拉应力相抵，从而降低或消除加于骨上的拉应力。在髋关节活动时，弯矩作用于股骨颈，而在股骨颈的上部骨皮质处产生拉应力，臀中肌的收缩产生压应力以抵消这种拉应力，最终使上部骨皮质既无压应力也无拉应力。因此，肌肉收缩比其他任何方式更有可能使股骨承受较高的载荷。

（二）关节的生物力学特性

1. 关节运动

关节是人体运动的枢纽。一般来说，关节的两个运动学特征较受重视：一是关节的运动幅度；

二是达到该运动幅度的方式。依据人体解剖学，关节的运动形式可以归纳为绕三个基本运动轴的运动，即屈伸运动、展收运动和旋转运动。虽然人体各关节的运动幅度资料在各种文献中均已较齐全，但从生物力学运动分析的角度来看，还有以下三点需要特别注意。

（1）动作顺序：关节的位置与动作的顺序有关。例如，从解剖姿势开始使手掌掌心运动到身体外侧可以有两种方式。一是从解剖姿势开始两臂绕肩关节前屈，然后水平外展，再内收；二是直接从解剖姿势绕肩关节旋外。

（2）关节瞬时中心的位置：由于人体关节面不都是标准的球体和球窝形，若要准确分析关节运动受力情况，则关节瞬时中心的位置必须要有准确的数据。当一个关节连接的一个环节围绕另外一个环节转动时，在每一瞬时有一个不动的点，即速度为零的点，这一点被称为瞬时旋转中心，简称关节瞬时中心。利用关节瞬时中心可以描述身体相邻两个环节在同一平面上的相对活动和两个环节接触点的位移方向。关节瞬时中心的异常可以反映力学改变与生物学反应之间的内部联系。

（3）关节运动中的力与力矩：关节的存在使骨的杠杆作用得以实现，而提供骨杠杆转动的力、力矩可来自多方面，如承载的负荷与关节重量、关节韧带牵拉、肌肉收缩力。力的作用对关节所产生的运动效应不仅取决于施力的大小、方向和作用点，还取决于关节的运动方式与状态。因此，对关节的力和力矩的认识，一方面应考虑环节运动的状态、姿态与外力之间的相对关系，另一方面还要充分考虑肌肉拉力线的变化对肌力矩的影响及各功能群之间的相互影响与作用。

2. 关节软骨的力学特性

（1）关节软骨的双相性：软骨总重的65%以上是水，有的部位可以达到80%。1980年Mow等建立了固液双相软骨力学模型，是软骨力学模型发展过程的里程碑，奠定了描述软骨形变特性的理论基础。双相理论能够阐述材料内部基质结构与功能的关系，解释了液体流动摩擦力与黏弹性的关系。而后又提出包括胶原纤维蛋白—多糖基体构成的固相、水组成的液相和离子相的三相模型。但现在由于技术的限制，在研究软骨性能时，大部分采用的还是双相模型。

（2）关节软骨的渗透性：当含水的多孔介质与外界存在渗透压时，水分就可以在软骨内外交换。影响液体流量主要与三个参数有关：渗透率、渗透面积和压力差。渗透试验测得软骨渗透率数量级为 10^{-16}~10^{-15}，反映了水分在软骨中流动会受到强大阻力；另外，实验中还测得关节软骨渗透率是随着应变和压力变化。在相同应变下压力越大渗透率越小，而且这种差距会随着应变的增加而逐渐减小；在相同的压力下应变的增加会导致渗透率减小，而且压力越大渗透性减小得越快。

（3）关节软骨的各向异性：软骨各向异性的组成和结构决定了其各向异性的力学性能，且具有明显的深度依赖性。胶原纤维相互交错连接后具有较强的抗拉伸性能，分布在不同层区的胶原纤维在力学性能上也具有很大差异。浅表层胶原纤维密集排列在与关节面平行的平面中主要起抗剪切的作用。由浅表层到深层呈现抗压性能逐步增强的趋势，这些预示关节软骨各层区在承载机制中均起着不同作用。

（4）关节软骨的膨胀性：关节软骨的膨胀性是由其中的蛋白多糖产生的，蛋白多糖是一种亲水物质，带负电，由于负电荷聚集使得内部电荷排斥力能形成一个渗透膨胀压，产生渗透压差，使得周围液体向组织内部流动，从而产生软骨膨胀。蛋白多糖的周围有胶原纤维的围绕，这些胶原纤维对其再膨胀产生约束，使之达到一种平衡。

（5）关节软骨的黏弹性：黏弹性产生有流体和非流体两种相关黏弹性因素。流体相关黏弹性机制由软骨内液体流动和压力产生，典型特征表现在载荷作用下出现蠕变和应力松弛。蠕变是指材料在保持应力不变的条件下，应变随时间延长而增加的现象。应力松弛是指在维持恒定变形的材料中，应力会随时间的增长而减小。非流体机制的特性主要来自软骨内部蛋白多糖分子摩擦和胶原纤维的牵张，这种机制使软骨表现出抗剪切特性。软骨上表面摩擦力较小，剪切特性来自软骨受力变形产生的泊松比值效应（横向膨胀受限现象）。由于软骨下骨的存在，软骨受压时的横向膨胀受到机械约束，使潮线附近区域产生剪切应力集中。当遭受高强度冲击载荷（如钝器击打）时，软骨内部可能形成张应力集中区域，造成表层胶原纤维断裂和三维网状结构破坏，严重时可导致软骨层与骨组织的界面剥离。

3. 关节韧带的力学特性

韧带由致密的结缔组织构成，大多数韧带都是以胶原纤维为主，占韧带干重的70%~80%。只有项韧带和黄韧带是以弹性纤维为主。韧带中纤维排列的方向和一致性较差，排列情况随韧带的功能不同而变化。不受载荷时纤维松弛呈波浪形，受载荷时与载荷方向一致的纤维被拉紧，此时被拉直的纤维在生理允许范围内承受着载荷。

在拉伸试验中，起初，胶原纤维会稍有伸长，但随着载荷的增加，它的强度迅速增加直至达到屈服点，过了屈服点后就产生非弹性形变直至破坏，破坏形变的范围为6%~8%。以弹性纤维为主的韧带形变与以胶原纤维为主的韧带形变有着较大的差异，这种韧带在刚性增加之前，伸长形变已经达到50%以上，当接近其最大伸长量时，刚性会迅速增加并使韧带突然破坏。

影响韧带生物力学特性的主要因素主要包括以下方面。

（1）温度、负荷加载速度：韧带是具有黏弹性的生物材料，其伸展性和黏滞性受温度影响较大。当温度升高时，韧带的伸展能力会提高，组织内摩擦会降低。韧带的伸展性及最大承载能力同时还受负荷加载的速度影响。加载的速度越快，对韧带造成损伤的可能性也越大。

（2）机械应力：与骨一样，正常的韧带可以进行重建以适应其力学的需要，即机械应力在一定范围内增加时，韧带的强度和刚度也会增加，而机械应力刺激减少时，其强度和刚度也减小。

（3）年龄：随着年龄的增长，韧带的强度和刚度会明显减小。韧带力学性质的这种变化与许多因素有关，如韧带会随年龄的增加而老化变性；韧带机能也会因活动量减少而废退，甚至患病。随着年龄增长，前交叉韧带所能承受的最大破坏载荷、能量储存能力及刚度均会下降至原本的三分之一到二分之一。

（三）肌肉的生物力学特性

1. 肌肉收缩形式

在ATP和Ca^{2+}的作用下，肌球蛋白会与肌动蛋白的横桥相结合，使肌纤维产生收缩。骨骼肌的两端附着于骨骼上，随肌纤维的缩短、延长或不变，骨骼肌将产生复杂的功能活动，其收缩形式有等张收缩、等长收缩和等速收缩。肌肉收缩时，如果阻力负荷低于肌肉所产生的收缩力，肌肉发生的收缩称为向心性收缩；如果阻力负荷大于肌肉收缩所产生的力，肌肉被拉长，肌肉的这种收缩称为离心性收缩。

（1）等张收缩（isotonic contraction）：在肌肉收缩时，整个肌纤维的长度发生改变，肌张力基本不变，可产生关节的运动。此类肌肉收缩又根据肌纤维的长度变化的方向不同分为：①等张向心性收缩，肌肉收缩时肌纤维向肌腹中央收缩，长度变短，肌肉的起始点相互接近，如肱二头肌收缩引起肘关节屈曲；②等张离心性收缩，肌肉收缩时肌纤维变长，肌肉起始端远离，此时的肌肉收缩是为了控制肢体的运动速度，如下蹲时，股四头肌收缩但其长度延长，其作用是控制下蹲的速度。

（2）等长收缩（isometric contraction）：肌肉收缩时，整个肌纤维的长度基本不变，所做功表现为肌张力增高，不产生关节的运动。

（3）等速收缩（isokinetic contraction）：肌肉收缩时，产生的张力可变，但关节运动速度是不变的。等速收缩也分为向心性收缩和离心性收缩，等速收缩产生的运动称为等速运动。

2. 肌肉的力学模型

肌肉的力学性质十分复杂，与构成肌肉各成分的力学特性及肌肉的兴奋状态、疲劳程度密切相关。生物力学是通过简化的模型来研究人体结构及其机能特性的。肌肉力学模型是一种在已有肌肉力学性质研究的基础上，结合肌肉的结构特征对肌肉进行抽象化的模型。目前，国内外普遍接受的是肌肉的三元素模型，亦称肌肉的三元件模型（见图 2–5）。

收缩元：代表肌节中的肌动蛋白微丝及肌球蛋白微丝。其在兴奋时可产生张力，且是一种主动张力。

并联弹性元：代表肌束膜及肌纤维膜等结缔组织。当其被牵拉时会产生弹力，是一种被动张力。

串联弹性元：代表肌微丝、横桥闰盘及两端的腱结构。当收缩元兴奋后，使肌肉具有弹性。

整块肌肉可以认为是由许多这样的模型混联在一起构成。模型的串联形成肌肉的长度，模型的并联形成肌肉的横向维度。整块肌肉的力学性质，就是由这些模型所组成的系统来决定的。模型的混联关系可以理解为，肌肉长度的增加对肌肉收缩速度有良好的影响，但不影响肌肉的收缩力；肌肉生理横断面的增加会导致肌肉收缩力的增加，但不会影响肌肉的收缩速度。

3. 载荷对肌肉收缩力学特性的影响

肌肉收缩时总会遇到一定的阻力，如肢体的惯性阻力或肢体与外界载荷的共同阻力。当载荷增大时，肌肉收缩力学特性的变化如图 2–6 所示。

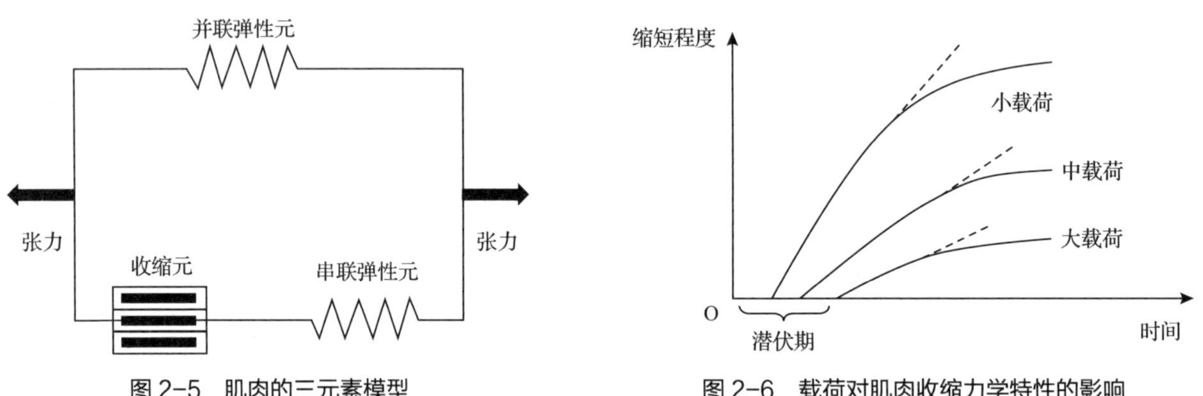

图 2–5 肌肉的三元素模型

图 2–6 载荷对肌肉收缩力学特性的影响

肌肉激活后收缩元的张力首先使串联弹性元形变，因此肌肉张力的发展需要一个过程，只有当肌肉张力发展到大于其起止点的阻力时，肌肉才开始进行向心性收缩，产生动作使载荷产生位移。因此上述肌肉张力发展过程的长短与载荷有关。载荷增大时张力发展所经历的时间长，肌肉收缩产生动作的潜伏期随着载荷的增大而延长。举起小载荷时比较容易，动作幅度也大。当载荷增加时，收缩幅度减小，当载荷增加到一定程度时，动作不能完成，肌肉不能缩短。

实验得出在无载荷时收缩速度最大，随着载荷增加，载荷加至肌肉恰好不能举起的重量时，收缩速度为 0。

劳动时肌肉做功的效率与载荷大小有关。载荷过大，肌肉不能缩短或缩短很少，较多的化学能转变为热能，这种情况不但工作效率低，还容易引起肌肉或骨骼的损伤；载荷太小，肌肉收缩时用来做功的能量也很少，效率同样很低。研究证明，当肌肉载荷为最大收缩力的50%左右时，肌肉的做功效率较高。在组织生产劳动时应考虑肌肉的特点，如果劳动载荷适当，工作可以持久且不容易引起损伤。除了载荷以外，收缩速度也与做功效率有关。有实验证明，收缩速度为最大速度的20%左右时，做功效率最高。

三、工作过程中的生物力学

（一）重心

人体重心位置是人体的一个基本参数，它能在一定程度上反映出一个个体环节的质量分布、体形特征，同时人体重心位置又与人体的运动和用力状态紧密相关，能在一定程度上反映运动状况、运动能力。在静力性动作中，人体重心的高低决定着稳定程度，对保持工作的准确性和精密性有着十分重要的作用；在动力性动作中，人体重心的高低对完成各种形式的运动以及力量的合理分配，更起着极其重要的作用。

搬运重物或手持工具时需要克服物体的重力，这种作用力也称为工作负荷（work load），以一定的力矩作用于人体，其中，力臂是物体重心至人体支点（关节）的垂直距离。在物体重量固定的情况下，人体承受的负荷与物体重心到支点的垂直距离成反比。生产劳动中尽可能使物体的重心靠近人体，可以使力矩变小，减轻劳动负荷，从而减少用力。除了物体重心以外，人体本身也有重心。当人体向某一方向倾斜时，重心也随之发生偏移，此时需要肌肉收缩来保持某一特定姿势和维持平衡。除了整体重心以外，人体各个部分也有各自的质量和重心，如头、手、前臂、上臂和躯干等，每一部分力矩的大小取决于该体段的空间位置与相应的关节（支点）之间的垂直距离。距离越大，力矩越大，机体的能量消耗也随之增加。

有些劳动需要克服某种阻力，如拧紧螺母或操纵轮盘等控制器时遇到的力。在这种情况下，应尽量减少力的作用点和身体相应支点的垂直距离，以便减少用力，提高做功效率。

（二）作业姿势

人在劳动时需要保持一定的姿势。劳动时常见的姿势是站姿和坐姿两种，此外还有跪姿、卧姿等。

站立状态下人体运动比较灵活，便于用力，适合从事体力劳动，特别是较重的体力劳动或活动范围较大的工作。采取坐姿时身体比较稳定，宜于从事精细工作。坐姿时下肢不需要支撑身体，处于比较放松的状态，此时可以用足或膝进行某些操作，如机动车驾驶。随着科学技术的发展和生产方式的变化，坐姿工作的人员越来越多。无论是站姿还是坐姿，都存在一些不利于健康的因素，如站姿状态下，下肢负重大，血液回流差；坐姿状态下，腹肌松弛，脊柱S形生理弯曲的下部由前凸变为后凸，使身体相应部位受力发生改变，长时间工作可以引起损伤。

不管采取何种姿势，人体都要承受由于保持某种姿势所产生的负荷，称作姿势负荷（posture load）。姿势负荷来自相应的体段所产生的力矩，大小取决于该体段的质量及重心与相应支点的垂直距离。例如，站姿或坐姿时颈椎需要承受头部产生的负荷，腰椎需要承受腰以上身体各个部分产生的负荷。体力劳动强度越小，即外部负荷越小时，身体为了克服姿势负荷所消耗的能量在总能耗中所占比例越大。长时间保持任何一种姿势，都会使某些特定肌肉处于持续静态收缩状态，容易引起疲劳。在可能的情况下，应该让操作者在劳动过程中适当变换姿势。为了方便操作和减少姿势负荷及外加负荷的影响，在采用工作姿势时需注意：①尽可能使操作者的身体保持自然的状态；②避免头部、躯干、四肢长时间处于倾斜状态或强迫体位；③使操作者不必改变姿势即可清楚地观察到需要观察的区域；④操作者的手和前臂避免长时间位于高出肘部的地方；⑤如果操作者的手和脚需要长时间处于正常高度以上时，应提供合适的支撑物。

（三）合理用力

为了完成生产或其他工作任务，劳动者在劳动过程中常常需要克服外界的重力、阻力等。此外，从事任何工作都需要保持一定的姿势或体位，工作人员还要克服人体各部位所产生的重力。根据生物力学基本原理，合理运用体力，可以减少能量消耗，减轻疲劳程度，降低慢性肌肉骨骼损伤的发病率，提高工作效率。

人的力量是由肌肉骨骼系统（包括骨连结）产生和传递的，其中肌肉是主动部分，骨骼是被动部分，起支撑或杠杆的作用，在神经系统支配下，通过肌肉收缩，牵动骨骼以关节为支点产生位置变化，完成运动过程。包括关节在内的某些解剖结构结合在一起可以完成以关节为轴的运动，称为动力单元（kinetic element）。一个动力单元可以完成简单的动作，两个以上的动力单元组合在一起称为动力链（kinetic chain），可以在较大范围内完成复杂的动作。生产劳动中多数操作是通过动力链来完成的，但是一个动力链包括的动力单元越多，出现障碍的机会也就越多。在组织生产劳动时，尽可能选用较简单的动力链。

生产或工作中人体同时承受姿势负荷和外加负荷。采取站姿或坐姿工作时，既要注意避免人体整体重心的偏移，又要使人体各部分的重心尽量靠近脊柱及其延长线，以便减少姿势负荷。生产中用力要对称，这样可以保持身体的平衡与稳定，减少肌肉静态收缩，减轻姿势负荷，降低能量消耗。例如，将一定重量的书包由单肩背改为双肩背，氧的消耗减少将近50%。搬运同样的重量，平均分配在两手携带比用一只手拿着要轻松得多。

从事不同的工作，要根据工作特点和工效学基本原理，采取合理用力方式。有些工作可以利用人体整体或某一部分的重力，以节省体力。例如，当工作人员需要向下方用力安装某种零件时，可以将工作台适当降低，利用身体重力向下按压，提高工作效率。使用工具打击物体时，可以运用关节在尽可能大的距离上运动，利用冲击力，提高工作效率。

（金　旭　何丽华　王　生）

第三节　人体测量基础知识

一、人体测量学

人体测量学是一门新兴学科，是体质人类学（又称人体学）的一个分支。它通过测量人体各部位尺寸（如高度、长度、宽度、厚度和围度等）来确定个体和群体之间在人体尺寸上的差异，进而用于研究人的形态特征，为各种工业设计和工程设计提供人体测量数据。此类数据影响工作空间、机器与设备、操纵装置等的工效学设计，对工作空间布局的合理性、作业姿势的规范性、使用者的安全舒适性等有重要意义。缺少针对性人体测量数据一直是工效学产品设计面临的主要问题之一，这导致设计出的产品无法适应个体和群体的尺寸差异，增加使用者发生肌肉骨骼疲劳的风险，且严重影响工作效率。因此，学习人体测量学基本知识，熟悉人体测量方法、掌握人体测量数据的研究方法和使用条件对工效学设计是十分有必要的。

人体测量学对被测者的姿势、测量基准面、测量方向和测量点等进行了规范要求，只有符合该要求的人体测量数据才是有效的。

人体测量的基本姿势如下：①立姿，即被测者身体挺直，眼睛平视前方，肩部放松，上肢自然下垂，手伸直，掌心朝内，手指贴于大腿侧面，足跟并拢，足尖分开约 45°，体重均匀分布于两足；②坐姿，即被测者坐于椅上，躯干挺直，眼睛平视前方，双膝屈曲呈 90°，双足平放于地面。人体测量基准面包括矢状面、水平面、冠状面，以及法兰克福平面（又称眼耳平面，是由颅骨两侧的外耳门上缘点和左侧眼眶下缘点，共三点组成的水平面）。另外，人体测量时，对测量支撑面、衣着和测量精度均有规范要求。例如，线性测量项目的精度为 1mm，体重读数的精度为 0.5kg。相关术语和操作方法可参考《用于技术设计的人体测量基础项目》（GB/T 5703—2023）和《标准健康问卷和人体测量方法》。

二、研究内容

（一）测量分类

人体尺寸数据包括两类：静态人体尺寸（又称人体构造尺寸）和动态人体尺寸（又称人体功能尺寸）。

1. 静态人体尺寸测量

静态测量是指被测者处于静止状态（如站、坐、跪、蹲、卧等规定姿势）时进行的测量。静态测量的人体尺寸为工作空间、产品界面元件和工作设施等提供工效学设计依据。《用于技术设计的人体测量基础项目》（GB/T 5703—2023）规定我国目前成年人静态测量项目中站立姿势为 12 项（如体重、身高、眼高、肩高、胸厚、体厚、胸宽、臀宽等），坐姿为 17 项（如坐高、坐姿眼高、坐姿肩高、肩宽、坐姿大腿厚等）。进行静态人体尺寸测量时，推荐使用的标准测量工具主要有人体测高仪、直角规、弯角规、软尺和体重计。

2. 动态人体尺寸测量

实际操作中，还可能需要进行动态测量。动态测量是指被测者执行某种动作时（或作业活动过程中）进行的人体尺寸测量，旨在掌握身体动态特征。动态测量通常是对被测者的手、上肢、下肢和脚所能触及的范围及关节所能达到的距离和转动的角度进行测量，特点是身体各部位的动作并非独立，具有连贯性和活动性。以测量身体的关节活动度（range of motion，ROM）为例。ROM 是指某个关节的运动弧度，分为主动 ROM（即通过人体自身主动随意运动产生的关节运动）和被动 ROM（即通过外力被动产生的关节运动）。最常用的测量工具为量角器，其测量结果被视为临床测量的“金标准”。实际操作中，这种方法并非真正的动态测量，而是关节运动至特定位置并保持姿势不变时的静态测量。另外，电子测角仪、基于视频录像的测量技术及智能手机测斜仪、虚拟测角仪等先进技术也相继用于 ROM 测量，这些方法可实现真正意义的动态测量。

（二）统计学处理

为保证产品设计适应某一群体，需要对离散的人体测量数据进行统计学处理。群体的人体尺寸近似符合正态分布，即群体中具有中等尺寸（中间值）的人数最多，随着对中等尺寸差值加大（过大或过小），人数越来越少。统计学处理时，通常使用平均值（$\bar{x}$）、标准差（SD）和百分位数（P_x）三个统计量来描述群体的尺寸变化规律。工效学设计时，不可能满足群体所有人的尺寸，通常只能取一定的尺寸范围以满足大多数人的尺寸要求，这只占整个群体分布的一部分“域”，即“适应域”。一般 $\pm 1SD$ 能覆盖群体中约 68% 的人的尺寸大小，$\pm 2SD$ 和 $\pm 3SD$ 分别覆盖约 99.5% 和 99.8% 的人。百分位数也常被用来描述产品设计的适应域，常用的是第 5、第 50、第 95 百分位。分别代表：“小尺寸”，即只有 5% 的人的尺寸低于此下限值；“中尺寸”，即分别有 50% 的人的尺寸高于或低于此值；“大尺寸”，即只有 5% 的人的尺寸高于此上限值。一般认为，第 5 百分位到第 95 百分位之间的范围约等于 ±1.68*SD* 覆盖的区间范围。

人体测量数据用于产品设计时需解决两个基本问题，即数据库选择和统计值使用。理想条件下，数据库应使用最新收集到的目标群体的人体测量数据，且包含设计所需的人体参数。理想的数据库通常不存在。实践中，一般从现有合适数据库中挑选获得人体测量数据。统计学方法的使用取决于拟解决的具体问题。如果仅涉及某一项数据，那么应考虑用户群体对应数据的变化范围。然而，这种简单设计问题在实际工作中较少见，通常涉及多轴向的人体尺寸数据。

使用人体测量数据进行产品设计时最可能出现两方面的错误。第一，均值使用不当引起的误差。均值表示期望样本群体尺寸数据分布的中心值，可以满足大多数用户的使用需求。但这仅限于单因素变化问题且设计完成后无须调整。如果是多因素变化问题，其他因素的变化可能并不处于该因素的平均值范围，如身高变化处于平均值水平的目标人群，体宽或围度变化不一定处于平均值水平。第二，使用百分位数引起的误差。产品设计一般按照第 5 百分位到第 95 百分位设限，充分考虑了未来可能遇到的最小或最大人体尺寸。这仅限于单个参数，某个参数的尺寸位于某百分位，并不代表其他参数同样位于该百分位。

（三）人体测量数据的影响因素

人体尺寸具有性别、年龄、民族 / 种族 / 地域特异性。职业也影响人体尺寸。因此，工作空间确定或产品 / 工具设计时，应充分考虑这些影响因素。

1. 一般身体尺寸参数

身高和体重是最常用到的两个身体参数，不仅仅是因为它们易于获得，还因为这两个参数与其他人体参数之间高度相关。基于身高和体重计算得到的体重指数（body mass index，BMI）也是常用的人体参数之一，主要用于对不同体型人群进行分类，如肥胖、超重、正常和低体重。

2. 性别因素

女性在越来越多的工作岗位中占据重要地位，此前只雇用男性员工的工作岗位现如今也出现大量女性员工。这导致工效学设计时需要同时兼顾男性和女性，满足更大范围的用户群体。男性和女性通常在人体尺寸、重量和比例关系等方面具有明显差异。大多数男性的人体尺寸参数均比女性大，但是，女性一般具有更大的胸部厚度、臀部宽度、臀围、大腿围。此外，在身高相同的情况下，男性和女性身体各部位的比例也不完全相同。因此，工效学设计时应充分考虑和理解男性和女性的身体尺寸大小和形体差异。简单地以小身材男性的人体尺寸测量数据代替女性的人体尺寸是错误的。

3. 年龄因素

生长发育规律显示，男性 20 岁、女性 18 岁，人体尺寸的增长基本结束；此后，随着年龄增长，从男性 30 岁、女性 25 岁开始，身高开始出现下降。尽管如此，很少有人体测量数据会量化这种人体尺寸随年龄发生的改变。基于特定年龄段的人体测量数据，能够反映不同年龄人群在某一时间点的人体尺寸大小和体型的差异。工效学设计时，应考虑此类用户的需求。《中国成年人人体尺寸》（GB/T 10000—2023）提供的我国成年人人体尺寸的基础数据，充分考虑了年龄特异性，根据年龄范围（18~25 岁、26~35 岁、36~60 岁和 61~70 岁）进行区分。

4. 民族 / 种族 / 地域因素

民族 / 种族 / 地域差异也是影响人体尺寸和形体差异的重要因素，是工效学设计时需要着重考虑的因素。例如，我国地域辽阔，不同地区之间的人体尺寸差异较大，人体尺寸一般根据六个自然区域（东北华北区、中西部区、长江中游区、长江下游区、东南区、华南区）进行大类划分，根据测量人群所属地区选择合乎各地区的人体尺寸。另外，研究显示，非裔美国人的腿比美国白人的腿长，西班牙裔美国人的整体尺寸比美国白人和黑人小。中国人和欧美人的人体尺寸也存在较大差异。因此，工效学设计时，应充分考虑人群种族 / 民族体型变化的规律及地域差异。

5. 职业因素

从事不同职业的人，身材大小和比例也存在差异。例如，体力劳动者的平均人体尺寸比脑力劳动者大；运动员的身材大于一般劳动者。另外，长期的职业活动也可能改变身体形态，使职业者的某些身体特征与普通人不同。因此，工效学设计时，同样应考虑不同职业引起的人体尺寸变化。

6. 专业数据

传统的人体尺寸数据源于严格控制条件（穿着轻便衣服、站姿或坐姿）测量所得，目的是获取准确可靠的测量结果。实际作业活动过程中，劳动者前倾、弯腰或前伸单侧手臂控制器，有时还需要穿着笨重的工作服或佩戴防护帽。由于这种差异，工效学设计可能无法满足具体工作任务的需求。因此，基于特定研究的目标，在传统人体测量数据的基础上，十分有必要补充新的人体测量数据，如着装人体测量、工作姿势参数测量、可达域测量、人体模型及其链接（体段链接）等。

7. 人体测量数据的应用准则

应用人体测量数据进行工效学设计时应遵循以下几个准则：

（1）最大最小准则。即根据设计目的，选用最大或最小的人体尺寸。例如，门框高度设计采用最大原则，应尽可能保证所有人（99% 以上）都能安全通过；操作工具设计应遵循最小原则，尽可能采用最小的操作力以确保尽可能多的人可以使用。

（2）可调性准则。即与健康安全关系密切或以缓解作业疲劳为目标的设计应保证在使用对象群体的 5%~95% 区间可调。例如，驾驶座椅高度、靠背倾斜角、前后距离等应在尺度上可调。

（3）地域性准则。即应充分考虑民族 / 种族 / 地域差异，设计应根据目标人群的民族 / 种族 / 地域差异适当调整人体尺寸。

（4）最新人体测量数据准则。数据库一般不应早于一代人。设计时应尽量使用每个国家最新公布的人体尺寸数据；如果找不到满意的数据，创建新数据库又不可行，应尽可能选择包含所需人体参数的最佳数据库。

（5）功能修正和最小心理空间相结合准则。基于标准公布的人体测量数据是在严格控制条件下获取的，设计时应考虑着衣、穿鞋或戴帽等条件，在人体尺寸上增加适当的着装修正量。

（莫仕围　胡新尧　何丽华）

第四节　工效学的理论与应用

一、工效学研究内容

工效学（ergonomics），亦称人的因素工程学（human factors engineering）、人机工程学、人—机—环境系统工程、人类工程学、人体工学、人间工学或人体工程学（human engineering），是一门研究一个系统中人和其他元素之间的相互作用的学科，是一个应用理论原则、数据和方法来设计优化人类福祉和整体系统的专业。其形成和发展已有一百多年的历史，被认为是基础研究与应用研究之间的桥梁。该学科将相关理论、原则、数据及方法应用于设计实践，旨在提升人类生活的质量和系统的整体性能。术语“ergonomics”由波兰雅斯特莱鲍夫斯基教授于1857年首次提出，其词源可追溯至希腊语，由“ergon”（意指工作或劳动）和“nomos”（意指规律、法则）组合而成，直译为“人的劳动规律”。由此可见，工效学的问题普遍存在于所有与人相关的事务和物品中。虽然最初的工效学仅关注人类的职业环境，但是工效学的广泛研究领域与人类日常生活息息相关，使得它的应用得以扩展到其他领域，如消费产品设计、娱乐环境和生产过程。英国伯明翰大学出版的《工效学》中进一步总结了该学科的主要研究内容（见表2-1）。工效学的研究范围广泛，除了化学因素外几乎无所不包。其核心目标是实现人与机器的相互适应，以及更广泛的人与环境相互适应。例如，在设计机器、生产线或车间时，必须基于对人体特性的深入理解，包括确定工作台面的尺寸和位置、流水线的运行速度，以及根据人体对温度的感知设定适宜的车间温度。

表2-1　工效学的主要研究内容

一、人的特性
1. 心理方面：如视觉感知（形状、角度、大小、距离）；
2. 生理与解剖方面：工作能力、身体测量数据（静态尺寸）。
二、操作相关因素
1. 群体差异：年龄、性别、文化背景、怀孕等；
2. 个体差异：智力、能力、态度等。
三、信息表达与交流
视觉设计（如字体、界面布局）、信息展示顺序与格式。
四、设备与工作场所设计
1. 输入装置、控制界面设计；
2. 工作台尺寸、可达性、座椅舒适度等。
五、环境因素：
照明、噪声、振动、温度、气压等物理条件。
六、系统与组织管理
1. 系统可靠性、倒班制度、工作节奏、休息安排；
2. 卫生安全（伤害预防、教育监督）、社会经济影响（缺勤、雇佣关系）。
七、方法技术
研究工具与技术的开发与应用。

（一）工效学研究的目的

工效学旨在实现三个核心目标，即提升工作效率、确保工作安全、增进工作舒适度。在某些情况下，这三个目标是相辅相成的，例如，新型机械可能在提升效率的同时，也增强了安全性和舒适度。然而，在多数情况下，它们之间存在一定的矛盾性。例如，一种旨在提升安全性和舒适度的操作方式可能会牺牲一定的工作效率。同样，尽管某些新型机械能够提供更佳的舒适度，但其带来的效率提升可能并不足以弥补增加的投资成本。解决这些矛盾通常取决于人机交互中的相对重要性，以及人们所处的特定时代和环境条件。在工业化水平较低的时期，由于机械工具的稀缺、工作环境的恶劣及生存条件的艰难，人们往往不得不无条件地适应机械和环境。在那个时代，改进工具的主要驱动力是追求更高的工作效率，以适应环境并抵御外部威胁。工具使用中的安全性和舒适度并非人们关注的重点，人们也不会因为追求舒适而放弃更为先进的工具。然而，随着社会的不断进步和工业化水平的提升，工效学逐渐强调人的因素，其核心理念转变为“使任务适应人”。这一理念倡导通过改进机械设计和工作环境，以适应人的生理和心理特性，从而在提高工作效率的同时，确保劳动者的安全与健康。

（二）工效学研究的意义

随着经济的发展和社会的进步，人类的价值日益凸显，相应地，工效学作为一门专注于提升人机交互效率和安全性的学科，其重要性亦随之增加。该学科在人类工作和生活领域的应用潜力巨大，能够产生以下多方面的积极效应。

1. 事故预防与伤害减少

通过优化工作环境和工具设计，降低工作场所的事故风险。

2. 系统效率提升

提高系统和设备的可靠性与使用效率，确保操作的连续性和稳定性。

3. 生产能力增强

通过改善工作流程和作业设计，提升生产效率和产出。

4. 维护便捷性

设计易于维护的系统和设备，降低维护成本和时间。

5. 错误减少

通过减少设计中的潜在错误点，降低操作失误率。

6. 出勤率提高

改善工作条件，减少因工作环境引起的健康问题，从而减少旷工现象。

7. 工作满意度提升

通过人性化设计，增加工作的愉悦感和成就感。

8. 劳动成本降低

减少招聘、培训及停工等环节的成本支出。

9. 培训周期缩短

设计直观易学的操作界面和流程，加速新员工的学习曲线进程。

10. 产品设计优化

使产品对用户更加友好，提升美观性，增强市场竞争力。

11. 舒适性提高

注重人机工程学原理，提高使用者的舒适性和接受度。

12. 资源合理利用

优化资源配置，实现可持续发展。

13. 生活质量提升

通过改善工作和生活环境，提升整体的生活质量。

目前国内部分职业病防治机构已将工效学应用于职工肌肉骨骼疾病的预防。例如，使用符合工

图 2-7　工效学应用于保护职业健康

效学原理的桌椅和鼠标等办公器材（见图 2-7），辅助职工在长时间伏案作业时保持正确坐姿，并提供可以坐姿和站姿交替作业的办公条件。同时提醒职工注意预防肌肉骨骼疾病的发生，包括告知职工正确坐姿的要求并建议职工坐姿办公和站姿办公的时间比例保持在 3:1 左右，即工作 1 小时可站立 15 分钟，并每隔 1 小时休息一段时间，向远处眺望，活动腰部和颈部，做眼保健操，缓解疲劳。

综上所述，工效学的应用对于促进资源的合理利用、提高发展质量、维护人类健康及提升生活质量等方面具有显著的积极作用。

（陈章健　贾　光）

第五节　常用工效学检测方法

一、物理学方法

（一）工效学危害及其危险因素的识别方法

1. 北欧肌肉骨骼疾患调查问卷

北欧肌肉骨骼疾患调查问卷（NMQ）最初由北欧国家的研究人员于 20 世纪 80 年代初期开发，是一种用于评估个体在过去 12 个月中是否经历过肌肉骨骼疼痛的工具。该问卷设计简洁，易于实施，并且能够快速收集有关肌肉骨骼症状的数据。NMQ 包含了一系列关于个体在颈部、肩部、背部、肘部、手腕及手、臀部及大腿、膝盖和踝关节等部位是否经历过疼痛的问题。这些问题通常涉及疼痛的持续时间以及是否因疼痛而寻求医疗帮助。NMQ 主要适用于流行病学研究，特别是在评估工作场所的肌肉骨骼健康状况时。此外，它也被用于临床评估，以确定患者的症状模式和潜在的风险因素。由于其简洁性，NMQ 可以作为筛查工具，帮助识别需要进一步评估的个体。然而，NMQ 并不提供关于疼痛的确切原因或诊断信息，因此在临床决策中应与其他评估方法结合使用。

目前，NMQ 已被翻译成英语、法语、德语、西班牙语、意大利语、葡萄牙语、荷兰语、瑞典语、丹麦语、挪威语、芬兰语、希腊语、土耳其语、俄语、日语、韩语、汉语等多种语言版本。这些翻译版本使得 NMQ 被广泛用在许多国家和地区的肌肉骨骼疾病研究中。

在我国，中国疾病预防控制中心职业卫生与中毒控制所职业防护与工效学研究室研制开发的《WMSDs 的工效学评估与分析系统》，对我国不同地区重点行业职业人群的局部肌肉骨骼不适症状发生情况开展了调查。该系统包括电子化远程作业现场工效学调查与评估工具、数据实时监控系统、数据传输网络、后台数据终端四大功能。《中文版肌肉骨骼疾患调查表》电子问卷系统为该系统内置的问卷之一。该问卷以 NMQ 和荷兰肌肉骨骼疾患调查问卷（DMQ）为基础，经适当修改后，被证实具有良好的信度和效度，可用于我国职业人群。

2. 瑞典工效学危害识别方法

瑞典工效学危害识别方法（PLIBEL）为瑞典国立职业安全健康委员会于 1986 年提出的用于识别和评估 WMSDs 致伤工效学危险因素的一种方法。PLIBEL 检查内容包括颈肩、上背、肘、前臂、手、足、膝、臀部和下背涉及的姿势、活动和使用工具、组织和环境因素等 17 个方面问题。该方法被广泛应用于各种行业，特别是在那些需要长时间保持特定姿势或动作的工作环境中，如工厂生产线、办公室等场所。

PLIBEL 方法主要包括以下几个步骤。①识别：通过观察和分析工作环境和工作流程，识别可能导致工效学问题的因素，如重复性动作、不良姿势、过度用力等。②评估：对这些因素进行评估，确定它们的潜在危害程度和对员工健康的影响。这一步通常涉及对员工的问卷调查、身体检查以及工作环境的测量等。③制定策略：根据评估结果，制定相应的改善策略，以减少或消除这些危害因素。这可能包括改变工作流程、改进工作站设计、提供培训和教育等。

PLIBEL 适用于各种需要长时间保持特定姿势或动作的工作环境，如工厂生产线、办公室等场所。在这些环境中，员工可能会因为重复性的动作、不良的姿势、过度用力等因素而受到伤害。因此，这种方法可以帮助企业识别和解决这些问题，从而保护员工的健康和安全。

3. 美国工效学基本因素检查表

美国工效学基本因素检查表（baseline risk identification of ergonomic factors，BRIEF）是一种用于评估工作环境中可能对员工造成伤害的因素的工具。在美国被广泛应用于各种行业，特别是在需要重复或长时间执行特定动作的工作环境中。

BRIEF 主要关注的是身体上肢的左右手腕、手肘、肩和躯干的颈、背、腿六个部位的动作活动的姿势、力量、持续时间和动作频率四个指标。这种工具的应用可以帮助识别可能导致 WMSDs 的风险因素，从而采取适当的预防措施来保护员工的身体健康。通过使用 BRIEF，雇主可以更好地了解哪些工作活动可能会导致员工受伤，并据此改进工作站的设计、调整作业流程或提供相应的培训和教育，以减少员工受伤的风险。

BRIEF 因其简洁性和实用性而被广泛应用，但需要注意的是，该工具更多地提供了一个初步评估的框架，对于复杂问题可能需要更深入的人体工程学分析和专业知识。

（二）工效学危险因素接触评估方法

1. 工作场所肌肉骨骼疾患快速接触评估检查表

工作场所肌肉骨骼疾患快速接触评估检查表（quick exposure check，QEC）是由英国萨里（Surrey）大学于 1999 年首次建立的一种工效学评估方法。它是一种用于评估工作场所中可能引起肌肉骨骼疾病的因素的工具，特别适用于那些需要长时间保持同一姿势或重复执行相同动作的工作环境。QEC 主要包括两个部分：观察者评价和劳动者自评价。QEC 涵盖了身体的不同部位，如背部、肩部、手臂和颈部，以及这些部位在工作中的姿势和负载情况。具体来说，它包含了 15 个条目，每个条目都对应着一种特定的工作姿势或负载情况。

QEC 可以应用于各种不同的行业和职位，特别是那些涉及重复性工作或需要长时间保持同一姿势的工作。它可以用来评估劳动者的劳动负荷，并可以确定哪些工作因素可能导致肌肉骨骼疾病。此外，QEC 还可以用于比较不同工作之间的工效学负荷，以便更好地了解哪些工作更容易引发肌肉骨骼疾病。总的来说，QEC 是一个可以帮助识别和评估工作场所中可能引发肌肉骨骼疾病的因素，从而采取相应的预防和改善措施的有效工具。

2. 作业姿势分析系统

作业姿势分析系统（ovako working posture analysis system，OWAS）起源于瑞典的一家名为 Ovako 的公司。该公司为了更好地理解员工在工作中的姿势，从而改善工作环境和提高工作效率，开发出了 OWAS 方法。OWAS 是一种用于分析和评估工作中姿势的方法，它可以帮助识别可能导致身体不适或伤害的不良姿势。OWAS 主要包括以下几个步骤：首先，观察工作人员的动作；其次，根据工作人员的姿势给出一个编码组合，每个编码组合代表一种姿势。OWAS 将各种身体姿势编码加以统计，判断劳动者工作姿势的行动等级（action categories，AC）分为 AC1、AC2、AC3、AC4 四个等级。

OWAS 适用于各种需要长时间保持特定姿势的工作环境，如工厂生产线、办公室、医疗行业等。通过使用 OWAS，可以有效地识别和改进不良姿势，从而降低工伤事故的风险，提高工作效率，改善员工的健康状况。

3. 快速全身评估

快速全身评估（rapid entire body assessment，REBA）是由英国的 Hignett 和 McAtamney 于 2000 年提出的，目的在于为工作中的员工提供一种快速而有效的方法来评估他们的姿势和负荷风险。这种方法特别适用于那些需要频繁改变姿势的工作环境，如制造业、医疗保健和办公室工作。REBA 评估过程主要包括以下几个步骤。①确定评估对象：选择需要评估的工作岗位或工作任务；②收集数据：收集有关该工作岗位的数据，包括工作流程、工作环境、使用的工具和设备等；③评估风险：根据 REBA 的标准和方法，评估该工作岗位的风险等级；④制订改善计划：根据评估结果，制订相应的改善计划，以降低工作风险。

REBA 适用于各种行业和工作岗位，特别是那些需要长时间站立、坐着或者进行重复性动作的工作。例如，制造业、物流业、办公室工作等。然而，需要注意的是，REBA 并不能替代专业的医疗诊断，如果员工出现肌肉骨骼问题，应及时就医。

4. 职业性重复活动评估方法

职业性重复活动评估方法（occupational repetitive actions，OCRA）是一种用于评估工作中重复动作可能带来的健康风险的方法。该方法起源于工业领域，特别是在那些涉及大量重复性手臂动作的行业中，如装配线、包装、打字等行业。这些重复性动作可能会导致工作人员出现肌肉骨骼问题，如腱鞘炎、肩周炎等。因此，OCRA 被用来识别和评估这些风险，以便采取适当的预防和缓解措施。OCRA 主要包括以下几个步骤。①定义任务：明确要评估的任务的具体内容，包括任务的名称、执行地点、执行频率等；②评估任务：根据 OCRA 评估表格，评估任务的各个方面，包括任务的类型、持续时间、频率、力量、姿势等；③计算风险等级：根据评估结果，使用 OCRA 风险等级计算公式，计算出每个任务的风险等级；④风险管理：根据风险等级，采取相应的风险管理措施，如改变任务设计、提供培训、使用辅助设备等。

OCRA 适用于各种涉及重复性手臂动作的工作场所。特别是对于那些需要长时间保持同一姿势或者进行重复性动作的工作人员，OCRA 可以帮助他们了解自己的工作风险，并采取相应的预防措施。此外，OCRA 也可以作为职业健康评估的一部分，帮助雇主了解员工的工作风险，从而采取有效的风险管理措施，保护员工的身体健康。

5. 医院患者移动与协助评估方法

医院患者移动与协助评估方法（Movement and Assistance of Hospital Patients Assessment Method，MAPO）起源于意大利，由意大利姿势和运动工效学研究所开发研制，主要用于评估护理人员在病房中手动搬运患者时的风险暴露水平。MAPO 主要包括以下几个方面的内容。①护理人员数量：评估护理人员的数量，以及他们是否经过了适当的培训；②患者情况：包括患者的残疾程度、是否需要搀扶或者完全卧床等信息；③搬运类型：评估搬运的类型，如是否需要提举、轮椅转移等；④辅助设施：评估是否有足够的辅助设施，如轮椅、提举设备等；⑤环境：评估病房的环境，包括空间大小、是否存在障碍物等。

MAPO 适用于各种类型的医院病房，包括妇产科、儿科、神经内科、内科、普通外科等。此外，它也可以用于评估护理人员在搬运患者过程中的风险暴露水平，以便采取有效的预防措施减少风险。

二、心理生理方法

（一）表面肌电描记术

表面肌电描记术（surface electromyography，sEMG）是一种非侵入性的技术，它通过在皮肤表面放置电极来记录肌肉活动产生的电信号。这种技术可以用来评估肌肉的功能状态，以及肌肉在不同活动和姿势下的活动模式。sEMG 的分析方法包括线性分析和非线性分析两种，其中，线性分析主要包括时域分析、频域分析、频谱振幅联合分析和时频分析。

sEMG 的起源可以追溯到 17 世纪中叶。1773 年，Walsh 发现鳗鱼的肌肉收缩可以产生电火花。但直到 18 世纪 90 年代，Galvani 才证明了肌肉收缩与电活动之间的关系。19 世纪初期，电流计的发明为进一步测量肌肉的电活动提供了可能。DuBois-Reymond 在 1849 年首先证实了人体的肌肉在主动收缩时存在肌肉电活动。19 世纪 60 年代，Duchelme GB 利用电生理学方法系统地研究了肌肉的功能和动力学，成为这一领域工作的真正开始。20 世纪 30—50 年代，针式肌电图得到了迅速发展，随后出现了表面肌电图。表面肌电图是从肌肉表面通过电极引导、记录下来的神经 - 肌肉系统活动时的生物电信号。它是电极所触及的多个运动单位活动时所产生的电位变化在时间和空间上叠加的结果，与肌肉的活动状态和功能状态之间存在着不同程度的关联性。

在进行 sEMG 测量时，通常会在所要测量的骨骼肌的皮肤表面上放置表面电极。这些电极会捕捉到肌肉收缩时发出的肌电信号，并将信号传输到放大器，之后通过记录系统以波形的形式记录下来。sEMG 信号的采集和分析可以帮助医生和研究人员了解肌肉的功能状态，以及肌肉是否处于疲劳状态。sEMG 的信号分析通常涉及对肌电信号的整流、平滑、滤波和振幅归一化等处理过程，以确保数据的准确性和可靠性。此外，sEMG 还可以与其他类型的生物反馈技术结合使用，以帮助个体改善运动能力和身体功能。

sEMG 的应用范围广泛，已经成为临床医学、康复医学、体育科学研究等多个领域的重要工具。它不仅用于神经肌肉疾病的诊断，为医疗保健专业人员提供关于肌肉活动和功能的宝贵信息，从而有助于疾病的诊断、治疗的制定和效果的评估；还被广泛应用于工效分析、肌肉功能评价及运动技术动作的研究。

（二）基于心率和心率变异性的心理负荷评估

基于心率和心率变异性的心理负荷评估是一种通过分析心电信号来评估个体心理负荷的方法。这种方法通常涉及对心电图（ECG）信号的实时监测，从中提取与自主神经系统活动相关的参数，如心率变异性（HRV）。HRV 是指心率在不同时间点上的自然波动，它可以反映自主神经系统的平衡状态，从而间接评估个体的心理负荷水平。在评估过程中，通常会采集心电信号，并通过特定的算法分析心率的时域特征和频域特征。时域特征包括平均心率、心率的标准差、相邻心搏间期的差异等，频域特征则包括低频功率和高频功率等。这些特征可以帮助研究人员了解心脏对心理负荷的反应，从而评估个体的心理状态。

基于心率和 HRV 的心理负荷评估起源于对自主神经系统活动的研究。自主神经系统通过传入和传出交感神经系统（SNS）和副交感神经系统（PNS）的途径调节身体的大多数内部过程（如循环、呼吸、消化等），以维持身体的稳态环境。研究表明，疲劳与自主神经系统功能的失衡有关，因此通过分析自主神经系统的活动情况来监测驾驶疲劳的过程是有意义的。ECG 提取的 HRV 已被证明与自主神经系统活动密切相关，因为 ECG 信号的信噪比较高、易于检测和分析，HRV 被广泛应用于驾驶员疲劳识别。此外，心理负荷的评估正在经历从传统工效学到神经人因学的变革。神经科学研究技术，如脑电图（EEG）、事件相关电位（ERPs）、功能磁共振成像（fMRI）、功能性近红外光谱技术（fNIRS）和经颅多普勒超声（TCD）等，为这场变革提供了强有力的工具。这些技术可以帮助研究人员更好地理解在特定任务下心理负荷的变化，以及如何通过这些变化来评估个体的心理状态。

基于心率和 HRV 的心理负荷评估适用于多种场合，包括：①健康体检，作为一种非侵入式的检测手段，它可以在常规的健康检查中使用，作为评估个体心理健康状态的辅助工具，帮助发现潜在的心理压力或疲劳。②疾病治疗人群，对于正在接受治疗的患者，该方法可以帮助医生了解患者的心理状态，以便更好地制订治疗计划。③运动员和军队体育院校，在高强度训练和比赛中，运动员可能会经历较高的心理负荷，该方法可以帮助监测他们的心理状态，预防过度训练和运动损伤。④健身房和高负荷、高压力人群，对于经常处于高强度锻炼或工作环境中的人群，该方法可以帮助他们了解自己的心理负荷，采取适当的休息和恢复措施。⑤公检法机关和监狱，在这些环境下，警察和囚犯都可能面临较大的心理压力，该方法可以用来评估他们的心理状态，确保安全和健康。

（三）血压对工作负荷的动态评估

血压对工作负荷的动态评估是一种利用血压变化来衡量个体所承受工作压力大小的医学评估方法。该方法基于压力生理学的基础理论，即人体在面对压力时会产生一系列生理反应，其中较直接的指标之一就是血压。随着时间的推移和研究的深入，科学家们发现血压不仅受到身体活动的影响，还与个体的心理状态、情绪及所处环境的压力密切相关。

血压对工作负荷的动态评估主要通过连续或定时监测个体的血压值来实现。评估过程中会记录下血压在不同时间点的读数，特别是在工作任务开始、进行中和结束后的血压变化。这些数据可以帮助医生了解个体在面对特定工作任务时的生理压力水平。此外，评估还可能考虑其他因素，如心率、HRV 及血液中的激素水平等，以获得更全面的压力评估结果。

血压对工作负荷的动态评估最初主要应用于职业健康领域，用于识别那些因长时间工作而处于高压力状态的人群，如白领、医生、司机等。通过评估，可以及时发现这些人的血压异常，从而采取适当的干预措施，如调整工作强度、改善工作环境、提供心理咨询等，以降低他们的高血压风险。此外，该评估方法也逐渐被应用于体育科学领域。在训练和比赛中，教练可以通过监测运动员的血压变化来了解他们的生理状态，并根据需要调整训练计划或比赛策略。

三、认知行为方法

（一）观察法

观察法在人因工效学领域的起源可以追溯到20世纪初的工业工程领域。随着时间的推移，这种方法逐渐被广泛应用于人因工效学的研究中。

观察法主要包括以下几种类型。①直接观察：观察者直接在现场记录个体或群体的行为。这种方式可以获取非常具体和详细的数据，但可能会受到观察者效应（即被观察者知道自己在被观察而改变行为）的影响。②间接观察：通过视频录制、照片、声音记录或者使用传感器等设备来收集数据，观察者不在现场，减少了对被观察者行为的干扰。③事件抽样：观察者只记录特定类型的事件或行为，而不是持续不断地观察。这种抽样方法可以帮助研究人员集中注意力在最重要或最常见的行为上。④时间抽样：观察者按照预定的时间间隔记录数据，例如，每15秒记录一次劳动者的位置或活动。时间抽样有助于获得代表性的行为数据，尤其适用于长时间的观察研究。⑤行为编码：将观察到的行为分类并赋予代码，以便于统计和分析，这需要事先定义好行为类别和编码规则。

观察法广泛应用于各种领域，包括工业生产、办公室自动化、交通运输、医疗保健、产品设计和服务行业等。具有以下用途：①设计和改进工作站、工具和设备，使之更符合人类的生理特性和心理特性，从而减少错误和事故，提高生产效率和员工满意度。②评估人员培训程序的有效性，通过观察员工学习新技能或操作新设备的过程，可以调整培训内容以提高培训质量。③进行工作分析，了解不同职位所需的技能、知识和能力，这对于招聘、选拔和职位晋升决策至关重要。④研究人—计算机交互，观察用户如何与软件应用程序或信息系统互动，以发现可用性问题并提出改进建议。⑤改善工作流程和组织结构，通过观察和分析工作流程中的瓶颈和不合理之处，提出解决方案，优化工作流程，提高组织效率。

（二）访谈法

访谈法作为一种研究方法，其起源可以追溯到20世纪中叶，最初由心理学家们发展起来，主要用于理解和治疗心理障碍。随着时间的推移，访谈法被引入人因工效学中，成为一种重要的研究方法，它提供了一种系统的方法来分析工作场所中的人类行为和表现。

在人因工效学中，访谈法主要包括以下几个步骤。①任务分析：详细了解和记录工作任务的性质，包括所需的动作、决策和认知过程。②人员分析：评估执行任务的个体或团队的能力、限制和偏好，包括感知、记忆、思维和运动技能。③设计阶段：基于任务和人员分析的结果来设计或重新设计工作环境、设备和工作流程，以提高效率、减少错误和提升用户满意度。④评估和测试：对新设计的系统进行实际应用，评估它们是否符合预期的性能标准，并根据反馈进行必要的调整。⑤培训和支持：确保用户能够有效地使用新系统，包括提供必要的培训和支持材料。

访谈法在人因工效学中的应用非常广泛，可以应用于各种行业和领域。①制造业：优化工作站设计，减少劳动者疲劳，提高生产效率。②办公室工作：设计符合人体工程学的家具和工作站，减少重复性劳损伤害，改善员工的工作舒适度和生产力。③交通系统：改善驾驶舱设计，提高驾驶员的警觉性和反应速度，减少交通事故的风险。④医疗保健：设计辅助医疗设备和改进工作流程，减轻医护人员的身体负担，提高患者护理质量。⑤信息技术：优化人机界面设计，减少用户操作错误，提高信息处理速度和准确性。

（三）事件记录法

事件记录法起源于20世纪初的工业心理学领域，最初被用于改善劳动者的作业效率和减少工伤事故。随着时间的推移，这种方法逐渐发展并被广泛应用于各种领域，如应用在医疗、教育、航空航天等，可以提高系统的可靠性和安全性。在人因工效学认知行为方法中，事件记录法被用来分析和改进人的认知和行为表现，从而提高系统性能。

事件记录法是一种基于观察和记录的数据收集方法。它要求观察者在特定时间段内密切关注目标个体或团队的行为和表现，并将发生的关键事件、异常情况或重要信息记录下来。这些记录可以包括事件的性质、时间、地点、涉及人员、原因、结果等详细信息。通过对这些数据的分析，研究人员可以深入了解目标个体或团队的认知和行为模式，以及可能导致问题的因素。

事件记录法适用于多种场景。①工业生产：在工业生产过程中，事件记录法可以帮助企业发现生产流程中的瓶颈和浪费，提高生产效率和质量。同时，它还可以用于分析工伤事故的原因，提出预防措施，保障员工的安全。②医疗保健：在医疗保健领域，事件记录法可以用于监测患者的病情变化和治疗效果，及时发现潜在的医疗风险。同时，它还可以帮助医生了解患者的生活习惯和心理状态，制订更个性化的治疗方案。③交通运输：在交通运输领域，事件记录法可以用于分析交通事故的原因和责任归属，提出改进交通管理和安全设施的建议。同时，它还可以帮助驾驶员提高驾驶技能和安全意识，减少交通事故的发生率。④教育培训：在教育培训领域，事件记录法可以用于评估学生的学习效果和教师的教学质量。通过对学生学习过程中的关键事件和表现进行记录和分析，教师可以及时发现学生的学习困难和进步情况，调整教学策略和方法。同时，学生也可以通过反思自己的学习过程和行为表现，提高自主学习能力和综合素质。除了上述领域外，事件记录法还可以应用于其他许多领域，如软件开发、项目管理、军事指挥等。在这些领域中，事件记录法可以帮助相关人员更好地了解系统运行状况和人员表现，发现潜在的问题和风险，提出改进措施和建议，从而提高系统性能和整体效益。

（王忠旭　贾　宁　莫仕围）

03

第三章　职业性肌肉骨骼疾病

第一节　我国职业性肌肉骨骼疾病目录进展概述

从广义上讲，职业性肌肉骨骼疾病包括劳动者在职业活动中因接触不良工效学因素而引起的肌肉骨骼疾病，症状出现与不良工效学因素工作时间有明显相关性或同工作人员中多人出现相同病症。从狭义讲，不同国家职业病目录中包含的职业性肌肉骨骼疾病内容大相径庭，即使是ILO职业性肌肉骨骼疾病名单也是随着国际社会经济发展的客观要求而发展变化的，于2010年3月在ILO第307届会议上获得批准，并正式生效为2010修订版职业病名单，才正式将腕部重复运动、过度用力和非自然姿势导致的桡骨茎突腱鞘炎，重复运动、过度用力和非自然姿势导致的手和腕部慢性腱鞘炎，肘部长期受压导致的鹰嘴滑囊炎，长时间保持跪姿导致的髌前滑囊炎，重复性用力作业姿势导致的上髁炎，长时间跪/蹲姿势作业导致的半月板损伤，长时间重复用力作业、振动作业、手腕非自然姿势导致的腕管综合征纳入职业病名单。根据《中华人民共和国职业病防治法》，我国职业性肌肉骨骼疾病目录是由国务院卫生行政部门会同国务院劳动保障行政部门制定、调整并公布。

随着社会经济的发展和职业环境的变化，我国社会各界对扩大病种范围、更好地保护职业人群健康的呼声也日益高涨。2020年以来，国家卫生健康委组织有关单位开展了调整《职业病分类和目录》的相关前期研究，了解国外和ILO职业病目录制定的进展情况，通过走访用人单位、职业病诊断机构和相关部门，听取各方面对目录调整的意见。每次针对《职业病分类和目录》的修订都旨在补齐现行目录的短板，聚焦重点职业人群，做到循序渐进、稳步推进。职业性肌肉骨骼疾病是在2024年修订后的《职业病分类和目录》中增加的新一类职业病。修订后的《职业病分类和目录》纳入12大类135种职业病。本次目录修订是我国职业病防治工作推进过程中具有里程碑意义的重要环节。

目前，我国职业性肌肉骨骼疾病包括两种，分别是职业性腕管综合征（限于长时间腕部重复作业或用力作业的制造业工人）和职业性滑囊炎（限于井下工人）。

（关　里　李树强）

第二节　职业性腕管综合征

腕管是由腕骨、韧带形成的一个坚韧而无弹性的骨性纤维鞘管。各种原因导致正中神经在腕管内受挤压引起的一种周围神经卡压综合征，称为腕管综合征（carpal tunnel syndrome，CTS）。制造业工人手腕部长时间从事重复作业或用力作业，屈腕时正中神经在屈肌肌腱和腕横韧带间承受压力，伸腕时正中神经则被牵拉，均可引起腕管内压力增高，使正中神经受到嵌压导致的 CTS ，称为职业性腕管综合征。

一、常见职业接触机会

长时间从事腕部重复作业或用力作业的制造业工人为职业性 CTS 高发人群。腕部重复作业指劳动者从事腕部屈曲（≥15°）、背伸（≥15°）、桡尺偏（≥15°）或上述复合动作作业的动作重复频率≥4 次 / 分钟，且该作业活动的累计工时≥4 小时 / 日（注：腕部屈曲、背伸、桡尺偏的角度，均为相对于手腕部自然中立位 0° 的屈曲、背伸和桡尺偏角度）。腕部用力作业指劳动者从事腕部屈曲、背伸、桡尺偏或上述复合动作作业时，手部抓握工具或物品的重量≥4 kg，且该作业活动的累计工时≥4 小时 / 日。

职业性 CTS 常见于船舶及相关装置制造业、电子设备制造业、家具制造业、汽车制造业、生物药品制造业、玩具制造业等行业，多发于装配工、搬运工等工种。其他制造业工人职业接触符合上述腕部重复作业或用力作业定义，应诊断为职业性 CTS。手传振动作业所致 CTS 的诊断及处理见《职业性手臂振动病诊断标准》（GBZ 7）。

二、致病机制

腕管内有指浅、深屈肌腱及屈肌总腱鞘、拇长屈肌腱及其腱鞘和正中神经通过。在腕管内，各指浅、深屈肌腱被屈肌总腱鞘（尺侧囊）包裹，拇长屈肌腱被拇长屈肌腱鞘（桡侧囊）包绕。两腱鞘均超过屈肌支持带近侧和远侧各 2.5cm。屈肌总腱鞘常与小指滑膜相通。由于拇长屈肌腱鞘一直延续到拇指的末节，故拇长屈肌腱鞘与拇指的指滑膜鞘相连。

研究证实，腕部正中位测量腕管压力，正常对照组平均为 3mmHg，如因腕部重复活动、用力活动直接压迫腕管或使腕管内正中神经的周围空间减少后，腕管内的组织压力就会增高。当腕部屈伸时，腕管内的组织压力可上升到 90mmHg，有可能导致正中神经的缺血，继而引起神经水肿，进一步加重神经损害。

正中神经传递运动冲动到拇指肌肉，并且支配拇指、示指、中指和环指桡侧一半掌面感觉，以及这些手指近侧指间关节以远的背侧面的感觉。当正中神经在腕管内受到嵌压后，在受压部位以远的手部正中神经支配的范围内，即可发生感觉和运动神经纤维的功能障碍，产生 CTS 症状。

三、职业健康检查

对从事腕部重复或用力作业的制造业工人进行职业健康检查，可早期发现职业病、职业健康损害和职业禁忌证，保护劳动者个体和群体的职业健康。《职业健康监护技术规范》（GBZ 188）中明确规定了制造业工人腕部重复或用力作业的职业健康检查要求，主要分为上岗前、在岗期间和离岗时职业健康检查。

（一）上岗前职业健康检查

上岗前职业健康检查的目标疾病为职业禁忌证，包括 CTS、类风湿关节炎、桡骨或腕骨骨折。

检查内容主要分为症状询问、体格检查和实验室检查。症状询问时重点要询问：拇指、示指、中指和环指桡侧部分有无麻木或疼痛，甩手后症状是否减轻和恢复知觉，夜晚疼痛是否加重，休息后是否能缓解；手指关节、腕关节是否有疼痛、肿胀、晨僵的情况。体格检查包括检查手掌大鱼际肌是否有萎缩，是否有关节畸形，Tinel 征（叩击试验）、Phalen 试验（屈腕试验）。实验室和其他检查包括必检项目和补充检查项目，其中，必检项目包括血常规、尿常规、肝功能、心电图、血沉、类风湿因子；补充检查项目应针对有临床表现或与目标疾病有关项目异常者，可选择工作侧正中神经高频超声、工作侧神经－肌电图（正中神经传导速度等）、工作侧前臂正侧位 X 射线摄片、工作侧腕关节 MRI 检查、抗环瓜氨酸肽抗体测定。

（二）在岗期间职业健康检查

在岗期间职业健康检查的目标疾病为职业病和职业禁忌证。职业病为职业性 CTS；职业禁忌证包括 CTS、类风湿关节炎、桡骨或腕骨骨折。症状询问与体格检查与上岗前职业健康检查一致。实验室和其他检查：必检项目为血沉、类风湿因子；补充检查项目应针对有临床表现或必检项目异常者，可选择工作侧正中神经彩色多普勒超声检查、工作侧神经－肌电图（正中神经传导速度等）、工作侧前臂正侧位 X 射线摄片、工作侧腕关节 MRI 检查、抗环瓜氨酸肽抗体测定。在岗期间职业健康检查周期为 2 年。

（三）离岗时职业健康检查

离岗时职业健康检查的目标疾病为职业病，即职业性 CTS。检查内容与在岗期间职业健康检查内容一致。

四、诊断

（一）临床表现

主要表现为手部拇指、示指、中指和环指桡侧感觉异常（麻木、疼痛），部分患者会出现前臂疼痛，严重者还会出现大鱼际肌萎缩、拇指不能完成对掌等功能障碍。

职业性 CTS 体格检查常见异常：①正中神经叩击试验（Tinel 征）：轻叩击患者手掌屈侧腕横纹平面正中神经走行区时，拇指、示指、中指、环指桡侧部分出现麻木即为阳性；②腕掌屈试验（Phalen test）：嘱患者双手背相对，腕关节屈曲 70°~90°，持续 60 秒后，患者出现拇指、示指、中指、环指桡侧麻木刺痛即为阳性；③腕背屈试验（reverse Phalen test）：嘱患者双手背伸掌侧合拢，前臂于胸前呈直线，持续 60 秒后出现拇指、示指、中指、环指桡侧麻木刺痛即为阳性。

（二）辅助检查

1. 神经电生理检查

神经电生理检查是诊断职业性 CTS 最常用的方法，对诊断有重要意义。神经电生理检查可以排除其他神经病变或神经根病变产生的相似临床表现，并且能提示职业性 CTS 的严重程度。应重点检测正中神经支配区的感觉神经传导测定、运动神经传导测定。

2. 高频超声检查

随着高频超声检查方法的运用，其无创、省时、方便等优点受到广泛的关注。近年来开始运用高频超声检查方法诊断职业性 CTS，可提供客观的图像，显示神经分布和走行，多维度测量神经纤维形态。检查时患者坐于检查者对面，腕部及肘部放松，手掌向上平放于检查床上。对于不能坐的患者，可平卧于检查床上，上肢置于身体两侧。探头应与腕横纹平面的正中神经保持垂直，忌过度用力引起正中神经受压或变形。超声可显示正中神经肿胀变形，结构模糊，测量正中神经横截面积增大。

3. 核磁共振检查

核磁共振检查组织分辨率高，可观察腕管内结构，显示正中神经、屈肌肌腱等的大小、形态和毗邻关系。对于职业性 CTS 的诊断、鉴别诊断和进一步寻找病因有重要的价值，并且能评价手术效果及预后。但由于相关研究量少，且检查本身耗时、花费大，目前核磁共振不作为诊断职业性 CTS 的常规检查，可作为鉴别诊断时重要的辅助检查手段在临床应用。

（三）诊断标准

1. 诊断原则

根据连续 3 年及以上患侧手腕部从事重复作业或用力作业的职业史，手部正中神经支配区域出现感觉或运动功能障碍的症状和体征，伴有神经电生理检查或腕部高频超声检查异常，结合职业健康监护和现场职业卫生调查资料，综合分析，排除其他病因所致类似疾病，方可诊断。

2. 诊断

根据《职业性腕管综合征诊断标准》（GBZ 336—2025），职业性 CTS 诊断标准为：患侧腕部从事重复作业或用力作业连续 3 年及以上职业史；手部正中神经支配区域（拇指、示指、中指和环指桡侧）麻木或疼痛，症状以该区域最明显但不局限于此区域，严重者可出现运动障碍；体格检查腕横纹水平正中神经叩击试验（Tinel 征）阳性或腕掌屈试验（Phalen test）阳性或腕背屈试验（reverse Phalen test）阳性。并具有下列两种检查表现之一：①神经电生理检查（同时满足以下指标）：正中神经远端运动潜伏期（distal motor latency，DML）大于等于 4.5ms；相同距离正中神经与尺神经的感觉神经动作电位潜伏期之差大于 0.4ms；示指至腕部正中神经感觉传导速度小于 40.0m/s；②腕部高频超声检查（同时满足以下指标）：腕管区内椭圆形的正中神经横断面呈扁平状，近侧正中神经肿胀增粗；神经外膜回声增强，神经束回声减低，正常神经横断面蜂巢样结构模糊；测量豌豆骨水平正中神经横截面积（CSA）大于等于 12.3mm^2。

3. 本标准《职业性腕管综合征诊断标准》的适用范围

本标准适用于制造业工人长时间从事腕部重复作业或用力作业所致腕管综合征的诊断。职业性 CTS 常见于船舶及相关装置制造业、电子设备制造业、家具制造业、汽车制造业、生物药品制造业、玩具制造业等行业，多发于装配工、搬运工等工种。其他制造业工人职业接触符合腕部重复作业或用力作业定义，应诊断为职业性 CTS。

五、鉴别诊断

需与职业性 CTS 鉴别的疾病包括胸廓出口综合征、神经根型颈椎病、脊髓空洞症、特发性臂丛神经炎、末梢神经炎、外伤性 CTS、中毒性周围神经病等，上述需鉴别的疾病均会累及正中神经，出现手部麻痛、肌萎缩等临床表现。

（一）胸廓出口综合征

胸廓出口综合征常出现自颈后方经肩至臂部的疼痛，疼痛和感觉异常多呈节段性分布，约有 90% 在尺神经分布区，与职业性 CTS 主要累及正中神经分布区不同。颈部 X 射线摄片可见异常。

（二）神经根型颈椎病

神经根型颈椎病是容易与职业性 CTS 相混淆的疾病，甚至可能存在职业性 CTS 合并神经根型颈椎病的神经双卡综合征（double crush syndrome，DCS）。可通过详细了解病史、仔细的体格检查及颈椎核磁等辅助检查加以鉴别。

（三）脊髓空洞症

疼痛常为单侧肩胛带及手呈现周期性弥漫性钝痛，有时剧烈灼痛。早期手内在肌无力萎缩，后向上发展。上肢腱反射消失。痛觉及温觉受损，其他感觉存在是本病特点。颈椎核磁检查有重要鉴别诊断价值，可提示脊髓存在空洞。

（四）特发性臂丛神经炎

臂丛损害可产生运动、感觉及交感神经功能障碍，可导致部分患者顽固性疼痛。该病累及范围广，不局限于正中神经支配区，这是与职业性 CTS 的不同之处。

（五）末梢神经炎

四肢远端有手套或袜套型感觉、运动障碍，受累区腱反射消失，而职业性 CTS 症状及体征仅局限于手部正中神经支配区域。

（六）外伤性 CTS

外伤性 CTS 有明确的外伤史，而无职业史，可与职业性 CTS 相鉴别。

（七）中毒性周围神经病

中毒性周围神经病是由毒物引起周围神经损害的疾病，主要表现为四肢对称性感觉障碍或运动功能障碍，一般自下肢开始，逐渐向上肢扩展。可以有感觉障碍，可以出现肌肉压痛，或是迟缓性瘫痪，下肢常较上肢为重。

（八）其他正中神经病变

其他正中神经病变，如脊髓肿瘤，依受累平面的不同，疼痛可放射至胸、腹、背、腰及四肢，以后逐渐出现感觉运动障碍，脊柱核磁检查有助于鉴别诊断；旋前圆肌综合征，腕部 Tinel 征及 Phalen 试验阴性，有助于鉴别诊断。

六、治疗原则

可采取腕部制动、药物治疗、康复治疗和中医治疗等非手术治疗；非手术治疗无效时，可行腕管减压术。

七、预防

（一）一级预防

降低工作场所不良工效学风险是预防职业性 CTS 的关键，应采取以下措施。

1. 用人单位应合理组织和安排工作任务，减少劳动者手腕重复作业频率，尤其是经常使用屈曲、背伸、桡尺偏动作和用力操作作业频率。在生产工艺允许情况下，采用机械化作业代替人工作业。为劳动者提供符合人体工效学的劳动保护，避免或降低劳动者罹患职业性 CTS 的风险。

2. 劳动者自身应保持正确手腕部工作习惯、减少手腕部过度用力、降低手腕部重复作业频率。工间休息时，可适当做手腕部放松活动，或局部按摩，缓解肌肉疲劳。业余时间应避免手腕部过度活动以防产生腕部损伤。

（二）二级预防

对拟从事手腕部重复作业、用力作业的劳动者进行上岗前职业健康检查，建立劳动者职业健康基础档案。加强职业健康知识宣教，培训劳动者识别 CTS 早期临床表现、及时向用人单位报告。对报告手腕部麻木、疼痛等临床症状的在岗期间、离岗时劳动者进行健康评估，早期发现职业健康损害。

（三）三级预防

对已确诊职业性腕管综合征的劳动者需立即调离原工作岗位，防止病情进一步加剧。积极治疗，注重康复训练，预防并发症。

（郑亦沐　关　里　薛云皓）

第三节　职业性滑囊炎

滑囊，又称滑液囊、滑膜囊或黏液囊，是结缔组织中囊状间隙，主要分布在全身各关节处，少数与关节相通，大小从直径几毫米到几厘米。滑囊壁分两层，外层为薄而致密的纤维结缔组织，内层为滑膜内皮细胞，能分泌少量滑液，发挥润滑、减轻压力、营养关节、促进运动灵活性等作用。人体有两种滑囊：一种部位恒定，在胎儿期已发生，全身有140多个，如髌前滑囊、鹰嘴滑囊、大转子滑囊等；另一种是为适应局部摩擦和压迫在结缔组织中继发的滑囊，其数目不一，位置不定。当存在外伤、压迫、反复摩擦等因素时，可引起滑囊壁充血、水肿、渗出、增生、肥厚、滑囊扩大，最终形成囊肿，即滑囊炎。1964年，我国将滑囊炎试列为煤矿井下工人职业病。1987年，煤矿井下工人滑囊炎正式被列入我国职业病名单，并由煤炭工业部《煤矿井下工人滑囊炎诊断标准》研究协作组编制《煤矿井下工人滑囊炎诊断标准》（MT 168—1987）。职业性滑囊炎是指从事井下作业的劳动者，在特殊劳动条件下，因跪、爬行、侧卧、肩扛等作业方式，膝、肘、肩关节等部位的滑囊受到急性外伤或长期摩擦、受压等机械因素影响，所引起的无菌性炎症改变。随着对职业性滑囊炎的认识深入，2013年在修订《职业病分类和目录》时，将其修改为滑囊炎（限井下工人），列入目录中的其他职业病，2024年12月再次修订后的《职业病分类和目录》，将滑囊炎（限于井下工人）列入职业性肌肉骨骼疾病。

一、常见职业接触机会

职业性滑囊炎与劳动者从事的职业类型、工种、职业环境、劳动强度等密切相关。矿工常因工作环境特殊性，在采煤、掘进或爬行进出工作面时，呈跪位或卧位，肘、膝、肩、髋、踝等处长期受压、反复摩擦和碰撞等，导致滑囊炎。井下工人在狭窄的空间工作，劳动条件和姿势较为特殊，滑囊受急性外伤或长期受压、反复摩擦，本病更为常见。从事回采、掘进、辅助、打眼、混合等工种的井下工人较为高发。例如，从事跪爬式操作时膝关节较易受损，常发生髌前滑囊炎又称“矿工膝”；侧卧位爬行时，膝、肘关节较易受损，易发生膝外侧滑囊炎和鹰嘴滑囊炎（又称“矿工肘”）；有些煤矿井下作业时将绳索系在双肩爬行拖拉铁斗等以进行运输，使劳动者双肩长期受压或摩擦导致肩周滑囊受损，易发生肩峰下滑囊炎。

其他一些作业也可以引起滑囊炎，但由于经济、社会等因素，目前尚未纳入国家职业病目录，如石磨劳动者在石板磨光加工时，因石板重量大，为减轻上臂劳动强度，常用膝部紧靠机台作支撑，膝部长期受到振动和压力影响，导致髌前滑囊炎。渔民常用膝部顶靠船舷作业，也会导致髌前滑囊炎。消防员因长期进行跑、跳、跪、爬等超负荷训练，易患髌上滑囊炎，表现为膝关节疼痛及伸膝困难。网球运动员和水电工、木工在职业活动中经常要旋转前臂和屈伸肘关节，导致桡肱滑囊炎。

二、致病机制

骨结构异常突出的部位，长期、反复、集中和力量稍大的摩擦和压迫是产生滑囊炎的主要原因。

病理变化可见滑囊壁水肿、肥厚或纤维化，滑膜增生呈绒毛状，有大量纤维蛋白凝聚物附着；滑液内血浆蛋白、大分子蛋白含量明显增加，并含丰富的水解蛋白酶和炎性介质，另可见蛋白多糖合成代谢紊乱和胶原构架组织分解；部分滑囊底或肌腱内尚有钙质沉着，从而影响关节功能。慢性滑囊炎发病机制主要包括血小板衍化生长因子（platelet derived growth factor，PDGF）学说和自由基学说等。

三、职业健康检查

《职业健康监护技术规范》（GBZ 188）中明确规定了井下长期蹲跪姿、爬行、侧卧、肩扛作业工人的职业健康检查要求，主要分为上岗前、在岗期间和离岗时职业健康检查。

（一）上岗前职业健康检查

上岗前职业健康检查的目标疾病为职业禁忌证，包括膝、肘、肩关节的类风湿性滑膜炎、化脓性滑膜炎、结核性滑膜炎。检查内容主要分为症状询问、体格检查、实验室和其他检查。症状询问时重点要询问受检者的骨关节疾病史及相关症状（疼痛、肿胀等）。体格检查主要分为内科常规检查和外科检查，其中，外科检查主要检查膝、肘、肩关节的肿胀情况、皮温、压痛点、活动度。实验室和其他检查包括必检项目和补充检查项目，其中，必检项目包括血常规、尿常规、血沉、C反应蛋白、肝功能、心电图、类风湿因子，补充检查项目针对有临床表现或与目标疾病有关项目异常者，可选择受累关节高频超声检查、受累关节 MRI 检查。

（二）在岗期间职业健康检查

在岗期间职业健康检查的目标疾病分别为职业病和职业禁忌证。职业病为职业性滑囊炎；职业禁忌证包括膝、肘、肩关节的类风湿性滑膜炎、化脓性滑膜炎、结核性滑膜炎。检查内容主要分为症状询问、体格检查、实验室和其他检查。症状询问时重点要询问受检者的膝、肘、肩关节等长期反复摩擦、压迫史及关节局部疼痛、肿胀、活动受限等相关症状；体格检查内容与上岗前职业健康检查相同；实验室和其他检查包括必检项目和补充检查项目，其中，必检项目包括血常规、血沉、C反应蛋白、类风湿因子、受压关节高频超声检查，补充检查项目针对有临床表现或与目标疾病有关项目异常者可选择受压关节 MRI 检查。健康检查周期为 2 年。

（三）离岗时职业健康检查

离岗时职业健康检查的目标疾病为职业病，即职业性滑囊炎，检查内容与在岗期间职业健康检查相同。

四、诊断

（一）临床表现

职业性滑囊炎分急性滑囊炎和慢性滑囊炎，以慢性滑囊炎为多见。多无明确原因而在关节或骨突出部逐渐出现圆形或椭圆形包块缓慢长大伴压痛。部位表浅者可扪及，边缘清楚，有波动感，皮肤无炎症；部位深者，边界不清，有时被误认为是实质性肿瘤。当受到较大外力后，包块可较快增大，伴剧烈疼痛。此时皮肤有红、热表现，但无水肿。包块穿刺，慢性期为清晰黏液，急性损伤后为血液黏液。偶尔因皮肤磨损而继发感染，则有化脓性炎症的表现。煤矿井下工人滑囊炎的好发部位多在膝、肘、肩关节周围。由于煤矿井下工人特殊的工作环境，矿工除髌前滑囊炎和鹰嘴滑囊炎外，还可有局部上皮组织角化、尺神经炎、膝半月板受损、髌骨软化和骨质增生的骨关节炎等表现，称为矿工肘膝综合征。最常见的滑囊炎发生部位如下。

1. 肩峰下滑囊炎

肩峰下滑囊，又名三角肌下滑囊，位于肩峰、喙肩韧带和三角肌上半部的下方，肱骨大结节的上方。肩峰下滑囊炎，可因直接或间接外伤引起，但大多数病例是继发于肩关节周围组织的损伤和退行性病变，尤以滑囊底部的冈上肌腱的损伤、退行性变、钙盐沉积最为常见。损伤后数日开始出现肩疼痛，夜间疼痛较白天重，运动受限，特别是外展时加重，局部有压痛。

2. 鹰嘴滑囊炎

鹰嘴滑囊有两个，一个位于鹰嘴突和皮肤之间，另一个位于肱三头肌腱与鹰嘴上端的骨面之间。鹰嘴滑囊炎多发生于前者。发病原因以创伤为多见，常因撞击或经常摩擦所致。主要表现为鹰嘴部皮下囊性肿物，直径为2~4cm，可有轻度压痛，一般无疼痛及功能障碍，如遇急性受伤或细菌感染则疼痛剧烈，肿胀严重时手肘活动会受限。

3. 髌前滑囊炎

髌前滑囊位于髌骨前方，有髌前皮下滑囊（在皮下与深筋膜之间）、髌前筋膜下滑囊（在阔筋膜与股四头肌腱之间）和髌前肌腱下滑囊（在股四头肌与髌骨之间）。井下工人中以髌前皮下滑囊炎最常见，主要表现为髌前局限性肿块，触之有波动感、柔软、界限清楚、有轻度疼痛或无痛，膝关节功能不受限。

4. 髌下深滑囊炎

髌下滑囊位于胫骨结节与髌韧带之间，多因创伤所致；局部肿胀疼痛，膝关节屈伸活动受限；检查时可见髌韧带两侧生理凹陷消失并明显凸起，局部有压痛。

（二）辅助检查

1. 超声检查

超声检查是无创性检查手段，特别是高频超声检查（探头频率为7~17 MHz），可以更清晰地显示浅表组织结构的影像，对病变滑囊定位准确，可协助诊断性穿刺及局部注射药物治疗，对临床治疗及手术入路的选择有重要意义。急性滑囊炎时，超声可显示完整的囊壁及周边软组织影像结构，当产生积液时，可提示积液所致的囊腔扩张，内见无回声区，合并出血时无回声区内可见点状、条带状或絮状高回声。慢性滑囊炎时，超声可显示滑膜增厚，厚薄不均，内壁不光整，滑囊内可见条状、蜂窝状高回声或强声钙化灶。

2. 其他影像学检查

因X射线检查不能直接显示滑囊病变，早期单纯性滑囊炎不适于用X射线检查，但可以通过周围组织的影像表现间接观察病变滑囊，排除其他骨骼病变。晚期病例，特别是伴有并发症的滑囊炎，如骨膜炎、骨骼畸形等，需要X射线检查明确诊断及确定治疗方法。CT检查可见滑囊炎时的滑囊壁增厚。MRI检查对于关节、肌肉等软组织病变具有很高的密度分辨率。正常状况下，滑囊在MRI检查上不显影，或表现为一薄层脂肪信号。滑囊炎时，滑膜在T2WI上呈高信号，关节周围组织肿胀、合并出血时信号混杂。当怀疑感染性滑囊炎且无法进行囊液抽吸明确诊断时，特别是对于位置较深的组织病变，磁共振成像诊断价值要优于超声。MRI检查多用于鉴别感染性滑囊炎、局部软骨肿瘤病变、骨性病变等。

（三）诊断标准

《职业性滑囊炎诊断标准》（GBZ 82—2024）将职业性滑囊炎分为急性滑囊炎和慢性滑囊炎。

1. 诊断原则

（1）急性滑囊炎：根据井下作业劳动者短期内滑囊过度受压或摩擦、急性外伤的职业史，出现以滑囊的急性渗出性炎症为主的临床表现，结合辅助检查结果及工作场所职业卫生调查资料，综合分析，排除其他原因引起的类似疾病后，方可诊断。

（2）慢性滑囊炎：根据井下作业劳动者 3 个月及以上滑囊反复摩擦或受压的职业史，出现滑囊的慢性炎症，或急性滑囊炎迁延不愈，可伴有局部皮肤改变的临床表现，结合辅助检查结果及职业卫生调查资料，综合分析，排除其他原因所致的类似疾病后，方可诊断。

2. 诊断

（1）急性滑囊炎：有急性外伤史，或在关节局部受摩擦、压迫的初期，关节周围有部位固定、表面光滑、有波动感、界限清楚、压之疼痛的囊性肿物，并具有下列表现之一者。①超声检查可见滑囊扩张，内见积液；②磁共振成像检查可见滑囊内液体积聚及周围软组织水肿，边缘不清，呈横轴位 T1 加权像（T1-weighted image，T1WI）低信号、T2 加权像（T2-weighted image，T2WI）高信号，合并出血时信号混杂，T1WI 呈等或高信号，压脂 T2WI 呈低或高信号；③穿刺液为血性或黄色渗出液。

（2）慢性滑囊炎：关节有 3 个月及以上反复摩擦、压迫史，或病变经久不愈经多次穿刺及药物注射后，病变局限，压迫可有疼痛感，局部皮肤有痛痒、皱襞感，粗糙和胼胝样变，并具有下列表现之一者。①超声检查可见滑囊壁增厚，形态不一，滑囊内可见血流信号；②磁共振成像检查可见滑膜在 T2WI 上呈高信号，滑膜周围软组织可呈弥漫性 T1WI 低信号、T2WI 高信号；③ X 射线摄片可见滑囊周围软组织肿胀或呈肿块状，可伴有点状、条状或弧状钙化，局限性反应性骨增生；④穿刺液为少量淡黄色黏液。

3.《职业性滑囊炎诊断标准》（GBZ 82—2024）的适用范围

本标准主要适用于井下工人在劳动时因跪、爬行、侧卧、肩扛等所致滑囊的一种创伤性、无菌性炎症病变的诊断和处理。井下工人在狭窄的空间工作，劳动条件和姿势较为特殊，滑囊受急性外伤或长期受压、反复摩擦，本病更为常见。从事回采、掘进、辅助、打眼、混合等工种的井下工人较为高发。病变的部位与作业姿势密切相关。在跪和爬行时，膝关节较易受累，髌前滑囊炎多见；在侧卧和爬行时，膝、肘关节较易受累，膝外侧滑囊炎和鹰嘴滑囊炎多见；在肩扛时，肩关节较易受累，肩峰下滑囊炎多见。

五、鉴别诊断

职业性滑囊炎发病与年龄无关，与工龄、作业方式有关。机械化程度高，劳动保护措施好，则发病少。随工种不同，长期、持续、反复、集中磨压的部位不同，好发部位亦不同。诊断职业性滑囊炎时，须注意与以下疾病相鉴别。

1. 化脓性滑囊炎

化脓性滑囊炎好发于膝、肘、踝关节。急性期表现为剧烈疼痛，局部有红、肿、热、痛，穿刺可抽出脓液，可伴有体温升高和白细胞增多等。

2. 结核性滑囊炎

结核性滑囊炎比较少见，可以原发，也可以继发于邻近的骨结核。一般起病缓慢，症状不明显，局部可有疼痛、肿胀，如抽出干酪样物，涂片或结核菌培养阳性可确诊。

3. 退行性骨关节炎

退行性骨关节炎为关节软骨发生退行性变，关节边缘有骨刺形成。多见于中老年人，常见于指间关节、拇指腕掌关节、髋关节和膝关节。主要表现为疼痛，休息后疼痛稍缓解，活动后疼痛加剧，肢体活动受限。X 射线摄片可见关节间隙狭窄、软骨下骨质增生和囊性改变。

4. 类风湿性滑囊炎

类风湿性滑囊炎较常见，多见于跟部滑囊，大多伴有手、足等其他关节的类风湿关节炎病变。

5. 痛风性关节炎

痛风性关节炎常见于趾、跖趾关节内侧，尤其是伴有外翻的患者。局部出现红、肿、热、痛等急性炎症的表现。如血尿酸测定超过 420 μmol/L 或穿刺液内找到尿酸结晶可以确定诊断。

6. 其他

在对井下工人滑囊炎诊断时，还须注意与腱鞘囊肿、滑膜瘤、滑膜囊肿、Baker 囊肿、纤维瘤、脂肪垫等疾病相鉴别。必要时可采用一些生化与免疫方面的检查，如类风湿因子、抗角蛋白抗体、抗环瓜酸肽抗体、其他自身抗体方面的检查及 X 射线关节检查等。

六、治疗原则

（一）急性滑囊炎

静息、制动、冰敷、口服药物、物理治疗、局部穿刺抽液等治疗，预防继发感染。

（二）慢性滑囊炎

口服药物、物理治疗、囊内注射药物等治疗，无效时行滑囊切除术。但当皮肤出现胼胝样改变时，手术伤口不易愈合或术后瘢痕形成影响关节功能，手术应慎重。

（三）其他处理

急性滑囊炎患者治愈后可恢复原工作，久治不愈或反复发作者及慢性滑囊炎患者应脱离原工作岗位。如需劳动能力鉴定，按照《劳动能力鉴定　职工工伤与职业病致残等级》（GB/T 16180）处理。

七、预防

（一）一级预防

降低工作场所不良工效学风险是预防职业性滑囊炎的关键，应采取以下措施：

1. 用人单位应合理组织和安排工作任务，减少井下工人跪、爬行、侧卧、肩扛等作业方式。在生产工艺允许情况下，实现生产过程机械化、自动化，减少肩拖、跪爬等不良姿势对膝、肘、肩等部位的经常性机械刺激，定期进行检查，使滑囊炎患者能得到及时治疗。

2. 加强对滑囊炎高危作业劳动者的防护及健康宣教，做好劳动保护，易受挤压、摩擦的部位应佩戴护膝、护肘和护肩等。从事上述不良姿势作业的人员，宜经常变换作业姿势，并适当休息。

（二）二级预防

对拟从事井下作业的劳动者进行上岗前职业健康检查，建立劳动者职业健康基础档案。加强职业健康知识宣教，培训劳动者识别滑囊炎早期临床表现、及时向用人单位报告。对报告膝、肘、肩关节周围出现肿胀、疼痛等临床症状的在岗期间、离岗时的劳动者进行健康评估，早期发现职业健康损害。

（郑亦沐　赵怡然　关　里）

04 第四章　颈肩部工作相关肌肉骨骼疾病

第一节　颈 椎 病

颈椎病（cervical spondylosis）是指颈椎椎间盘组织退行性改变及其继发病理改变累及周围组织结构（神经根、脊髓、椎动脉、交感神经及脊髓前中央动脉等），并出现与影像学改变相应的临床表现的疾病。根据受累组织结构的不同，颈椎病可分为神经根型颈椎病、脊髓型颈椎病和其他型颈椎病（涵盖椎动脉型颈椎病和交感型颈椎病）。多数情况下，患者发病较缓慢，但可有突然加重，仅有少数患者起病急。

一、职业暴露

1. 常见病因

从发病机制来讲，机体的遗传因素、自身免疫、交感神经、骨质疏松、血管、炎症反应、吸烟及颈部肌肉等因素的单独作用或共同作用，是颈椎病发生、发展的主要原因。

颈椎病的危险因素可分为个体因素和职业因素。个体因素包括年龄（高龄）、性别（具有相关性，但结论尚未统一）、生活习惯（吸烟、低头玩手机、高枕睡眠、低枕睡眠等）、饮食习惯（缺乏维生素 D、缺钙等）、心理因素（紧张、焦虑等）、生理因素（雌激素下降、椎体发育异常、颈部感染外伤等）等。职业因素主要为颈部姿势不良，如需长时间低头作业、颈部长时间保持同一姿势、长时间负重作业等。

2. 常见职业暴露

颈椎病常见于颈部姿势不良的从业人员，如公务员（23.0%~27.3%）、医护人员（30.97%）、教师（10.8%~39.4%）等需长时间低头伏案的劳动者，长时间低头伏案的劳动者的发病率是其他工作人员的 4~6 倍。有调查发现，煤矿劳动者颈椎病患病率为 8.10%~13.44%，男女患病率均随年龄增加而上升，45 岁后高发。此外，飞行员、船舶驾驶员、叉车驾驶员也易患颈椎病。研究人员发现，从事脑力劳动（干部、医务人员、教师、学生、电脑操作者及会计等）的体检者，其颈椎病的发生率（45.68%）高于从事体力劳动（工人、农民）的体检者（31.03%）。另有研究显示，颈椎病的患病率会随着年龄的增加而增加，如 30 岁以下年龄段的教师，颈椎病患病率为 10.6%；30~35 岁年龄段，颈椎病患病率为 15.7%。颈椎病的发生也与环境有关，从中医的角度来看，长期在风寒湿环境中工作的颈椎病患者，相较于正常环境工作的患者，其颈椎病病情往往更严重，复发率也更高，同时出现颈椎间盘突出的概率更高。调查发现有颈部遭受寒邪的颈椎病患病率为24.5%，而没有颈部遭受寒邪的颈椎病患病率为14.9%。

二、临床表现

根据不同的临床表现，颈椎病可以分为神经根型、脊髓型、椎动脉型、交感神经型四类，还有其他的颈椎病分型。

（一）神经根型颈椎病

神经根型颈椎病在各型中发病率最高，为临床上最常见的类型。神经根型颈椎病是由于椎间盘退行性变、突出、颈椎节段性不稳定、骨质增生或骨赘形成等原因在椎管内或椎间孔处刺激和压迫颈神经根所致。

临床上开始多表现为颈肩痛，并向上肢放射，放射的范围与受压的神经根分布区域一致。皮肤可有麻木、痛觉过敏或减退等。当受压神经根受到刺激时可出现向上肢放射的触电样锐痛。患者常可见强迫体位，体格检查时患侧颈项部肌肉紧张，头偏向患侧；受压神经根支配区域皮肤感觉过敏或减弱；同时可伴有上肢肌力下降，手指活动笨拙，病程长者上肢肌肉可有萎缩。腱反射早期因神经根受刺激而表现为亢进，后期因神经根损害而表现为腱反射减弱甚至消失。两种神经根刺激试验椎间孔挤压试验（Spurling试验）、臂丛神经牵拉试验（eaten试验）阳性。

（二）脊髓型颈椎病

脊髓型颈椎病的发病率占颈椎病的10%~15%，颈椎脊髓受压可造成肢体瘫痪，因而危害最严重。本病通常起病缓慢，以40~60岁的中年人为多见；随着生活方式的变化，也呈现出患者年轻化趋势。

多数患者首先出现一侧或双侧下肢麻木、沉重感，随后逐渐出现行走困难，下肢各组肌肉发紧、抬步慢，不能快走。有些患者出现下楼梯时一侧或者双侧下肢有发软或者不稳的情况，好像踏不准台阶。继而出现上下楼梯时需要借助上肢扶着拉手才能登上台阶。严重者步态不稳、更不能跑。患者双脚有踩在棉花垛上的感觉。有些患者起病隐匿，往往是自己想追赶汽车，却突然发现双腿不能快走。接着出现一侧或双侧上肢麻木、疼痛，双手无力、不灵活，写字、系扣、持筷等精细动作难以完成，持物易落。严重者甚至不能自己进食。躯干部可出现感觉异常，患者常感觉在胸部、腹部或双下肢有如皮带样的捆绑感，称为“束带感”。同时躯干或者下肢可有烧灼感、冰凉感、蚁走感。部分患者出现膀胱和直肠功能障碍，如排尿踌躇、尿频、尿急、尿不尽、尿失禁或尿潴留等排尿障碍，大便秘结及性功能减退。病情进一步发展，患者须拄拐或借助他人搀扶才能行走，直至最后瘫痪，卧床不起，生活不能自理。

在患者进行活动度检查时，患者屈颈时可出现内侧纵束综合征（lheimitte氏综合征）阳性表现。皮肤感觉平面常可提示脊髓受压平面，根据受压的部位出现相应不同肢体肌力下降，四肢腱反射亢进，下肢往往较上肢明显，可有踝阵挛和髌阵挛。腹壁反射、提睾反射可减弱或消失。上肢霍夫曼（hoffmann）征阳性（hoffmann征在正常人群中也可有阳性表现，其特异性约78%，敏感性约58%，因此作为病理征有待商榷。单侧阳性更有意义），罗索利莫（rossolimo）征阳性。下肢巴宾斯基（babinski）征、奥本海姆（oppenheim）征、戈登（gordon）征和查多克（chaddock）征均可阳性。

（三）椎动脉型颈椎病

椎动脉型颈椎病是由于颈椎退行性变、钩椎关节增生骨赘等机械性压迫或颈椎节段性不稳定所致，这些病理改变导致椎动脉受到挤压或刺激，使椎动脉狭窄、折曲或痉挛，从而引起椎动脉血流减少，造成椎基底动脉供血不足。同时，椎动脉周围的交感神经纤维受到刺激，导致椎动脉血流瞬间变化，进一步加剧椎基底动脉供血不足，从而引发一系列症状。

临床表现为发作性眩晕、复视、恶心、呕吐、耳鸣或听力减退等症状。这些症状与颈部位置改变有关。椎动脉型颈椎病患者可因突发性眩晕而猝倒，其特异性表现为患者在眩晕猝倒时意识清醒。此症状多在头颈部处于某一特定位置时诱发。患者可偶有肢体麻木、感觉异常、一过性瘫痪及发作性昏迷等临床表现。椎动脉周围有大量交感神经节后纤维，椎动脉型颈椎病可出现交感神经症状，表现为心悸、心律失常、胃肠功能减退等。椎动脉型颈椎病患者可无明显体征，部分患者旋颈试验阳性（嘱患者头部略向后仰，做向左、向右旋转颈部动作，如患者出现眩晕等椎基底动脉供血不足，即为阳性）。

（四）交感神经型颈椎病

由于颈椎间盘退行性变和颈椎节段性不稳定等因素，对颈椎椎体周围交感神经末梢造成刺激，导致交感神经功能紊乱。交感神经型颈椎病症状多数表现为交感神经兴奋症状，少数表现为交感神经抑制症状。由于椎动脉表面富含交感神经纤维，当交感神经功能紊乱时常累及椎动脉，导致椎动脉的舒缩功能异常。因此，交感神经型颈椎病患者可同时出现全身多个系统症状，通常伴有椎基底动脉供血不足的表现。交感神经型颈椎病患者临床表现症状多，客观体征少，患者自感颈项痛，头痛、头晕，面部或躯干麻木、发凉，痛觉迟钝，易出汗或无汗，心悸。也可表现为耳鸣、听力减退、视力障碍。

以上几种颈椎病，可单独存在或同时发生。其他类型的颈椎病包括食道型颈椎病，以及以头颈背部不适疼痛为主但无其他神经损伤症状的颈型颈椎病，这些分类的颈椎病因其少见或其定义尚存在争议，此处不进一步详述。

三、诊断与鉴别诊断

（一）诊断

对于颈椎病，根据上述典型的临床症状、体征，特别是神经系统体格检查，结合辅助检查一般能作出诊断。

颈椎病主要的辅助检查手段包括 X 射线检查、CT 检查、磁共振成像（magnetic resonance image，MRI）检查、神经肌肉电生理检查等，以下根据不同类型的颈椎病进行具体阐述。

1. 神经根型颈椎病

对于神经根型颈椎病，X 射线检查见颈椎生理性前凸变直、消失甚至反向弯曲，椎间盘变窄，病变节段上、下位椎体前、后缘有骨赘形成。CT 检查及 MRI 检查见椎间盘向侧后方突出或者后方骨质增生，压迫神经根。神经肌肉电生理检查可发现相应的神经根受损。

2. 脊髓型颈椎病

对于脊髓型颈椎病，X 射线检查见颈椎生理性前曲变直、消失，病变节段上、下位椎体前、后缘骨赘形成，椎间隙变窄；过伸过屈位检查见病变椎间隙不稳。CT 检查对椎体后缘骨赘、后纵韧带骨化、黄韧带钙化及椎间盘突出的判断比较直观。MRI 检查分辨率更高，能清晰显示受压的硬膜囊和脊髓，脊髓有变性者可见变性部位。神经肌肉电生理检查有助于发现受压迫的脊髓节段及明确神经损伤的部位。

3. 椎动脉型颈椎病

对于椎动脉型颈椎病，X 射线检查见颈椎椎体后外侧缘骨赘增生，生理曲度消失，椎间隙变窄，过伸过屈位检查可见椎间隙不稳。CT 检查及 MRI 检查见颈椎间盘退行性变，可行椎动脉 CT 血管造影（CT angiography，CTA）及核磁共振血管成像（magnetic resonance angiography，MRA）检查明确椎动脉是否局部受压。亦可行颈动脉彩色血管超声及脑血流多普勒超声检查，排除椎动脉及脑供血减少情况。

4. 交感神经型颈椎病

目前尚没有针对交感神经型颈椎病特异性高的辅助检查。颈椎动态（过伸过屈位）X 射线检查及动态椎动脉超声（亦称颈性眩晕筛查实验，颈椎过伸过屈活动前后超声判断椎动脉流速变化）具有一定诊断价值。

（二）鉴别诊断

1. 与神经根型颈椎病相鉴别

通常需要与以上肢疼痛为主的疾病进行鉴别，如胸廓出口综合征、肩周炎、神经根肿瘤、肘管综合征、腕管综合征、肌萎缩侧索硬化等。

（1）胸廓出口综合征：由于臂丛、锁骨上动脉、锁骨上静脉在胸廓出口或胸小肌喙突止点区受压，引起上肢麻木、疼痛、肿胀；锁骨上窝前斜角肌处有压痛并放射至手部。两者鉴别在于胸廓出口综合征爱德生（adson）试验阳性（嘱患者端坐、头后仰，深吸气后屏住呼吸，将头转向患侧，检查者一手抵住患者下颌，施加阻力。另一手触摸患侧桡动脉，如桡动脉搏动减弱或消失，则为阳性；将患者患侧上肢过度外展，肩抬平，出现桡动脉音减弱或消失者，亦为阳性体征）。X 射线检查可发现颈肋或第 7 颈椎横突肥大。

（2）肩周炎：该病主要表现为肩关节周围的疼痛及活动受限，通常以中老年人为主要发病人群，查体一般无神经根激惹症状。

（3）神经根肿瘤：该病多数表现为病变神经根支配区的疼痛、麻木，可有肿瘤夜间痛，肿瘤进展时间长时可出现肌无力、肌萎缩。MRI 检查和 CT 检查多有阳性发现，部分病灶可破坏骨质。

（4）肘管综合征：多见于长期屈肘工作的中老年人，表现为肘内、环指、小指疼痛麻木，时间较长会引起手内在肌、小鱼际肌肉萎缩，Tinel 征阳性。

（5）腕管综合征：多见于中老年女性，表现为腕关节以远正中神经受累区域的疼痛、麻木，Tinel 征、腕掌曲（Phalen）试验阳性。

（6）肌萎缩侧索硬化：是一种原因不明的运动神经元病变，表现为进行性肌萎缩，从手部向肢体近端发展，逐渐累及肘部及肩部，但无感觉障碍。神经肌肉电生理检查显示神经纤维传导速度正常。

2. 与脊髓型颈椎病相鉴别

应除外后纵韧带骨化症、椎管内及脊髓内肿瘤、脊髓空洞症、运动神经元病、亚急性联合变性、格林 – 巴利综合征等。

（1）后纵韧带骨化症：值得注意的是，目前有研究证据表明颈椎后纵韧带骨化症有遗传倾向，可出现与脊髓型颈椎病相同的症状和体征。但侧位 X 射线检查可发现椎体后缘有线状或点线状骨化影，CT 及三维重建可显示其横断面及矢状面形状和压迫程度。后纵韧带骨化症带来的颈椎管狭窄属于继发性颈椎管狭窄，与发育性椎管狭窄及颈椎间盘突出引起的退变性颈椎管狭窄性质不同。

（2）椎管内及脊髓内肿瘤：该病症状通常进行性加重，晚期可出现严重的髓性表现，包括括约肌功能障碍，但功能障碍临床表现在病灶节段以下，可同时出现感觉障碍及运动障碍，病情进行性加重，对非手术治疗无效，行 MRI 检查可鉴别。

（3）脊髓空洞症：多见于青壮年，病情缓慢，早期出现上肢症状呈节段性分布。脊髓空洞症表现为浅感觉障碍，以温度觉、痛觉丧失为主，而触觉及深感觉则基本正常，此现象称为感觉分离。通过 CT 检查及 MRI 检查可以发现两者差异。

（4）运动神经元病：该病主要表现为自肢体远端向近端发展的肌萎缩、无力、肌张力高、肌束震颤、呼吸无力、吞咽困难等，部分患者进展较快，但一般无感觉障碍、大小便障碍等表现。必要时可行肌电图、肌肉活检等进一步明确诊断。

（5）亚急性联合变性：该病是由维生素 B_{12} 缺乏导致的脊髓神经变性，偶尔可累及周围神经，通常伴有贫血，临床上典型表现为锥体束征及深感觉障碍，核磁共振检查可见脊髓病变部位斑片状信号异常，必要时可行血常规、血维生素 B_{12}、叶酸等化验及 MRI 检查进一步鉴别。

（6）格林－巴利综合征：该病多数患者发病前有上呼吸道感染或胃肠道感染病史，主要表现为对称性下运动神经元性瘫痪、感觉异常，症状多从下肢开始出现，脑脊液检查中蛋白细胞分离。必要时可行脑脊液检查等进一步明确诊断。

3. 与椎动脉型颈椎病及交感神经型颈椎病相鉴别

应除外耳源性眩晕、冠状动脉供血不足、锁骨下动脉盗血综合征、脑源性眩晕、眼源性眩晕、神经官能症等。

（1）耳源性眩晕：即梅尼埃病，由内耳淋巴回流受阻引起。本病有三大特点：发作性眩晕、耳鸣、感应性进行性聋。而颈性眩晕症与头颈转动有关，耳鸣程度轻。

（2）冠状动脉供血不足：与交感神经型颈椎病有相同的心前区疼痛、心律失常等表现，但冠状动脉供血不足没有上肢节段性疼痛和感觉异常。心电图检查有病理性改变，服用血管扩张药可缓解症状。

（3）锁骨下动脉盗血综合征：锁骨下动脉或头臂干的椎动脉起始处的近心端有部分或完全的闭塞性损害，由于虹吸作用，引起患侧椎动脉中的血流逆行，进入患侧锁骨下动脉的远心端，可出现椎基底动脉供血不足的症状和体征。患者常表现为患侧上肢血压较健侧低，桡动脉搏动减弱或消失，患侧锁骨下动脉区有血管杂音。行血管造影可发现锁骨下动脉第一部分狭窄或闭塞，血流方向异常。

（4）脑源性眩晕：脑部中枢神经缺血或病变等情况，如动脉粥样硬化、椎基底动脉供血不足、腔隙性脑梗，脑部肿瘤外伤，可引起脑源性眩晕，部分患者严重时可有意识丧失等情况，脑部 CT、MRI、椎动脉超声等检查可有阳性发现。

（5）眼源性眩晕：眼部病变，如屈光不正、青光眼，可导致眩晕，多伴有视物不清等眼部表现。

（6）神经官能症：患者常诉头痛、头晕及记忆力减退等一系列大脑皮质功能减退的症状，女性及学生多见，主诉多而客观检查无明显体征。

四、治疗

颈椎病是一种慢性退行性疾病，其治疗根据不同程度及不同病理类型而有所不同，分为健康宣教、非手术治疗和手术治疗。

（一）健康宣教

颈椎病是退变性疾病，其发病与不良生活、工作习惯密切相关，一般存在明显的危险因素，因此需要有针对性地对易患人群进行健康宣教，及时去除危险因素，降低发病率。在对患者健康宣教中，应注意姿势、活动及颈部肌肉锻炼等内容宣教，尤其是针对从事长期伏案工作、低头体力工作的好发人群。

（二）非手术治疗

非手术治疗可以稳定病情，减缓其发展速度，利于进一步增强手术疗效。

1. 药物治疗

药物治疗在临床上常用，非甾体抗炎药、肌肉松弛药、活血药及营养神经药物均可对症治疗。长期使用可产生一定的不良反应，故应短期、交替使用。当局部有固定压痛点时可行封闭治疗。

2. 颈椎牵引术

颈椎牵引术适用于各型颈椎病，但脊髓型颈椎病患者的 CT 检查显示椎管绝对狭窄者，禁忌使用。坐位、卧位均可进行牵引。根据不同的病情及损伤的不同程度、不同节段而采取不同的牵引重量，最大不超过 3 kg，否则容易引起压疮。牵引时间以患者背部肌肉能耐受为限，但最短时间不应少于 30min。每日 2~3 次，每次 1h，2 周为一个疗程。

3. 制动法

临床上以颈托和围领为主，主要作用是限制颈椎过度活动，维持颈椎稳定。但时间不宜过长。

4. 理疗

理疗可消除或缓解颈部肌肉痉挛，改善软组织血液循环。常用的理疗方法有冲击波疗法、超短波疗法、功能性电刺激疗法等。

5. 推拿与按摩

推拿与按摩可应用于脊髓型以外的早期脊椎病患者。推拿与按摩可以改变肌肉系统与神经血管系统的功能，调节功能失常的生物信息以使整个机体的功能平衡。但应注意手法需轻柔，否则会增加损伤，因此需谨慎选择。

6. 中医药治疗

传统医学中针刺、针灸、外敷及部分汤药可对各种类型的颈椎病有部分治疗作用。

（三）手术治疗

手术治疗主要是为了解除脊髓及神经根的压迫，恢复颈椎的稳定性，维持椎间隙高度，获得正常生理曲度，恢复与脊髓相适应的椎管容量和形态，阻止病情进一步发展。

1. 适应证

目前建议脊髓型颈椎病一旦诊断应尽早手术治疗，挽救脊髓及神经功能。神经根型颈椎病患者疼痛剧烈影响生活；严重颈肩痛，非手术治疗无效，排除其他疾患后，诊断为颈椎不稳定者；各型颈椎病经 3 个月非手术治疗无效或进行性进展者。

2. 前路手术

前路手术适用于来自脊髓前方压迫所致的颈椎病、累及 1~2 个节段的颈椎病。其优点是切除突出的椎间盘和骨赘，脊髓获得直接减压，恢复椎间隙高度，植骨块融合后颈椎获得永久性稳定。包括前路颈椎椎间盘切除植骨融合术（ACDF）、前路颈椎椎体次全切除植骨融合术（ACCF）和颈椎人工椎间盘置换术（CDR）。

3. 后路手术

后路手术适用于病变累及 3 个以上节段、伴有发育性椎管狭窄及后纵韧带骨化症、存在来自脊髓后方的压迫等。相对于前路手术，后路手术属于间接减压手术。对于脊髓前后受压的患者，也可先行颈椎后路手术对脊髓减压，术后根据恢复情况酌情考虑行二期颈椎前路手术。后路手术主要是通过椎板成形术或椎板切除减压固定融合术达到对脊髓的减压。

随着脊柱微创技术的发展，针对神经根型颈椎病，亦可选择显微镜通道下锁孔技术，以及全内镜技术行突出椎间盘髓核组织摘除、后路增生骨赘切除减压术。

（周非非　王会宁　王　奔）

第二节　肩周炎

肩周炎，又称为冻结肩（frozen shoulder），是一种慢性炎症性疾病，主要累及肩关节囊，有时也可继发肩关节周围的肌肉、肌腱和滑囊组织损伤，导致肩部疼痛、僵硬和功能障碍。

肩周炎患者常表现为肩关节活动受限、夜间疼痛加剧及上肢功能受损等症状，分为原发性肩周炎和继发性肩周炎两类。原发性肩周炎病因尚未明确，继发性肩周炎常见于慢性劳损、术后肩关节僵硬等。主要病理为盂肱关节僵硬的粘连性关节囊炎。

一、职业暴露

1. 常见病因

肩周炎是一种常见的肩部疾病，其病因复杂多样，可分为个体因素和环境因素两大类。个体因素主要包括年龄、性别、遗传因素及个体的解剖结构特点。从解剖结构看，肩关节由肩胛骨、锁骨和肱骨构成，形成一个复杂而灵活的关节结构。肩关节的底部是肩胛骨，与锁骨和肱骨相连，形成了稳固的支撑。两侧则有三角肌、冈上肌、冈下肌和小圆肌等肌肉，它们通过肌腱与肱骨相连，为肩关节提供强大的运动力量。肩关节的表面覆盖着关节囊，关节囊包裹着关节并分泌润滑液，以减少关节摩擦。多条肌腱和韧带穿过肩关节，包括肱二头肌长头腱、喙肱韧带等，它们协同工作，确保肩关节的稳定性和灵活性。此外，肩关节内还有两个重要的滑囊，分别是肩峰下滑囊和肱二头肌长头腱滑囊，它们起到润滑和减少摩擦的作用。这些结构容易受到损伤或炎症的影响，一旦出现问题，可能导致肩部疼痛、活动受限等症状。随着年龄的增长，肩部组织的退行性改变逐渐明显，使得肩部更容易受到损伤和炎症的影响。此外，性别差异也在肩周炎的发病中起到一定作用，女性在某些阶段相对更容易患上肩周炎。遗传因素也在一定程度上影响着肩周炎的发病风险，有些人可能由于遗传原因，肩部结构存在缺陷或易于受损。

此外，一些全身性疾病，如糖尿病、自身免疫性疾病等，也可能间接导致肩周炎的发生。这些疾病可能影响肩部组织的正常结构和功能，使其更容易受到损伤和炎症的影响。

2. 常见职业暴露

肩周炎是一种常见的职业性疾病，其职业暴露常见于长期从事肩部重复性、用力作业或长期保持固定姿势的工作。常见的工种和劳动者包括搬运工、建筑劳动者、生产线操作员、打字员、电脑程序员、画家、雕塑家、厨师、缝纫工和木匠等。这些职业通常需要长时间保持肩部肌肉的紧张状态，或者频繁进行肩部重复性运动，如举重、抬臂、旋转等。

长时间从事肩部重复性作业，以及长时间保持固定姿势，均可导致肩部肌肉和软组织的过度使用，从而引发肩周炎。此外，工作环境中的不良姿势、缺乏适当的休息和运动，以及长时间处于寒冷或潮湿环境，也会增加肩周炎的风险。

研究表明，肩周炎的潜伏期长短因个体差异和暴露程度而异。一般来说，长期暴露于肩部重复性作业和不良姿势的劳动者，更容易患肩周炎。一旦发病，肩周炎可能表现为肩部疼痛、僵硬、活动受限等症状，严重影响患者的工作和生活质量。

为了预防肩周炎，劳动者应注意保持正确的工作姿势，定期进行适当的休息和运动，避免长时间连续进行肩部重复性作业。同时，用人单位也应关注劳动者的职业健康，提供合适的劳动保护措施，改善工作环境，减少肩周炎的职业暴露风险。

二、临床表现及辅助检查

（一）临床表现

肩周炎作为一种常见的肩部疾病，其临床表现具有多样性和复杂性。肩周炎的临床表现通常分为四个时期，即粘连前期、渐冻期、冻结期和解冻期，不同时期具有不同的临床表现。

1. 自然病程

（1）粘连前期（preadhesive stage）：患者起病的主要症状是不明原因的肩痛，这一期主要的特征是疼痛，夜间痛明显，疼痛部位常牵涉至上臂（三角肌止点），无明显肩关节活动受限，没有出现关节囊的粘连和挛缩。

（2）渐冻期（initial freezing stage）：患者常疼痛剧烈，影响夜间休息。疼痛导致上肢活动减少，肩关节僵硬感加重，疼痛期后期，盂肱关节囊的容量急剧减小。

（3）冻结期（frozen stage）：疼痛期过后进入肩关节僵硬期，肩关节外展、内旋、外旋活动受限是肩周炎的典型临床表现。

（4）解冻期（thawing stage）：主要表现为关节活动度逐步恢复。

2. 临床表现

（1）肩关节疼痛：患病早期主要是肩部阵发性疼痛，以后疼痛逐渐加重，呈刀割样疼痛或钝痛，气候变化或劳累后症状加重，疼痛可向颈背部、上肢扩散，当肩部受到撞击或牵拉可产生撕裂样剧痛，患者常主诉疼痛影响夜间休息，昼轻夜重。部分患者对于气候变化，也极其敏感，受凉或受风均可导致疼痛加重。

（2）肩关节活动受限：肩关节前屈、外展、后伸、内旋、外旋活动受限，以外旋最早出现，活动受限最为明显。随着病程逐渐延长，关节囊与周围其他组织粘连，其中，喙肱韧带在内侧起自喙突底部，并附着于肩关节囊前方，向外止于肱骨大、小结节，与深层的上盂肱韧带形成复合体，是限制肩外旋的主要因素。肩周炎患者关节主动、被动活动度均受限，是本病与其他肩部疾病鉴别的一个特点。最终导致患者不能独立梳头、洗漱、穿衣，严重影响日常生活能力。

（3）压痛：绝大多数患者肩关节周围有明显的压痛点，多位于肱二头肌长头腱、肩峰下滑囊、喙突、三角肌止点。

（4）肌肉萎缩：肩周炎晚期患者，由于肩关节活动减少，发生失用性肌萎缩。

3. 诊断要点

详细询问患者病史是正确诊断的前提，有无诱因，症状持续时间。由于肩周炎与许多内科疾病相关联，还应询问有无内分泌、风湿免疫类疾病。查体肩关节各方向主动、被动活动度均应明显受限，但肌力基本正常，查体时可能因为疼痛，无法评估肌力。

（1）肩关节疼痛：是肩周炎突出的症状之一，常伴有肩关节活动受限和肩关节周围肌肉萎缩。肩周炎患者疼痛部位常位于肩关节前外侧，也可放射至枕部、三角肌、肱三头肌、肱二头肌及前臂前方，甚至可放射至腕部、手指。

（2）肩关节活动障碍：在检查肩周炎患者肩关节活动度时，首先应固定肩胛骨，防止肩胛胸壁间的活动代偿。早期患者疼痛明显，盂肱关节活动度不受限，可伴肩关节内旋、外旋活动度受限。后期盂肱关节活动度明显受限。一般肩周炎患者的疼痛与活动度受限程度不一致。

（二）辅助检查

肩关节的影像学检查包括 X 射线检查、MRI 检查和超声检查。这些检查方法可以帮助医生准确诊断肩关节的疾病，如肩周炎、肩袖损伤等，并指导后续的治疗。

1. X 射线检查

X 射线检查结果显示大多正常，后期部分患者可见骨质疏松，但无骨质破坏，可在肩峰下见到钙化阴影。年龄较大或病程较长者，X 射线检查可见到肩部骨质疏松，或冈上肌肌腱、肩峰下滑囊钙化征。肩周炎时进行 X 射线检查主要是为了鉴别肩部骨折、脱位、肿瘤、结核及骨性关节炎，风湿性、类风湿关节炎等其他疾病。但临床发现，肩周炎患者在不同时期的 X 射线检查会显示不同的特征。

在疾病的早期阶段，一个特征性的改变是肩峰下脂肪线的模糊变形甚至消失。肩峰下脂肪线，实际上是三角肌下筋膜上的一层薄的脂肪组织在 X 射线片上的投影。当肩关节处于过度内旋的位置时，这层脂肪组织正好处于切线位，从而呈现出线状。在肩周炎的初期，由于肩部软组织的充血和水肿，X 射线片上软组织的对比度会下降，导致肩峰下脂肪线变得模糊甚至消失。

随着病情进入中晚期，肩部软组织可能会出现钙化现象。在 X 射线片上，我们可以看到关节囊、滑液囊、冈上肌肌腱、肱二头肌长头腱等部位出现密度不均的钙化斑影。到了病程的晚期，这些钙化斑影会变得更加致密和锐利，部分病例中甚至可见大结节的骨质增生和骨赘形成。此外，肩锁关节处也可能出现骨质疏松、关节端增生、骨赘形成或关节间隙变窄等情况。

2. MRI 检查

主要有以下三个指标：①观察冠状位、矢状位、水平位肩袖组织是否存在明显不均匀的高信号改变。②在水平位和冠状位观察盂肱韧带是否存在肥厚。③在矢状位的 T1 加权像评价喙肱韧带是否存在肥厚的改变。在肩周炎诸多影像检查中，MRI 检查逐步成为诊断肩周炎的主要影像检查方法。

3. 超声检查

尽管肩周炎没有特异性超声表现，但超声评估有一定帮助。

（1）扫查方法。在进行肩周炎的肌骨超声检查时，医生通常会使用高频超声探头，频率通常在 7~14MHz，以确保图像的清晰度和分辨率。患者通常被要求采取坐位或卧位，以便医生能够充分检查肩部的各个部位。医生会在患者的肩部涂抹适量的耦合剂，以减少探头与皮肤之间的空气间隙，从而提高图像的清晰度。在扫查过程中，医生会使用探头对肩部进行多个切面的扫查，包括横切面、纵切面等。医生还会关注肩部肌肉、肌腱、关节囊等结构的回声、纹理和连续性，以寻找可能的炎症、损伤或其他异常表现。

（2）常用观察指标。肌骨超声检查肩周炎时，医生通常会关注以下几个方面的观察指标：肩部肌肉和肌腱的回声、纹理和连续性，关节囊的厚度和回声，滑膜囊的大小、形状和回声，以及是否存在积液或钙化等异常表现。这些观察指标的变化有助于医生判断肩周炎的严重程度和病变类型。

（3）相关超声表现。超声可动态准确评估肩周炎患者喙肱韧带及关节囊增厚、肩袖间隙回声及血流信号变化等，反映疾病病理改变，可作为肩周炎辅助诊断的重要工具。依次检查肱二头肌长头腱、肩胛下肌腱、冈上肌腱、冈下肌腱、小圆肌腱等。使肩关节位于中立位，探头斜切显示肩胛下肌腱之间的肩袖间隙及外旋位显示冈上肌肌腱之间的间隙的回声及血流信号，肩关节外旋位探头置于喙突外侧与肱骨头之间，还可显示喙肱韧带，并测量其最大厚度的改变，有助于早期肩周炎的诊断。

虽然这些辅助诊断方法在肩周炎的诊断中具有特征性价值，但仍需要结合患者的病史、症状、体征等综合考虑。同时，不同的检查方法各有优缺点和适用范围，临床应根据患者的具体情况和需要选择合适的检查方法，以确保准确诊断和评估病情。

4. 注射检查

若在详细的病史采集和体格检查之后仍难以鉴别肩周炎与肩峰下疾病，那可采用注射试验来协助诊断。向肩峰下间隙注射利多卡因后，肩周炎患者的主动运动受限和被动运动的疼痛性终点仍然存在。而局部肩峰下病变（如肩袖肌腱病或肩峰下滑囊炎）患者通常会感到疼痛缓解和肩关节活动度增加。

肩周炎的辅助检查是诊断过程中不可或缺的一环，它们通过不同的技术手段为临床人员提供关于肩部结构和功能的详细信息，从而帮助确定病因、评估病情严重程度，以及制定合适的治疗方案。这些辅助检查包括但不限于影像学检查、肌力检查和其他特殊检查。通过这些检查，医生能够更全面地了解患者的病情，确保诊断的准确性，并为患者提供个性化的治疗建议。

三、诊断与鉴别诊断

（一）诊断

1. 典型症状和体征

肩周炎患者年龄通常在 40~65 岁，典型临床表现是病情渐进性发作，疼痛和僵硬程度逐渐加重，并会导致睡眠、梳洗、穿衣和参与活动受限。盂肱关节多方向被动关节活动度受限，外旋受限最明显，在内收位尤为明显。当肱骨从 45° 到 90° 外展时，盂肱关节内旋、外旋的关节活动度减小。另外，盂肱关节被动活动到关节活动度末端可激惹患者的肩部疼痛。严重时，肩部肌肉可能出现萎缩，导致肩部外观改变。

2. 体格检查

体格检查主要通过视诊、触诊、肩部活动度检查、肌力检查等，为后续的检查和治疗提供初步依据。

（1）视诊：首先需观察患者的肩部外观，检查是否有肿胀、肩部肌肉的萎缩或局部皮肤的轻微发红等。此外，还要注意患者的姿势。肩周炎患者由于疼痛可能会出现一些不自觉抬高肩膀或采取异常的肩部保护性姿势。例如，患者肩膀内收以减少肩关节运动，从而减轻疼痛。

（2）触诊：进行喙突疼痛测试来诊断肩周炎是有帮助的，通过触摸患者的肩部，检查是否存在压痛、局部温度升高或关节僵硬等情况。在肩周炎患者中，特定的压痛点通常出现在肩关节的前方、外侧和后方。这些压痛点的存在对于肩周炎的诊断具有重要意义。根据 Holman 等人的一项研究，所有疑似肩周炎的患者都表现出一定程度的主动肌肉保护。

（3）肩部活动度检查：评估肩关节的主动和被动活动范围是肩周炎体格检查的重要部分。肩周炎患者的主动和被动活动范围通常都会受到限制，前屈、外展、外旋和内旋活动范围的减少是肩周炎的关键临床体征。肩胛骨的代偿性运动经常伴随主动肩部运动。肩周炎患者通常表现出囊状模式的活动度受限。在肩周炎的情况下，外旋明显受限，与外展和内旋相比有显著差异，而外展和内旋之间则未见明显差异。活动度评估中通常会要求患者主动进行这些动作，以评估其肩关节活动受限的程度。与另一侧肩关节活动相比，外旋损失至少 50% 的活动范围或小于 30° 被认为是阳性表现。之后，与另一侧肩关节活动相比，至少两个其他平面的活动范围必须减少 25% 以上。

3. 特殊检查

为了更精确地诊断肩周炎，医生会进行一些特殊检查。

（1）耸肩征（shoulder shrug sign）：敏感性为 95%，特异性为 50%。在不抬高整个肩胛骨或肩带的情况下无法将手臂举至外展 90° 即为阳性。与肩袖疾病有关，更常见的是与肩关节炎、肩周炎和肩袖撕裂有关。

（2）功能性特殊检查：①功能性外旋。需要患者手臂前屈、外展、外旋，动作类似于日常生活中的梳头、戴项链动作；②功能性内旋。需要患者手臂后伸、内收、内旋，动作类似于日常生活中的穿胸罩、穿夹克等；③肩关节前屈水平内收（围巾试验）。如果患者无法完成以上功能运动或在完成过程中出现疼痛，则测试为阳性。三个测试具有良好的信度并具有中等相关性。

4. 肌力检查

肌力的判定是通过嘱患者主动运动关节或施加阻力的方法，来了解肌肉收缩和关节运动情况。在做肌力检查时，检查者要耐心指导患者，分别做各种能表达被检查肌肉（或肌群）作用的动作，必要时检查者可先做示范动作。对于不能配合的患者尤其要耐心反复地进行检查。检查时应两侧对比，观察和触摸肌肉、肌腱，了解收缩情况。肌力主要检查方法如下。

（1）肩外展肌群检查：检查时嘱患者站立位或坐位，保持上臂紧贴胸壁，前臂自然下垂。检查者施加阻力，试图阻止患者将上臂向外侧抬起。患者若能克服阻力，将上臂外展至水平位置或更高，则说明肩外展肌群力量正常。

（2）肩内收肌群检查：检查时嘱患者站立位或坐位，双臂自然下垂。检查者施加阻力，试图阻止患者将双臂向内收拢。若患者能够克服阻力，将双臂内收至胸前或更高位置，则表明肩内收肌群力量良好。

（3）肩内外旋肌群检查：检查时嘱患者站立位或坐位，上臂紧贴胸壁，肘关节弯曲成 90°。检查者在小臂内侧或外侧施加阻力，试图阻止患者前臂的内外旋动作。患者若能在施加阻力的情况下维持力量，则说明肩旋转肌群力量正常。

（二）鉴别诊断

在临床指导的诊断分级部分中所述的三个最常见的肩关节疾病为肩关节囊粘连，肩关节拉伤、扭伤或脱臼，以及肩袖损伤或冈上肌、冈下肌及肱二头肌肌腱病。当患者出现肩痛时，应重点参考以下几方面特征性临床症状进行以上三个常见肩关节疾病的鉴别诊断。①肩关节疼痛伴灵活性不足：典型疾病为肩周炎。此类患者通常呈渐进性的病情发作，疼痛和僵硬程度会影响睡眠和日常生活功能，并且呈现多方向的活动度下降。②肩关节疼痛伴协调障碍：典型疾病主要有肩关节脱位、扭伤或拉伤。此类患者通常年龄小于 40 岁，有外伤史，并且肩关节各方向活动度增加，尤其到活动度末端时会主观感觉不安。③肩关节疼痛伴力量不足：典型疾病为肩袖损伤。此类患者通常有明确的外伤史，如跌倒、撞击或过度使用肩部等。在体格检查时，肩袖损伤的患者可能表现出特殊的疼痛特征和撞击试验阳性并出现肩关节周围肌群力量下降。MRI 检查对于肩袖损伤的诊断具有重要价值，能够清晰地显示肩袖撕裂的程度和位置。

此外，除以上三种常见肩痛类型外，下列疾病应在鉴别诊断时加以考虑。

1. 颈椎病

颈椎病是一种常见的脊柱退行性疾病，其引起的肩部疼痛往往与颈椎病变相关。与肩周炎不同，颈椎病引起的肩部疼痛多伴有颈部不适、僵硬或活动受限，且疼痛可能放射至上肢、手指等部位。此外，颈椎病患者还可能出现头痛、头晕、视力模糊等神经系统症状。在体格检查时，颈椎病患者可能表现出颈椎压痛、神经根牵拉试验阳性等体征。X射线检查和MRI检查有助于明确颈椎病变的程度和类型，从而与肩周炎进行鉴别。

2. 肩部肿瘤

肩部肿瘤虽然较为罕见，但其引起的肩部疼痛和肿胀症状与肩周炎相似，因此需要进行鉴别。肩部肿瘤引起的疼痛通常为持续性、进行性加重，且夜间疼痛更为明显。患者可能还伴有体重下降、乏力等全身症状。在体格检查时，肩部肿瘤可能表现为局部肿块、皮肤温度升高或血管怒张等体征。X射线检查和MRI检查能够发现肿瘤病灶，并进一步评估其大小、位置和与周围组织的关系，从而与肩周炎进行鉴别。

3. 类风湿关节炎

类风湿关节炎是一种全身性自身免疫性疾病，可累及肩部关节。与肩周炎相比，类风湿关节炎引起的肩部疼痛通常更为剧烈，且伴有关节肿胀、晨僵等症状。此外，类风湿关节炎还可能影响其他关节，如膝关节、髋关节等，并可能出现全身症状，如发热、乏力等。实验室检查（如类风湿因子、抗核抗体等）有助于类风湿关节炎的诊断，从而与肩周炎进行鉴别。

四、治疗

肩周炎的治疗包括健康宣教、非手术治疗、手术治疗和中医治疗。非手术治疗是肩周炎的首选方案。非手术治疗的方法很多，效果不一。当非手术治疗无法缓解症状时，则选择手术治疗。

（一）健康宣教

对于肩周炎的治疗，患者教育必不可少，有助于减少挫折感和增加依从性。需要强调的是，尽管全关节活动范围可能无法完全恢复，但这种情况会自发消退，僵硬度会随着时间的推移大大降低。给患者提供高质量的指导，制订一个容易遵守的适当的家庭锻炼计划对肩周炎的治疗也很有帮助，因为日常锻炼对缓解症状至关重要。

健康宣教包括保持正确的姿势，避免长时间保持同一姿势，以减轻肩部负担。同时，适当加强肩部肌肉锻炼，提高肩部稳定性和灵活性，也是预防肩周炎的有效方法。此外，避免过度使用肩部，特别是长时间使用电脑、手机等电子设备，也是预防肩周炎的重要措施；在日常生活中，患者还应注意保暖，避免肩部受凉。合理安排作息，保持充足的睡眠，避免过度劳累。同时，保持乐观的心态，积极面对疾病，也是促进康复的重要因素。

（二）非手术治疗

1. 运动康复非手术治疗

（1）关节松动术：关节松动术可以松解关节粘连，增加软组织的弹性，缓解肌肉痉挛。疼痛期采用Ⅰ级手法，僵硬期疼痛明显时采用Ⅱ级、Ⅲ级手法，疼痛不明显时采用Ⅳ级手法。关节松动手法主要包括盂肱关节分离牵引、长轴牵引、前屈向足侧滑动、外展向足侧滑动、前后向滑动、后前向滑动，肩锁关节向前滑动，胸锁关节向后或向上、向前或向下滑动，肩胛胸壁关节松动等关节松动技术，配合患者前屈、外展、外旋等主动或助力运动能够明显改善患者病情，提升整体治疗质量。多项研究均表明，关节松动术在短期与长期内均对改善肩关节活动度具有持续性益处。

（2）运动疗法：关节松动治疗后应进行主动关节运动以恢复关节活动度。主动或主动助力关节活动度训练包括钟摆运动（弯腰 90°，手臂自然下垂，利用手臂重力，在肩关节无张力的情况下，做前后、左右方向的摆动和画圈运动，逐渐增大运动幅度）；利用爬墙运动训练肩关节主动助力情况下的前屈、外展活动度；在滑轮辅助下进行肩关节的内外旋、外展和上举活动训练；利用木棍对肩关节各方向被动活动度进行训练。

在疼痛减轻后，可以开始进行肩关节周围肌群的等长力量训练。疼痛不明显后，可以使用弹力带、哑铃等进行抗阻力量训练，低负荷、高重复、循序渐进。

另外，据研究表明，在肩部运动过程中，肩胛带产生的力量有 50% 来自腰部以下（下肢），30% 来自躯干周围（核心稳定），20% 来自局部力量（上肢和肩复合体）。如果能够在康复期间将动力链整合为一个整体，这将使肩关节周围的运动更加有效。为优化肩部的功能，需要的是整个动力链的灵活性和稳定性。

（3）理疗：①超声治疗。将高频振荡的声波传入人体内部，通过机械振动效应、热效应和空化效应，放松肌肉、促进细胞代谢，从而改善炎症和疼痛。临床上最常用的超声疗法是直接接触法，即在声头与体表之间用具有一定黏滞性的耦合剂使其与皮肤紧密接触。其对钙化性肌腱炎具有一定益处，未来还需进一步研究。②激光治疗。通过受激辐射放大光频，使激光束照射穴位或病变部位，达到减少炎症和改善血液循环的目的，具有无痛、无菌、无损害的特点。激光在短期内治疗粘连性关节囊炎具有有益效果。③体外冲击波治疗（extracorporeal shock wave therapy，ESWT）。体外冲击波可以引起内啡肽的产生，降低患处对疼痛的敏感，改善治疗区域的新陈代谢和减轻患处的炎性反应，在短期内可以有效改善患者肩关节活动度与功能。

2. *药物治疗*

药物治疗包括口服药物与注射药物。口服类固醇激素是一种有效的办法。研究表明口服类固醇激素在短期可以有效减轻患者肩关节疼痛、改善肩关节活动范围和功能，但效果可能不会持续超过六周。口服药物无效时，可以考虑关节内注射类固醇激素。肾上腺皮质激素的使用，可以减轻局部无菌性炎症，有利于组织修复和缓解疼痛。透明质酸也开始被运用到肩周炎的治疗，外源性透明质酸的注入，能增强自然的滑膜组织产生，抑制疼痛介质产生，使关节腔内黏度和弹性增加，减轻炎症反应，从而改善关节功能、缓解疼痛。富血小板血浆（platelet rich plasma，PRP）含有各种生长因子，如血小板衍生生长因子、血管内皮生长因子、成纤维细胞生长因子等，都是有助于软组织愈合的细胞因子，这些因子通过减少炎症来治愈受伤组织。一般治疗时将 PRP 与活化剂（如 10% 葡萄糖酸钙）以 10：1 的比例注射到肩关节中。一些研究表明，注射 PRP 在减轻肩周炎患者的疼痛和改善运动能力方面比其他非手术治疗效果更好。其具体疗效还需进行更大规模的研究来验证。

（三）手术治疗

1. *麻醉下手法松解*

目前，对肩周炎主要采取非手术治疗。当肩痛明显减轻而关节仍然僵硬时，可使用麻醉下手法松解术（manipulation under anesthesia，MUA），以恢复关节活动范围。MUA 是指在麻醉下对臂丛麻醉阻滞的患者在生理运动平面（屈曲、外展、旋转）上对肱骨进行控制和手法松解。增加肩关节的活动度，包括术前抗炎消肿、术中的手法松解、术后“3C”处理三个环节。这种阻滞可以使肩部肌肉完全放松，这样力就可以真正到达囊膜结构，并且患者可以完全无痛或者疼痛可以忍受。同时，可以配合采用关节腔类固醇激素注射和关节囊扩张术等联合治疗。需要注意的是，MUA 术后一定要进行系统的康复治疗，防止再次粘连。患者通常被要求在术后 24h 内，在清醒的时间里每两小时进行一次积极的辅助活动范围练习。同时，患者还被指示每两小时冰敷肩部 20min，手放在头后。麻醉下操作的禁忌证包括骨折或脱位史、中度骨质流失和无法完成手术后护理。虽然 MUA 已被证明对改善肩周炎患者的功能和运动是有效的，但在广泛应用之前，需要更多的随机对照试验来比较这种治疗方法与其他治疗方法。

2. 关节镜下肩关节囊松解

关节镜下肩关节囊松解（arthroscopic capsular release，ACR）是一种微创技术，是对至少 6 个月非手术治疗无反应的疼痛、致残性肩周炎患者的首选方法，而不是开放松解术。这种手术干预的目的是包膜松解，切割并切除增厚、肿胀、发炎的关节囊，并帮助恢复关节的正常运动。这是一种可靠而有效的恢复活动范围的方法，特别推荐用于糖尿病患者和术后或骨折后的肩周炎患者。尽管缺乏将其与 MUA 进行比较的更高水平的试验，但它已成为治疗无反应性肩周炎最流行的方法。这是因为它可以在与 MUA 相同的麻醉负荷下直接可视化肩周炎患者的解剖结构和病理组织，并具有比其他介入性治疗更好的效果。此外，还可以更有控制和选择性地释放收缩的关节囊，并避免与 MUA 相关的并发症。

（四）中医治疗

1. 干针疗法

干针疗法实质是用一般细长的毫针直接针刺肌肉肌筋膜触发点，即骨骼肌上能够激惹疼痛的位置，触发点的疼痛会加速主动肌疲劳和拮抗肌活动增加。干针调控其周围乙酰胆碱和其受体浓度，可以降低自发电位的频率和振幅，从而缓解主动肌的疲劳，改变运动控制模式，有效减少疼痛并增加肌肉力量。干针对改善患者肩关节活动度、疼痛和功能有潜在益处。

2. 推拿疗法

肩部松解推拿术较多使用推、滚、按、揉、搓等手法，使患者肩部肌肉放松。临床上经常发现肩周炎患者的前锯肌、胸大肌肌腱僵硬、压痛明显，导致肩关节外展、外旋受限，通过点压弹拨前锯肌、胸大肌，以及天宗、肩贞等穴位，缓解肌肉的紧张痉挛，可以显著减少活动受限。

3. 针刀疗法

针刀疗法是一种介于手术治疗和非手术治疗之间的闭合性松解术。针刀疗法的目的是将肩关节周围严重的粘连点剥离松解，使炎性反应消退，消除疼痛，解除肌肉痉挛，防止关节粘连。患者取侧卧位或坐位，围绕肩关节寻按压痛点，尤其是肱骨大小结节、冈上肌止点、冈下肌止点、肩胛内上角、大圆肌、小圆肌、结节间沟、喙突的周围并标记，进行局部麻醉，阻断神经痛觉传导，采用四步进针法进行针刀松解治疗。

（华英汇　孙　扬　常　琳）

05

第五章　腰背部工作相关肌肉骨骼疾病

第一节　腰椎间盘突出症

腰椎间盘突出症（lumbar disc herniation，LDH）是指腰椎间盘变性，纤维环破裂，髓核组织突出刺激和压迫神经根而引起的一种综合征。主要表现为腰痛、坐骨神经痛，同时可伴有腰部活动受限，受累神经根支配区的感觉、运动和反射改变。LDH是临床较为常见的脊柱退行性疾病之一，是骨科的常见病和多发病，是引起腰腿痛的最常见原因。LDH好发于20~50岁，男女发病比例为（4~6）: 1，患者多有弯腰劳动或长期坐位工作史，首次发病常在弯腰持重或突然扭腰过程中发生。LDH以腰4、5节段，腰5、骶1节段发病率最高，约占95%。

一、职业暴露

1. 常见病因

LDH常见病因可分为个体风险因素和职业相关风险因素。个体风险因素包括椎间盘退变、损伤、妊娠、遗传因素、发育异常。职业相关风险因素包括反复提、拉、推作业活动，侧向弯腰、扭腰、久坐、久立等工作体位，并且与劳动频次过快、工作负荷过重等因素有关。车辆驾驶、重体力劳动、教师等职业是LDH好发的高危职业。

重体力劳动者由于重力集中在脊柱，较易造成脊椎和椎间盘的损伤，使脊柱的稳定性下降，进而发生椎间盘突出。车辆驾驶员长时间处于腰段弯曲前屈坐位，对椎间盘压力显著增加，腰椎受力较端正坐位至少增加2倍，加之路面颠簸形成慢性微动损伤，久之将造成纤维环的损伤破裂致髓核突出。教师在上课时，长时间站立容易造成椎间盘的损伤，而在备课、阅卷、写作、科研等工作中又长时间处于坐位，对椎间盘的损伤加重。农活劳动者，其工作时间较长，劳动负荷较大，且许多农活要长时间弯腰，易导致椎间盘破裂而突出。电脑操作人员，由于长期伏案坐位工作，造成脊柱肌肉力量下降，引起脊柱的稳定性下降，加上坐位状态时腰椎承受力量增加，导致椎间盘受到应力损伤而突出。人体生物力学研究已经证明，长时间站立位工作可以造成椎体间的位移，牵拉、磨损椎间盘外周的纤维环，久之使纤维环破裂，髓核脱出，而坐位时脊柱所受力量较站立位增加2倍以上，因此椎间盘更容易发生突出。

2. 常见职业暴露

LDH常见于久坐、久站、不稳定体位及运动强度大的人群，如教师（39%~95%）、办公室劳动者（41.9%）、司机（28.75%）、体力劳动者（20%）、售货员（16%）、乘务员（8.6%）、餐饮行业者（10%）、排球运动员（10.7%）等职业。人体在坐位的时候，腰椎间盘受到的压力比站立位时受到的压力还要大，是站立位压力的 1.4 倍，尤其当身体前倾时，腰椎间盘的压力会增加至 1.85 倍。

久坐、久站、久蹲等长时间保持一个姿势都会对腰椎产生一定的损害，这些姿势让腰部肌肉长时间保持紧张状态，容易导致腰部肌肉劳损，引发腰痛。长此以往，腰部肌肉维持不了腰椎的生理曲度，更多的压力就会转嫁到腰椎间盘上，导致腰椎间盘突出。另外，不良姿势（包括坐姿、站姿、卧姿等）对腰椎的损害也很大。

对于工作环境来讲，长期处于寒冷或潮湿的环境中，会在一定程度上诱发腰椎间盘突出，并使腰痛加重。

二、临床表现及辅助检查

（一）临床表现

全面的病史和体格检查对于评估疑似 LDH 患者至关重要。主要症状和体征包括腰骶神经根分布区域感觉异常、疼痛、肌群无力，躯干屈曲受限，用力、咳嗽、打喷嚏、坐位时疼痛加剧。

病史记录中必须涵盖关于疼痛性质的问题，以及疼痛对患者日常活动所造成的影响。临床医生必须询问患者当前或过去的所有治疗、尿失禁或大便失禁、马鞍区麻木、既往恶性肿瘤病史、炎症状况、全身感染、免疫抑制和药物使用情况。需要对可能是潜在感染、炎症性疾病或恶性肿瘤特征的危险信号进行检查，如发热、盗汗、不明原因的体重减轻、食欲不振、极度疼痛和椎体点压痛。

如果腰椎间盘突出引起神经根病，仔细彻底的神经系统检查可以帮助定位腰椎间盘突出的程度。与 LDH 相关的神经根病，会根据突出类型及突出发生的具体脊椎水平而有所变化。不同脊椎水平对应的神经根病具有不同的临床表现：

腰 1 神经根从腰 1—腰 2 椎间孔处穿出，通过提睾反射进行评估（男性）。当受到突出的椎间盘压迫时，会引起疼痛，并且腹股沟区域的感觉丧失，很少会导致髋部屈曲无力。

腰 2 神经根和腰 3 神经根分别从腰 2—腰 3 椎间孔和腰 3—腰 4 椎间孔穿出。打喷嚏、咳嗽或伸直腿时腰背疼痛症状会加重。

腰 4 神经根从腰 4—腰 5 椎间孔穿出，可以通过膝腱反射进行评估。当椎间盘突出受压时，会引起背痛，并放射至大腿前部和小腿内侧，并伴有相同分布的感觉丧失、髋关节屈曲和内收无力、膝关节伸展无力及活动能力下降。

腰 5 神经根从腰 5—骶 1 椎间孔发出。当椎间盘突出压迫腰 5 神经根时，会导致背部疼痛，并辐射到臀部、大腿外侧、小腿外侧、脚背和脚拇指。感觉缺失出现在脚拇指和第二脚趾之间的蹼空间、足背和小腿外侧。髋部外展，膝关节屈曲，足背屈，脚拇指背屈，足内翻、外翻均存在无力。患者出现半腱肌 / 半膜肌反射减弱。足背屈无力使得用脚跟行走变得困难。慢性腰 5 神经根病可能导致前腿的趾短伸肌和胫骨前肌萎缩。

骶 1 神经根从骶 1—骶 2 椎间孔发出，通过跟腱反射进行评估。当被突出的椎间盘压迫时，会出现骶骨或臀部疼痛，并放射到大腿后外侧、小腿、足底或足外侧或会阴。感觉缺失出现在小腿、足的外侧或足底。足底屈曲、髋部伸展和膝关节屈曲无力。足跖屈无力导致无法踮起脚尖走路。它还可能导致大小便失禁和性功能障碍。

（二）辅助检查

影像学检查是诊断 LDH 的重要手段。

1. X 射线检查

X 射线检查是椎间盘突出症诊断的基本检查，包括脊柱正位、侧位、动力位的 X 射线检查。通过 X 射线检查可以除外骨质破坏性病变，也可以观察骨质增生、椎间隙狭窄、脊柱生理曲线的变化及椎间关节稳定性情况。此外，X 射线检查可以发现有无结核、肿瘤等骨病，还可以看到退行性变的表现。必要时可进行造影判断椎间盘突出及其程度，但此检查需慎用，只有在一般检查不能明确时才能谨慎进行。腰椎 X 射线检查是在腰痛情况下进行的一线影像学检查。标准检查包括三个视图（正侧视图、侧视图和斜视图），以评估脊柱的整体排列、检测骨折及退行性或脊椎病变化。侧屈和伸展视图对于评估脊柱不稳定性很有用。X 射线检查发现椎间隙狭窄、牵引性骨赘和代偿性脊柱侧凸通常提示 LDH。如果检测到急性骨折，则需要通过 CT 或 MRI 进行进一步检查。

2. CT 检查

CT 检查是 LDH 诊断常用检查。其可以清晰显示骨组织结构及其轮廓，可较清楚看到钙化组织，但对脊髓、神经根、椎间盘的影像显示较差，是帮助明确骨性结构情况的重要依据。CT 检查是评估脊柱骨结构最敏感的成像方式。CT 检查可以评估钙化椎间盘突出或任何可能导致骨质流失或破坏的病理过程。它缺乏神经根的可视化，因此不适合神经根病的诊断。CT 脊髓造影是对有 MRI 禁忌证的患者显示椎间盘突出的首选成像方式。然而，由于其放射性，需要训练有素的放射科医生的帮助。脊髓造影与脊髓后头痛、脑膜感染和辐射暴露等风险相关。最新的多排 CT 检查使其诊断水平几乎与 MRI 相同。

3. MRI 检查

MRI 检查对 LDH 诊断具有重要价值，可以很好显示脊髓的病损及脊髓的轮廓，也可显示神经根的形态。可以全面地观察椎间盘是否病变，清晰地显示椎间盘突出的形态及其与硬膜囊、神经根等周围组织的关系，另外可鉴别是否存在椎管内其他占位性病变。MRI 检查是确认可疑 LDH 的金标准。由于其显著的软组织可视化能力，其诊断准确率高达 97%，是椎间盘突出可视化最敏感的检查。与其他成像方式相比，MRI 还具有更高的观察者间可靠性。当椎间盘后 10% 处显示 T2 加权信号增加时，表明椎间盘突出。退行性椎间盘疾病已显示与 Modic 1 型变化相关。在评估术后腰椎神经根病时，建议除非另有禁忌，否则应使用对比剂进行 MRI 扫描。MRI 在区分 LDH 的炎症、恶性或炎症病因方面比 CT 更有效。当患者出现明显疼痛、神经运动缺陷和马尾综合征等相关症状时，在评估过程中相对较早（$<$8 周）就表明了这一点。扩散张量成像是一种 MRI 序列，用于检测神经根的微观结构变化。它可能有助于了解腰椎间盘突出压迫神经根后发生的变化，并可能有助于区分需要手术干预的患者。对于高度怀疑腰椎间盘突出引起的神经根病且 MRI 不确定或阴性的患者，需要进行神经传导研究。

4. 神经电生理检查

肌电图、神经传导速度和诱发电位可协助确定神经损害的范围及程度，观察治疗效果。

三、诊断与鉴别诊断

（一）诊断

LDH 的诊断需要结合临床表现、体格检查和辅助检查，三者相结合共同作出明确诊断。

1. 临床表现

患者早期可表现为站立或步行等直立体位时，出现腰痛和坐骨神经痛。LDH 典型症状包括如下几项。

（1）腰痛：是大多数患者所具有的症状，常为首发症状，多数患者先有反复的腰痛，此后出现腿痛。部分患者腰痛和腿痛同时出现，也有部分患者只有腿痛而无腰痛。LDH 所引发的腰痛是由突出的椎间盘顶压纤维环外层、韧带刺激椎管内的神经所致。

（2）坐骨神经痛：大部分 LDH 患者椎间盘突出发生在腰 4—腰 5 及腰 5—骶 1 间隙，疼痛多为逐渐发生，具有放射性，疼痛由臀部沿大腿后方向小腿及足背部放射。有的患者为了减轻疼痛，松弛坐骨神经，常表现为行走时向前倾斜，卧床时取弯腰侧卧屈髋屈膝位。

（3）下肢麻木：当腰椎间盘突出刺激了本体感觉和触觉纤维，引起肢体麻木，麻木感觉区按照神经支配区域分布。

（4）下肢肌力下降（乏力）：腰椎间盘突出使神经根受损，导致其所支配肌肉出现程度不同的麻痹征。轻者肌力减弱，重者肌肉失去功能，但因腰椎间盘突出造成肢体瘫痪者较为少见。

（5）马尾综合征：腰椎间盘突出可压迫马尾神经，出现大小便功能障碍，鞍区感觉异常，急性发病时作为急症手术的指征。

（6）间歇性跛行：是腰椎管狭窄的特异性表现，具体表现为患者行走时，随着距离增加出现腰背痛或患侧下肢放射痛或麻木加重，蹲着或坐着休息时，症状可以减轻，再行走一段距离后症状又出现。

2. 体格检查

（1）立位检查：腰椎姿势异常，生理前凸变小、消失，甚至变为后凸，不同程度侧凸；腰部压痛点，可引发下肢放射痛或麻木感；腰椎活动受限。

（2）感觉检查：痛觉、温度觉和触觉均属感觉检查范围。轻微神经根受累表现为感觉过敏、重的刺激或压迫使感觉减退。突出物小，多表现为感觉过敏；突出物大，多表现为明显感觉减退。小腿外侧及足背感觉障碍，说明腰 4—腰 5 椎间盘突出；小趾、足外侧、小腿后侧感觉障碍，说明腰 5—骶 1 椎间盘突出。感觉障碍早期多表现为皮肤感觉过敏，渐而出现麻木、刺痛及感觉减退。

（3）肌力检查：包括下肢的股四头肌、腓肠肌、胫前肌、拇长伸肌、腘绳肌的检查。检查时与健侧比较，股四头肌肌力减弱说明第 3 腰神经受累，胫前肌和拇长伸肌肌力减弱说明第 5 腰神经受累，腓肠肌肌力减弱说明第 1 腰神经受累，足背肌和拇长伸肌肌力减弱说明腰 4—腰 5 椎间盘突出，足跖屈或立位单腿跷起肌力减弱说明腰 5—骶 1 椎间盘突出。

3. 特殊检查

（1）直腿抬高试验及加强试验：患者平躺，双腿伸直，被动抬高患肢。正常人下肢抬高到约 70° 时感腘窝（膝后区）不适。LDH 患者抬高在 70° 以内即可出现坐骨神经支配区疼痛或麻木，称为直腿抬高试验阳性。在阳性患者中，缓慢降低患肢高度，待症状消失，这时再被动屈曲患侧踝关节，再次诱发产生下肢症状，称为加强试验阳性。

（2）股神经牵拉试验：患者取俯卧位，患肢膝关节完全伸直。检查者将伸直的下肢高抬，使髋关节处于过伸位，当过伸到一定程度出现大腿前方股神经分布区域疼痛时，则为阳性。此项试验主要用于检查腰 2/3 和腰 3/4 节段椎间盘突出。

（3）仰卧挺腹试验：患者仰卧，做挺腹抬臀的动作，使臀部和背部离开床面，如果患者出现坐骨神经痛则为阳性。

（二）鉴别诊断

需要与 LDH 鉴别的疾病包括但不限于以下疾病。

1. 腰肌劳损

腰肌劳损，又称慢性腰部劳损、腰背肌筋膜炎或功能性腰痛，主要是指由于腰部肌肉、筋膜、韧带等软组织在积累性、机械性、慢性损伤或急性腰扭伤后未及时得到有效治疗而转为慢性病变，引发局部慢性无菌性炎症的病症。中年人多发，与长期保持一种劳动姿势有关，常见症状为腰部或腰骶部胀痛、酸痛，反复发作。全球范围内，约 70% 的成年人都曾经历过由腰肌劳损导致的腰背部疼痛，特别是 30~50 岁的中青年人群中，50% 以上都曾有过此病史。此疾病根据病因不同划分为动力性和静力性两种类型。无明显诱因的慢性疼痛为主要症状，腰痛为酸胀痛，休息后可缓解。在疼痛区有固定的压痛点，在压痛点进行叩击，疼痛反而减轻。直腿抬高试验阴性，下肢无神经受累表现。痛点局部封闭有良好的效果。

腰肌劳损的治疗包括纠正不良生活习惯和工作习惯、加强腰背部肌肉锻炼、药物治疗及中医治疗。药物治疗一般采用非甾体抗炎药，如双氯芬酸二乙胺乳胶剂、氟比洛芬巴布膏等。如果疼痛剧烈，可以通过口服依托考昔、塞来昔布等药物进行治疗。流行病学研究结果显示腰肌劳损治疗后两周，疼痛症状可以得到显著改善，4~6 周后腰背部功能可以恢复正常。在预防方面，要避免久坐久站，减轻体重，用正确姿势搬运重物及使用护腰等。

2. 梨状肌综合征

梨状肌综合征是引起急、慢性坐骨神经痛的常见疾病。一般认为，腓总神经高位分支，自梨状肌肌束间穿出或坐骨神经从梨状肌肌腹中穿出。当梨状肌受到损伤，发生充血、水肿、痉挛、粘连和挛缩时，梨状肌间隙或梨状肌上下孔变狭窄，挤压其间穿出的神经、血管，因此出现一系列临床症状和体征，称为梨状肌综合征。患者主要表现为臀部和下肢疼痛，症状的出现和加重主要与运动有关，休息可明显缓解。

3. 腰椎椎管狭窄症

腰椎椎管狭窄症是指由各种原因引起椎管各径线缩短，压迫硬膜囊、脊髓或神经根，从而导致相应神经功能障碍的一类疾病。它是导致腰痛及腰腿痛等常见腰椎病的病因之一，又称为腰椎椎管狭窄综合征，多发于 40 岁以上的中年人。安静或休息时常无症状，行走一段距离后出现下肢痛、麻木、无力等症状，需蹲下或坐下休息一段时间后，方能继续行走。随着病情加重，行走的距离越来越短，需休息的时间越来越长。

四、治疗

LDH 的治疗包括健康宣教、非手术治疗和手术治疗。其中，以非手术治疗为主，尤其对于症状较轻、病程较短的患者首选非手术治疗（包括生活管理、物理治疗、药物治疗等）。对于非手术治疗无效的患者，可以根据病情考虑进行脊柱微创技术治疗，尤其是经皮脊柱内镜治疗。而对于部分病情严重、无微创技术治疗适应证的患者，可以考虑开放手术治疗。对于初次发作或症状较轻、病程较短的患者，休息后症状可以自行缓解的患者，由于全身疾病或有局部皮肤疾病不能实行手术、不同意手术治疗的患者可以采用非手术治疗。

（一）健康宣教

LDH好发于体力劳动者、特殊作业者和腰部发育异常者。从事体力劳动，尤其是30~45岁，长期处于高强度劳动状态的男性，患有LDH的概率要明显高于其他人。职业司机、运动员等特殊作业者在长期工作或训练中，经常久坐或久站，腰部承重力过重，可能压迫局部神经根组织，诱发LDH。此外，腰部发育异常者，如先天性腰椎间盘发育不良或畸形、腰椎骶化、椎弓崩解等，也会影响腰椎正常的功能，增加腰部额外负担而诱发LDH。因此，上述高危人群应保持良好的生活习惯，寒冷冬日注意腰间保暖，尽量不要受寒。注意劳动姿势，避免长久弯腰和过度负重，忌剧烈运动及抬重物，或利用机械工具搬运重物。工作时可用腰围或宽腰带，以减轻腰椎间盘负荷。日常适当加强腰部肌肉锻炼，增加椎旁肌肉力量，有利于保护椎间盘。生活和工作中应保持良好的站姿或坐姿，同一姿势不应保持太久，适当进行原地活动或腰背部活动。避免久坐、扭腰运动和长时间弯腰，坐位时应选择高且有靠背的椅子。已诊断为LDH的患者不宜穿带跟的鞋，肥胖者应控制体重。

（二）非手术治疗

目前尚无关于绝对非手术与手术治疗适应证的文献。LDH的大多数症状表现都是短暂的，会在6~8周消失，除非考虑进行性神经功能缺损或马尾综合征等紧急情况，否则通常最初会采取非手术治疗。非紧急LDH治疗类型的最终决定是基于医患讨论，结合评估、症状持续时间和患者意愿。总之，LDH治疗以非手术治疗为主，尤其对于症状较轻，病程较短的患者首选非手术治疗（包括局部制动、药物治疗、牵引治疗等）。

1. 局部制动

通过卧床可以减轻对患部的刺激，有利于损伤组织的修复，同时平卧后腰椎间盘的内压力减低可减轻对软组织的压迫反应。通过对腰椎间盘压力测量得出卧床可使其所受压力降低70%。卧床休息，一般严格卧床3~4周，腰围保护，适当下地活动。

2. 药物治疗

研究证实，化学性炎症介质、免疫性炎症介质及细胞因子（CK）及神经源性炎症介质在LDH治疗中起重要作用。脊柱退变性神经根疼痛多数情况下以炎性疼痛为主，在无禁忌证情况下，首先考虑非甾体抗炎药，如布洛芬、双氯芬酸、美洛昔康、塞来昔布等。对于伴有肌肉痉挛的患者，可以使用肌肉松弛药，如氯唑沙宗、氟吡汀、替扎尼定等。无禁忌证时，亦可短期使用糖皮质激素类药物，可有效缓解炎症。

椎间盘鞘内注射或肾上腺素注射可以减轻疼痛和炎症。当突出的椎间盘压迫神经根导致其水肿，可服用脱水消肿药物（如甘露醇），减轻神经根水肿，减轻患者疼痛。

3. 牵引治疗

牵引治疗是非手术治疗LDH的重要治疗手段，有持续牵引、间歇牵引、前屈牵引、背伸牵引等不同牵引方式。牵引的重量以患者能耐受而不引起腰肌拉伤为宜。国内学者通过临床研究观察得出不同牵引方法疗效有差异。可能与临床病例选择和观察立场不同有关，但公认其治疗原理与减轻椎间盘压力、改变椎管内突出组织与神经根相对位置、缓解肌肉痉挛、松解粘连有关。

（三）手术治疗

对于非手术治疗无效的患者，可以根据患者年龄、病情严重程度、椎间盘突出位置等因素，酌情考虑是否具有微创手术治疗指征，可进行经皮微创脊柱内镜下髓核摘除术治疗，尤其是经皮脊柱内镜治疗。而对于部分病情严重、微创技术难以治愈的患者，可以考虑开放手术治疗。

手术治疗的适应证及术式如下。

1. 适应证

腰腿痛症状严重，反复发作，经3个月以上非手术治疗无效，且病情逐渐加重，影响工作和生活者；有马尾综合征，括约肌功能障碍者（大小便功能障碍，如失禁等）；有明显的神经受累表现者，如足下垂。

2. 手术方式

（1）单纯髓核摘除术：适用于单纯型椎间盘突出症患者。通过切除黄韧带，经椎板间隙显露和切除突出的椎间盘。该术式的特点是软组织分离少，骨质切除局限，对脊柱的稳定性影响小。如经皮脊柱内镜手术具有创伤小、恢复快等特点，适合部分患者。

（2）半椎板切除术：适用于椎间盘突出合并明显退行性改变，需广泛探查减压者。此术式视野清晰，易显露突出椎间盘，可直接切除髓核，神经根减压充分，近期疗效肯定，但生物力学研究及长期临床随访观察有发生腰椎不稳的可能，术后腰背肌锻炼是稳定的一种好方法。

（3）全椎板切除术：适用于同一间隙双侧突出，或中央型突出粘连较紧密伴钙化不易从一侧摘除，或合并明显退行性椎管狭窄需要双侧探查及减压者。此术式由于显露充分，可充分减压，故近期疗效肯定。但有报道认为，易致腰椎不稳，或形成不规则新生骨，与硬膜囊或神经根粘连，造成继发性椎管狭窄的可能。

（4）椎间融合术：适用于椎间盘突出合并腰椎不稳或因手术减压需要腰椎稳定性受到影响者（如椎间小关节内聚）。目前临床上多采用各种融合器合并植骨融合。椎间融合术可恢复椎间隙高度，扩大椎间孔，解除神经压迫症状，增加受累节段的稳定性。但仍有导致未融合椎间隙承载力加大继发相邻椎间不稳的可能。

（姜　宇　王会宁）

第二节　下背痛

下背部是连接人体躯干和下肢的部位，通过协调为人体提供支撑、柔韧性和力量，下背部需承受身体给予的诸多压力，是人体中最容易出现损伤的部位。下背痛（LBP）是一类症状而非某种特定疾病，通常是指下部腰椎部、腰骶区及臀部（第12肋骨和臀下皱襞之间）的疼痛。LBP常伴有坐骨神经痛，疼痛向一侧或两侧下肢的坐骨神经分布区放射，主要表现为下背部的广泛性酸痛、发紧、沉重感和弯腰困难等，患者在持续保持某一固定姿势后可加剧。LBP根据症状持续时间可以分为急性LBP和慢性LBP，症状持续3个月以内称为急性LBP，如持续时间超过3个月则称为慢性LBP。

一、职业暴露

1. 常见病因

LBP发生病因较为复杂，发病机制也尚不明确，目前的研究主要认为LBP发病可归因于软组织损伤或刺激、椎间盘损伤、椎体创伤、关节突损伤和神经血管结构损伤等。同时心理社会因素、肥胖和创伤等可能使症状加重。

（1）肌肉损伤：劳动者接触不良工效学因素（如重体力负荷、强迫姿势体位等）导致竖脊肌等核心肌群处于疲劳状态而无法恢复，引发核心肌肉失衡，直至损伤产生疼痛，进而对脊椎的稳定性产生影响，导致 LBP 反复发作。相关疼痛机制可能是长期超负荷工作的劳动者，其骨骼肌中神经因子过度表达激活电压感受器阳离子通道，促使 Ca^{2+} 内流，产生动作电位，从而将疼痛信号转换为电信号传至疼痛神经元而发生 LBP。

（2）韧带及软骨损伤：不良工效学因素使维持腰椎稳定性的相关韧带功能退化，其中劳动者长期强迫体位造成的腰椎过度屈伸、频繁转身或弯腰可导致下背部黄韧带和棘间韧带出现损伤，使椎体间的活动度加大，破坏腰椎稳定性而出现 LBP。此外，下背部小关节具有连接腰椎椎体间稳定结构的功能，相关危险因素导致下背部关节退变，致使腰部椎体间支撑功能下降，而发生 LBP 症状。

（3）椎间盘损伤：椎间盘除对椎体有连接功能外，还可承受压力，缓冲震荡，起“弹性垫”样的作用，同时有利于脊柱向各个方向运动。不良工效学因素（如重力负荷和腰椎的急转）使腰椎间盘所能承受的压力超出负荷，而发生退行性变化，有可能引发纤维环破裂，导致髓核突入椎管或椎间孔，压迫脊髓或脊神经根而出现神经性 LBP 症状。同时，椎间盘退行性变化也可诱发损伤继而产生炎症，刺激椎间盘内疼痛感受器而发生 LBP。

其他与 LBP 发生相关的影响因素主要包括个体因素、工作相关负荷因素和工作组织因素。个体因素包括年龄、工龄、性别、文化程度、既往史和其他个人习惯，如吸烟、体育锻炼等。工作相关负荷因素包括工作过程中搬运重物、不舒服的工作姿势、长时间站立工作、长时间坐位工作等。有研究显示，职业人群 LBP 发生的风险随着背部弯曲度和工作相关负荷频度的增加而升高。工作组织因素对 LBP 的发生具有重要影响，包括劳动者工作量的安排、人员短缺、工作时长、工作任务分配、轮班、休息情况等。研究表明，工作人数和工间休息的增加、工作时长的减少可降低 LBP 的发生。

2. 常见职业暴露

LBP 职业暴露常见于重体力负荷，如提举、搬运重物、全身振动、下背部长时间强迫体位和从事重复操作的劳动者。如大棚菜农，由于大棚工作空间狭窄，菜农极易发生腰部弯曲，保持持续的跪姿或蹲姿。同时，由于大棚作业机械化程度低，无法使用电动辅助工具，导致大棚菜农的重复操作较多，体力劳动繁重，而增加了腰部 LBP 的职业暴露。医疗护理工作者 LBP 的发生值得关注，护士人群由于持续性的作业特点，容易暴露于长时间站立、弯腰、转身、搬运患者等危险因素，从而导致下背部损伤。除此之外，汽车制造业的电焊工、装配工等，分拣包裹劳动者，建筑业的钢筋工、起重工等，生物制药作业的投料工、外包装工等，民航行李搬运工和机舱保洁等，运动员，船舶制造作业的切割工、装配工等，采煤及洗煤业劳动者，汽车维修工，电子设备制造业的包装工、装备工等，制鞋业的备料工、打磨工等，家具制造业的板件包装工、下料工等发生 LBP 的概率也明显高于其他作业工种。

二、临床表现及辅助检查

（一）临床表现

工作相关 LBP 由于病因的多样性，其疼痛症状会由不同的特征组合而成，而呈现出不同的临床表现。下背部疼痛可呈刺痛、酸胀痛或牵扯样痛，牵扯部位常涉及臀部和下肢，部位较局限，可能出现下背部和胸、腰结合处僵硬。坐立或者走路时间过长时，LBP会加重，如久坐或久站会引起臀部、腿部放射性的疼痛，走路时间增加会出现跛行。同时下背部可能出现功能受限，主要表现为下背部屈、伸、转侧运动受限，出现弯腰疼痛，双手无法触及地面。

马尾神经受压导致的LBP，主要表现为双下肢肌力减弱，感觉出现异常，患者不能持续步行，同时出现单侧或双侧下背酸痛，继而出现间歇性跛行，这是该类LBP的特异性表现。此外，在安静时症状几乎不出现，但当开始站直背肌伸展时，腰部疼痛伴随腿部和膝关节以下出现疼痛和麻痹感，向前屈曲时缓解。

椎间盘突出使神经根遭受压迫，而出现LBP。此类LBP以神经性损伤为主，慢性化后会伴有肌肉疼痛，当神经组织出现不可逆的变化时，下背部会出现神经阻断性疼痛。

由于分离导致椎间盘破坏，神经根受到刺激后出现根性刺激症状导致LBP，早期出现疼痛。随着劳动负荷的增加，椎体会出现向前方的进行性滑脱，下关节突从后方压迫椎管而出现腰椎管狭窄症状。此外，由脊柱感染导致的下背部损伤，可伴有发热、乏力、全身酸痛等症状。

腰椎分离症疼痛由于疲劳性骨折，出现肌肉疼痛、骨骼及韧带疼痛，该类LBP多发生于青壮年劳动者。

当患者下背部软组织受到损伤后，相关部位会慢慢肿胀继而压迫神经而引发LBP；由于LBP引发的肌肉痉挛可致腰椎双侧肌肉受力负荷不平衡，继而出现脊柱生理曲度异常。

LBP所呈现的压痛多为局限性的，表层压痛多为棘上韧带、棘间韧带或肌肉的损伤；深层压痛可能提示椎体损伤。慢性腰肌劳损表现为广泛性压痛，中线部位有深层压痛，可能提示有结核或骨折发生。

（二）辅助检查

英国国家卫生与临床优化研究所（National Institute for Health and Care Excellence，NICE）及一些关于LBP的临床指南均不推荐影像学检查作为在非LBP专科诊疗环境下对于LBP诊断的常规检查方法。然而现实条件下，出于患者希望明确诊断，有意愿实施影像学检查的原因，影像学检查仍然被用作LBP的常规检查手段，特别是针对急性LBP和疑难LBP的诊断。

1. X射线检查

X射线检查是LBP的常见检查方法之一，主要用于了解下背部腰椎生理曲度改变、脊柱侧弯或后凸、腰椎椎体形态、骨折破坏、腰椎滑脱、椎间隙狭窄等改变。早期X射线检查，通常拍摄腰椎正位、侧位及前后屈曲侧位影像，正位、侧位影像可观察腰骶椎的骨排列、椎间隙的狭窄、椎体的变形等。特别注意正位影像应确定是否存在椎间关节的肥厚，侧位影像应确认有无椎体的滑脱。单纯X射线检查不能判断脊柱椎管的宽度和形状，无法显示椎间盘突出，必要时应增加CT、MRI等检查。

2. CT检查

CT检查可显示腰椎间盘突出、椎骨骨折、椎管狭窄、腰椎分离与腰椎滑脱、椎间关节的变性等LBP相关疾病。此外，CT椎间盘造影（CT discography，CTD）能够判断椎间盘突出的形态，特别是可以判断椎间盘突出是否穿破后纵韧带，同时对外侧型椎间盘突出的诊断有意义。

3. MRI检查

MRI检查是下背部椎管内软组织病变诊断的主要方法，是脊椎疾病的常用检查方法。单纯MRI

检查，主要可以显示从脊髓到神经组织以及椎间盘等软组织，可以进行下背部形态学的诊断，还可以根据灰度变化来诊断 LBP 的性质。MRI 检查还可诊断包括感染性疾病、椎管内囊肿性疾病、复发性椎间盘突出症等 LBP 相关疾病。此外，通过 MRI 影像可以了解骨组织的变化，观察其周围软组织的改变。矢状面影像可以清晰地显示椎管与周围组织的位置关系，适用于了解椎管狭窄状态和马尾神经的走行；横断面影像的 T1 加权像可以清晰地观察椎间盘向后方突出和黄韧带向前方肥厚性突出等结构。

4. 脊髓造影检查

脊髓造影检查（myelography）属于有创性检查，原则上用于需进行手术治疗的患者，需在住院后实施。脊髓造影检查适用于有脊髓、马尾神经和神经根压迫性病变的诊断，通过造影检查，可以清晰显示受损部位的范围和解剖学改变的严重程度。脊髓造影后，在造影剂完全代谢之前做 CT 检查，可以清晰地鉴别压迫椎管的骨刺、外侧凹陷、后纵韧带骨化等改变。同时，脊髓造影可以进行动态观察，对于诊断随体位改变的椎管狭窄程度有一定的意义。

5. 骨扫描检查

全身骨显像（whole body bone scan）又称骨扫描，主要用于判断是否存在下背部的骨折及骨折状态，诊断相关部位感染性疾患和原发性、转移性骨肿瘤，能对骨疾病进行早期诊断。

6. 神经电生理检查表面肌电图

神经电生理检查表面肌电图（sEMG）的应用对于慢性 LBP 具有敏感度高、特异度高、可靠性强的特点，目前主要采用腰部竖脊肌表面肌电屈曲 – 伸直比（flexion–extension ratio，FER）来作为 LBP 客观检查指标。

三、诊断与鉴别诊断

（一）诊断

LBP 可能由多种病因导致，明确是何种病因导致的 LBP，从而针对致痛源采取相应的措施，在 LBP 的诊断中非常重要。正确诊断 LBP 需依据患者相关临床病史、体格检查及影像学检查结果综合分析得出。

1. 临床病史

LBP 的危险因素包括体力劳动、吸烟、肥胖、精神疾病等。诊断前应确定疼痛对自身活动的影响，以及是否因 LBP 导致任何时间均不能工作，或者患者是否认为疼痛是继发于与工作有关的活动，因此，收集相关临床病史很关键。

病史信息包括疼痛的发作、性质（尖锐或钝痛）、部位、持续时间和频率、加重和缓解因素（包括使用镇痛药的类型和频率）、相关症状、放射检查情况和夜间疼痛情况，同时需要确认与肠道和膀胱功能有关的问题。其他相关病史收集应包括既往病史（如脊柱病史、特殊恶性肿瘤和精神健康状况）、职业史、个人习惯、社会经历、体育活动情况、饮食和吸烟等。在没有进行全面调查的情况下，应对患者进行全面的神经学检查以评估感觉丧失、下背部触痛反应和活动范围。应注意患者的步态和姿势，以及任何明显的皮肤变化。

2. 体格检查

（1）外观观察：外观观察诊断 LBP 的顺序应首先从步行评估开始，其次是坐位评估，最后至卧位综合判断。通过步行能力、步行姿势，判断脊柱有无侧弯，生理弯曲是否存在，有无前凸或后凸，有无旋转畸形等情况。外观观察可对 LBP 导致患者的神经系统障碍和疼痛程度进行初步评估。外观观察重点检查是否存在下背部异常，脊柱侧凸、脊柱后凸、脊椎滑脱症的棘突排列性变形等情况；是否出现全身肌肉萎缩、痉挛、疱疹，以及由神经损害继发的皮肤变化等情况。出现因改变姿势导致症状变化的间歇性跛行，前后屈伸时由于下位椎间盘突出导致躯体前屈受限，均应高度注意。

（2）查体：下背痛原因复杂，运动不当、过度操劳、意外损伤等情况容易损伤人体骨骼，导致腰部脊椎神经受刺激从而出现腰背部疼痛症状，因此，腰背痛体格检查前应仔细询问病史和运动史。通过直腿抬高试验、肌腱反射、肌力评估等体格检查方法来诊断慢性 LBP。还可通过按压、叩击腰部等检查进行查体，纵轴叩击痛检查是检查下背部疼痛的方法之一，检查时患者坐位，医生用左手掌平放于患者头顶，右手半握拳轻捶左手背，如患者感到背痛，说明腰椎疾病可能性大，疼痛部位即为病变所在。

3. 特殊检查

（1）椎管狭窄诱发检查（kemp 试验）：检查颈椎伸展时，有无四肢躯干的神经症状加重；检查腰椎伸展姿势时，有无诱发症状，出现马尾神经压迫症状和 kemp 征。实施 kemp 试验时，患者需保持直立位，首要确定患者疼痛部位，患者腰椎伸展并向健侧做侧弯运动，医生向患者健侧肩膀施加持续的向下压力，并嘱咐患者向后旋转健侧肩部。若该检查诱发了患者疼痛，或者使其原有疼痛加重，则为 Kemp 征阳性。如果患者能同时感受到疼痛从下背部放射至膝关节以下，那么也存在神经根损伤；尽量使用单手的指头按住棘突，触摸伴随有节奏的活动对腰椎活动度进行检查。

（2）站立负荷试验：是使患者处于站立位观察是否出现 LBP 症状的检查方法。患者在站立数分钟后出现 LBP 即为站位负荷试验阳性。

（3）神经系统检查：①直腿抬高试验，患者处于仰卧位，使其膝关节伸展，单腿上举，如抬高至 70° 以下，患者出现下肢后段疼痛为阳性。②骨神经牵拉试验，患者俯卧位，膝关节屈曲 90°，上提小腿或尽量弯曲膝关节，观察是否出现大腿前侧放射性疼痛，可用来检查腰椎神经根损伤。③拉塞格征，患者处于仰卧位，髋关节和膝关节呈 90° 屈曲，使膝关节伸展，如出现下肢放射性疼痛为阳性。

（4）肌力检查：腰椎管狭窄所致 LBP 多出现胫骨前肌、踇长伸肌等肌力低下。可通过足下垂来验证，即患者足尖无法上抬，从踝关节到足尖都呈无力的下垂状态。

4. 问卷调查

问卷调查诊断已经逐渐成熟化，通用的 LBP 问卷评估法对于该疾患的诊断很有意义。当然对于调查过程中，是否能从受检者获取准确的调查信息，是问卷调查诊断的难点。问卷调查诊断需要详细地填写以下项目：疼痛具体部位、疼痛程度等情况。目前，有研究团队参考美国国家职业安全卫生研究所对工作相关下背痛的判定标准进行了研究，即下背部出现疼痛、僵硬、烧灼感、麻木或刺痛等不适症状，同时满足以下条件：①过去一年内出现不适；②从事当前工作后出现不适；③既往无事故或突发伤害；④每月均出现不适症状或持续时间大于 7 天。同时制定了《中国肌肉骨骼疾患调查问卷》来进行工作相关 LBP 的判定。

（二）鉴别诊断

LBP 病因多样，可能与急性韧带损伤或肌肉劳损有关，有自限性的倾向，也可能与慢性的骨关节炎、腰骶区强直性脊柱炎、腰椎间盘突出症（LDH）及腰椎管狭窄等有关。工作相关 LBP 的鉴别诊断主要包括如下几种。

1. 受凉

如果不注意自身保暖，导致腰部受到凉气入侵，可能会使局部肌肉发生痉挛，从而出现隐隐作痛的情况，甚至会影响到正常的生活。

2. 腰肌劳损

腰肌劳损是腰部肌肉及其附着点筋膜、韧带或者骨膜的慢性损伤性炎症，可能与腰背部软组织损伤、不良姿势等因素有关，患者可能会出现下背痛症状。

3. LDH

LDH 是指腰椎间盘的解剖结构发生改变，可能与长期劳动或者遗传等因素有关，患者可能会出现坐骨神经痛、下腰部痛等症状。通过体格检查或辅助检查可以明确诊断。

4. 腰椎管狭窄

腰椎管狭窄是指各种形式的椎管、神经管以及椎间孔的狭窄，可能与先天发育、退行性病变、外伤等因素有关，患者可能会出现腰痛、下肢痛等症状。通过详细问诊、体格检查和辅助检查可以明确诊断。

5. 腰椎骨质增生

腰椎骨质增生是一种常见的骨质增生性疾病，是人体衰老的一种正常现象，主要是因为人体的衰老，骨质发生退行性改变，从而出现骨质增生。增生的骨质刺激周围软组织，产生无菌性炎症，从而导致患者出现下腰部疼痛的症状。通过详细问诊、体格检查和辅助检查可以明确诊断。

6. 其他需要鉴别诊断的疾病

（1）先天性疾患导致的 LBP，如先天性脊椎变形。

（2）良性肿瘤引起的 LBP，如发生在脊椎、脊髓神经处的良性肿瘤，可使下背部继发产生具有相关症状的神经麻痹和病理性骨折而导致疼痛。

（3）恶性肿瘤引起的 LBP，如发生在脊椎、脊髓神经处的恶性肿瘤，可产生下背部的疼痛和神经麻痹相关症状。

（4）代谢性疾病，如骨质疏松导致的骨微结构破坏引起的急性下背部损伤、腰椎退行性变化、LDH，可产生 LBP。

（5）感染性疾病，如强直性脊柱炎、腰椎或骶髂关节结核。

（6）下背部以外因素导致的 LBP，如血管性间歇性跛行、末梢神经障碍等。

（7）深层臀肌（梨状肌）损伤综合征。

四、治疗

随着对 LBP 研究的不断深入，LBP 的治疗以鼓励积极治疗、解决社会心理因素，注重下背部功能改善为主，也就是说对于 LBP 的非手术治疗的目的是控制疼痛和维持日常生活活动的能力。同时国际上强调自我管理、物理治疗、心理治疗以及一些其他形式的补充医学治疗，而对药物治疗和手术治疗的重视程度降低。因此，对于 LBP 的治疗，目前主要包括早期治疗（健康宣教、自我管理、保持积极的治疗心态、热敷等）、非药物治疗、药物治疗、介入治疗和手术治疗等。早期治疗中的健康宣教和保持积极的治疗心态，对急、慢性 LBP 治疗来说是首选方案。

（一）早期治疗

对于早期治疗，目前已形成专家共识：应向个人提供关于LBP缓解的建议和宣教；确保个人相关LBP发生由非严重疾病导致，且症状会随着时间的推移而改善；同时应鼓励个人避免长期卧床，保持活跃。鼓励患者由疼痛控制阶段进入主动的康复阶段是很重要的，过度的被动康复易使患者出现依赖感，应通过鼓励，使患者意识到主动康复对下背部功能改善的重要性。

此外，慢性LBP可能和抑郁、焦虑、癔症等相关心理疾患使用共同的神经递质和通路而产生相关症状。同时，患者在长期的治疗期间可能因为工作影响、家庭经济负担或对治疗效果不满而产生治疗与不治疗之间的矛盾心理，影响患者对LBP治疗的信心和愿望。因此，应采取积极的心理干预，对于患者可能出现的消极治疗状态应给予关注，必要时可寻求心理医生的辅助。

（二）非药物治疗

对于早期治疗LBP无明显疗效的个体，应尝试非药物治疗。有研究显示，运动治疗、行为认知治疗、脊柱推拿术、针灸疗法等方法对于LBP的缓解有显著疗效。此外，部分学者对超声波、体外冲击波治疗LBP进行了一些临床疗效观察研究，实际应用价值还有待考证。

1. 运动疗法

运动疗法有助于缓解慢性LBP，运动疗法的主要功能是保持关节稳定性，提高下背部运动功能，属于LBP常规治疗方案，但其本身的治疗效果还是存在一定的限制。

（1）Willam体操。是通过增强腰椎屈曲肌群，减轻腰椎前凸而达到缓解LBP的目的，其具体训练方法包括：①双膝触腋运动，仰卧、收腹，使腰部贴紧床面，然后双手抱持双膝，靠近腋窝部；②摸脚尖，保持坐位，双腿伸直，双手平举，收腹使上身前倾，双手尽力触及脚尖；③平背运动，仰卧位，弯曲双腿，背部平贴床面；④仰卧起坐，仰卧位，弯曲双腿，双手上举，收腹，上半身离开床面直至坐起；⑤弓腰运动，跪卧，收缩腹肌，使腰部向上弓起；⑥下蹲起立运动，站位，双足分开30°或保持相距30cm，足跟不离地，脊柱呈C形弯曲，头低下慢慢下蹲，双手不动，手指指向并尽力触及地面，慢慢起立恢复初始位置。

以上动作需缓慢进行，每日10次，每次姿势维持10秒。此外，有学者对普拉提、瑜伽训练等运动进行了研究，发现其可显著改善慢性LBP患者的疼痛和功能障碍。

（2）McKenzie体操。由患者自己进行，主要是腰部的伸展运动，以达到缓解LBP的作用，其训练方法主要包括以下三步：①保持安静的俯卧位；②颈、肩、腰、臀部不用力，两肘放松支持；③下颌抬起，挺胸，臀部不用力，两肘伸展向上撑起，保持10秒，重复10次。

（3）Pheasant体操。其作用主要是伸展关节，强化相关肌群。主要训练方法包括：①患者仰卧位，双手自然放于腹部，骶尾部抬高，以强化股四头肌肌肉；②患者仰卧位，背部伸直，双手抱头，上身抬高30cm，以强化腹肌肌群力量；③患者俯卧位，颈椎、肩部不过度伸展，双手从腰部后交叉作为支点使脊柱伸展，以强化背部肌肉力量；④患者仰卧位，下肢伸展抬高，保持固定姿势，以强化下肢肌肉力量。

（4）运动疗法的效果评估。在实施运动疗法的过程中，应实时关注运动疗法的康复效果，从而根据反馈来进行治疗的改进。因此，运动疗法的效果评定在治疗过程的应用应得到重视。相关效果评估主要包括：①疼痛评估，应使用疼痛评估方法，如视觉模拟评分（visual analogue scale，VAS）法、修订版面部表情疼痛评估（Wong-Baker faces pain scale revision，FPS-R）法等，动态观察患者运动治疗情况，并对治疗方法进行优化和改进；②腰椎活动度改善情况评估，正常情况下，腰椎活动度应在屈 40°、伸 30°、左右侧屈 30°、左右侧旋 30°范围内。LBP 患者腰椎活动度会下降，且 LBP 严重程度与腰椎活动度存在关联，因此对于腰椎活动改善情况的评估也可作为运动疗法疗效优化和改进的参考；③脊柱稳定性评估，对于腰椎退行性变化导致的 LBP，可通过影像学检查，确认与邻近椎体 Cobb 角超过 15°，脊柱稳定性评估也可用来参考运动疗法的适用性。

2. 行为认知疗法

行为认知疗法用于 LBP 治疗，可通过针对性处理导致患者疼痛和失能的疼痛相关认知、情绪和行为因素而缓解 LBP。

3. 推拿术

中医推拿可缓解患者慢性 LBP，具有促进血液循环、缓解肌肉痉挛、增加下背部肌肉耐力的作用。推拿注重局部干预，手法很多，例如，掌根揉法，用手掌着力于下背部疼痛部位，反复旋转揉动；指拨法，用拇指指端着力于压痛点，压至有酸胀感，与肌纤维垂直做横向拨动；斜扳法，取侧卧位，患侧在上，健侧下肢伸直，一手固定患侧肩部，一手拇指及中指分别置于偏歪的棘突，反向拉伸至最大幅度，发力扳动。推拿手法要轻柔、缓慢，每日 1 次，每次 30 min。每周 6 次，4 周为 1 疗程。

4. 针灸

针灸作为一种重要的替代疗法，被证明是治疗慢性 LBP 安全有效的方法。针灸可以消除炎症水肿，增加局部血液循环，改善神经功能，有利于 LBP 的症状恢复。临床上针刺腰背部穴位可以减轻患者慢性 LBP 症状，恢复下背部的活动灵敏性，研究表明，针灸通过刺激下背部穴位的神经纤维运动而增强神经肌肉活动，改善肌肉耐力和抗疲劳的能力，进而减轻劳损造成的 LBP。

5. 支具疗法

下背部约束带和下背部固定带是常用的下背部支具，支具疗法作为辅助治疗方法，可限制下背活动、保持固定姿势，起到稳定腰椎、缓解疼痛的作用。

（三）药物治疗

对于上述非药物治疗无明显疗效的 LBP，建议使用药物治疗。非甾体抗炎药（nonsteroidal anti-inflammatory drug，NSAID）是推荐使用的口服药物，NSAID 对于慢性 LBP 应选择长期使用后不易出现不良反应的制剂，对于急性 LBP 应选择半衰期短、镇痛效果强的制剂，同时应遵循在尽量短的时间内开具最低药量来进行治疗的原则。不建议常规使用阿片类药物，有研究证明，从长期效果看，使用阿片类药物治疗 LBP 比不使用阿片类药物治疗的效果更差。同时可以考虑使用肌肉松弛剂对 LBP 进行短期治疗，维生素 B_{12} 对于下肢麻痹症状有效，还可以促进神经根等神经组织的功能恢复。

（四）介入治疗

介入治疗作用是有限的，对于下背痛的介入注射治疗也存在争议。临床上相关指南不建议对 LBP 进行脊髓硬膜外注射或小关节注射，但对严重的神经根性导致的 LBP 建议进行局部麻醉和类固醇硬膜外注射治疗。甲泼尼龙是最常用的注射药物，注射后 LBP 可得到缓解，并可维持数周。

（五）手术治疗

除非出现明显的适应证，否则手术治疗仍被推荐作为二线治疗或不推荐的治疗方法。且在手术前应进行充分研判，并考虑患者的生活和价值观等社会因素。

1. 脊柱减压术

当非手术治疗无效，同时临床诊断表明 LBP 与椎间盘突出或椎管狭窄有关时，需进行脊柱减压术。脊柱减压术是可以除去导致椎管狭窄异物，减除压迫的方法。根据受压迫椎管的部位或范围来选择椎弓切除、单侧椎弓切除、开窗等手术方式。如出现椎体不稳定的情况，应同时实施椎间隙固定术。

2. 椎间盘切除术

对于椎间盘突出患者，手术治疗相对于非手术治疗可以更快地缓解神经根性症状，然而一般认为，在治疗 1 年后，手术治疗初期具备的优势将会消失。①椎间盘突出后路切除术，最常用的手术方法是切除黄韧带和上下椎弓缘的一部分，必要时切除关节内缘的部分，此种手术方法一般在内镜下实施，术后可以早期恢复劳动，切口小，手术视野也更清楚，可以避开神经根。如出现椎体不稳定的情况，应同时实施椎间隙固定术。②椎间盘内手术疗法，包括经皮髓核摘除术和经皮激光椎间盘减压术。

3. 脊柱融合术

脊柱融合术用于非神经根性 LBP 的治疗，对于腰椎稳定破坏时的使用，需配合进行腰椎内固定。对于工作相关 LBP 来说，一般不推荐使用脊柱融合术治疗。有研究表明，脊柱融合术的治疗效果与非手术治疗相似。

（凌瑞杰 刘 飞）

06 第六章　肘部工作相关肌肉骨骼疾病

第一节　尺骨鹰嘴滑囊炎

尺骨鹰嘴滑囊炎通常是由急、慢性损伤引起的尺骨鹰嘴滑囊内的非细菌性炎症，但在某些情况下，也可能因细菌感染而导致炎症发生。尺骨鹰嘴滑囊炎表现为鹰嘴突上的肿胀。在病情初期，肘部运动通常不受限制，但随着肿胀的加剧，会逐渐限制患者肘部的活动。尺骨鹰嘴滑囊炎的特征是滑囊腔内液体体积异常增加，鉴于液体被限制在滑囊内，尺骨鹰嘴滑囊炎的外观通常呈圆形或“高尔夫球”形状。本病征形成后会在肘后突起一个“大包”，影响活动。滑囊内层是一种血管化不良的滑膜，具有较低的摩擦系数，从而允许尺骨鹰嘴在肘部屈曲和伸展过程中在皮肤下滑动。这种浅表位置和有限的血管分布使得尺骨鹰嘴滑囊特别容易受伤和发炎。即使没有明显的伤口，这种有限的血管分布也被视为是经皮途径感染的原因，而非血行传播所致。其中，主要的致病菌为金黄色葡萄球菌，同时，乙型溶血性链球菌也很常见。

一、职业暴露

1. 常见病因

在尺骨鹰嘴部有两个滑囊，一个在鹰嘴嵴与皮肤之间，称为鹰嘴皮下滑囊；另一个在肱三头肌肌腱深浅两头之间，称为腱间滑囊。生理情况下，这些滑囊均有缓冲机械刺激与润滑肌腱的作用。肘关节的滑囊中，鹰嘴皮下滑囊最大，其作用是缓冲鹰嘴的尖端，并减少肘部运动时鹰嘴与上覆皮肤之间的摩擦。由于皮肤与鹰嘴之间软组织较少，缺少组织缓冲及保护，因此尺骨鹰嘴滑囊也是最常见的发生损伤或炎症的部位。

尺骨鹰嘴滑囊炎病因复杂，首先，长时间重复性的手臂和肘部活动，如举重、伸屈、扭转、持续性的手臂支撑运动，可能导致肘部滑囊受到过度压力和摩擦，从而引发炎症。例如，矿工们在井下工作时常需双肘支撑匍匐工作，易造成尺骨鹰嘴滑囊炎，故该病又被称为“矿工肘”。其次，突然的肘部外伤，如摔倒、撞击或其他外力作用，可能损伤肘部滑囊，导致炎症反应。再次，细菌或其他病原体的感染也可能导致尺骨鹰嘴滑囊炎，这种情况下通常伴有感染性症状，如红肿、发热等。最后，骨骼异常，如肘关节畸形、骨刺等，可能增加滑囊受损伤的风险。ILO 职业病清单将其描述为“由于肘部区域长期受压而导致的鹰嘴滑囊炎”。鹰嘴滑囊炎的病因也通常继发于创伤、潜在炎症或感染。创伤可导致滑囊内出血和炎症介质的释放，从而导致滑囊炎复发。感染通常继发于通过轻微创伤直接接种，因此最常见的是典型的皮肤菌群。

尺骨鹰嘴滑囊炎主要职业相关风险因素包括重复性使用、创伤性损伤、长时间压力、强迫坐位、过度脑力劳动、精神压抑等。类风湿关节炎、银屑病关节炎、痛风、结晶病、糖尿病、酗酒、慢性肾功能不全、免疫缺陷、静脉注射毒品和肥胖也会增加该病风险。

此外，仍有大约 25% 的病例未发现尺骨鹰嘴滑囊炎的病因，重复性非刺激性的因素可能是造成滑囊肿胀的原因。

2. 常见职业暴露

工作相关尺骨鹰嘴滑囊炎职业暴露常见于长时间重复性的手臂和肘部活动。常见工种和劳动者包括：手工劳动者；电工、木工、铁工、建筑劳动者、地毯铺设者；网球、高尔夫球、棒球运动员；长时间使用电脑或进行重复性键盘操作的办公人员；外科医生、护士等长时间保持手臂和肘部在特定位置的医务人员；长时间驾驶汽车或卡车的司机，特别是使用手动变速器的司机，均可能面临肘部压力增加的风险。

1980 年美国劳工统计局已明确，WMSDs 的高风险行业包括建筑业、食品生产加工业、制造业和采矿业。2010 年修订版的国际职业病名单中，将尺骨鹰嘴滑囊炎列入 WMSDs。

二、临床表现及辅助检查

（一）临床表现

尺骨鹰嘴滑囊炎按照病因可分为外伤性尺骨鹰嘴滑囊炎、炎症性尺骨鹰嘴滑囊炎、脓毒性尺骨鹰嘴滑囊炎和特发性尺骨鹰嘴滑囊炎；按照病程可分为急性尺骨鹰嘴滑囊炎和慢性尺骨鹰嘴滑囊炎。无论哪种分类类型，临床表现主要集中在滑囊的肿胀、关节疼痛、肢体功能受限等。以下是尺骨鹰嘴滑囊炎的典型和常见临床表现。

1. 滑囊肿胀

滑囊肿胀是最重要的临床表现，肘关节附近可见圆形或椭圆形、边缘清晰、大小不等的肿块。急性损伤后，由于大量的血性浆液渗出，可出现局部的红肿、皮温升高、伴有压痛。渗液多时，可有波动感、关节活动受限等表现。肿胀可逐渐形成圆形包块，其软硬程度与囊内积液的多少有关。急性损伤还可伴有囊内出血和血肿。慢性尺骨鹰嘴滑囊炎表现为渐进性发病，常为多次损伤后偶然发生在尺骨鹰嘴下方形状为圆形或椭圆形的肿块，压痛不明显，可有波动感，囊内一般可以抽出无色清亮的黏液样物质。

无菌性尺骨鹰嘴滑囊炎通常表现为无痛性肿胀。患者首先出现的症状通常是在肘部屈曲超过 90° 时感到不适，且难以使用肘部做支撑。

2. 关节疼痛

尺骨鹰嘴滑囊炎多在外伤或反复劳损后出现疼痛，早期表现为胀痛，之后可出现持续的锐痛、刺痛。慢性尺骨鹰嘴滑囊炎患者多在肱骨外上髁处、肱桡关节附近及前臂肌处持续性痛、胀痛，肘关节肿胀不明显，屈伸活动无障碍，但前臂感觉乏力，握力减轻。疼痛症状在前臂旋转，腕关节主动背伸及推、拉、提、端（如拧螺丝、扭毛巾、提水瓶、推车、端脸盆）等动作时加剧，并向上臂及前臂端放射。症状严重者手中握持物品会不自主落地。

脓毒性或痛风晶体性尺骨鹰嘴滑囊炎患者的主要表现为中度至重度疼痛。

3. 肢体功能受限

尺骨鹰嘴滑膜炎严重时，会因局部疼痛、僵硬造成肢体功能受限。肢体功能受限主要与患处肌肉紧张、关节僵硬及疼痛等原因有关。患者可能会因肘关节无法完全伸展或弯曲，影响日常活动。

4. 关节积液

关节积液是因尺骨鹰嘴滑囊炎引起的关节内液体分泌增多而未能被有效吸收所致。积液多发生在肘关节腔内，可导致关节肿胀、活动受限等症状。

5. 肘关节不稳定

肘关节不稳定是由软组织损伤或炎症引起的韧带松弛或肌力减弱造成的。患者能感受到关节位置不稳，在移动或承受重量时尤为明显。

（二）辅助检查

尺骨鹰嘴滑囊炎的辅助检查主要包括影像学检查和实验室检查，对于无菌性非炎症性尺骨鹰嘴滑囊炎的诊断一般基于病史、症状和体格检查的特征性表现即可诊断，通常不需要影像学辅助检查。

1. X 射线检查

对于有尺骨鹰嘴滑囊炎症状的患者，建议首先进行 X 射线检查以排除骨折或其他骨骼异常。X 射线检查可见肥厚、肿胀的滑囊影，偶有钙化影，其形状规整，边缘光滑，无骨纹理。在大约 1/3 的病例中，X 射线平片还可显示鹰嘴突骨质增生，如图 6–1 所示。严重的尺骨鹰嘴滑囊炎患者在 X 射线侧位片可见尺骨鹰嘴结节变尖、成角样改变。

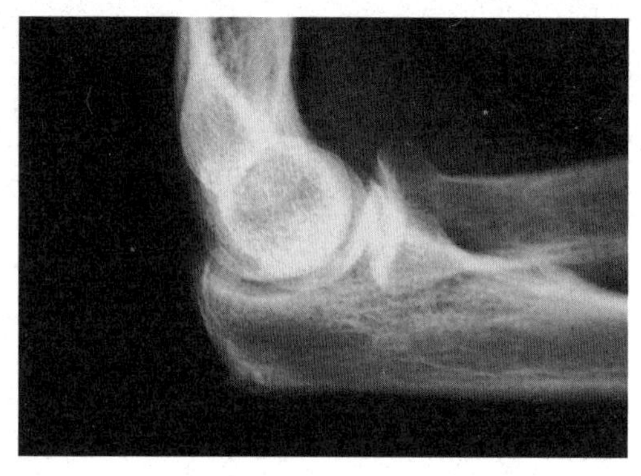

图 6–1　鹰嘴突骨质增生

图片来源：WR Frontera, Essentials of Physical Medicine and Rehabilitation, Edition: Third Edition, Publisher: Elsevier, Editor: Walter Frontera, Julie Silver, Thomas Rizzo Jr. ISBN: 978-1-4557-7577-4, FIGURE 25.4.

2. 超声检查

超声检查可以发现鹰嘴表面滑囊内积液，如图 6–2 所示，但由于这属于关节外病变，通常关节内不存在异常，也不存在关节积液。尺骨鹰嘴滑囊炎还会出现滑囊膨胀增大，可伴有含有内部碎片的无回声或低回声液体。如果液体回声更强，则应考虑出血性滑囊炎。关节囊内可见分隔，囊内滑膜增生。

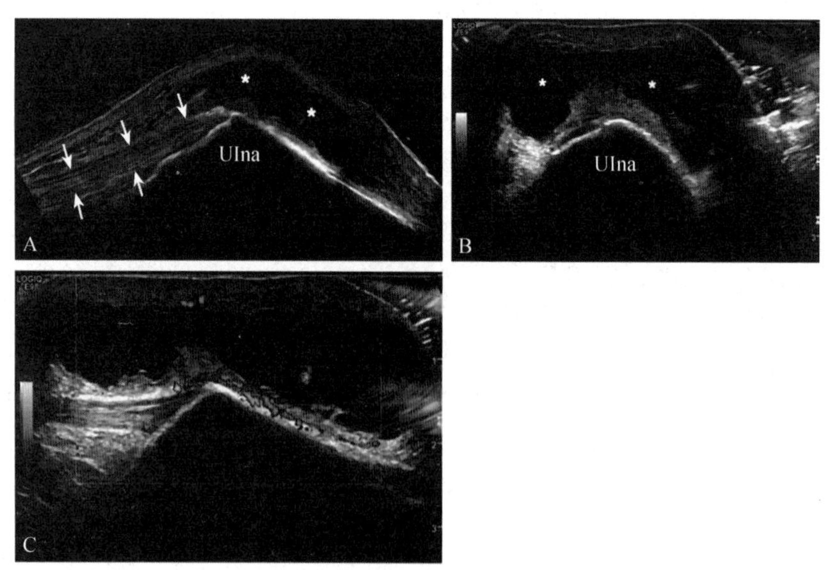

图 6–2　超声检查可以发现鹰嘴表面滑囊内积液

图片来源：Waldman SD, ed. Atlas of Common Pain Syndromes. 4th ed. Philadelphia, PA: Elsevier; 2019, FIGURE 48.4.

3. MRI 检查

MRI 检查的敏感性更高，尤其对鉴别感染性炎症和非感染性炎症引起的尺骨鹰嘴滑囊炎有一定价值。非感染性尺骨鹰嘴滑囊炎一般看不到滑囊和浅层软组织的信号强化。鹰嘴骨髓水肿提示多为感染性尺骨鹰嘴滑囊炎。此外，使用 MRI 检查也可以帮助鉴别肘部周围异常肿块的病因诊断。

4. 实验室检查

如果怀疑痛风结晶性或化脓性滑囊炎，通常需要抽吸滑囊液。液体应送去做细胞计数、革兰氏染色和培养及晶体分析。急性创伤性法氏囊液通常呈血液样，每高倍视野白细胞数量一般少于 1000 个，以单核细胞为主。感染的尺骨鹰嘴滑囊囊液通常含有增加的白细胞计数，具有高比例的多形不透明细胞。只有 50% 的败血症病例革兰氏染色呈阳性。即使在有病原学证据支持是感染的情况下，也应在显微镜下观察滑囊液，因为感染性滑囊炎和痛风晶体性滑膜炎可能同时出现。

血清白细胞计数并不能排除化脓性滑囊炎，有时需要借助滑囊液细菌培养和血清尿酸的测定来鉴别化脓性滑囊炎和尿酸晶体性滑囊炎。

三、诊断与鉴别诊断

（一）诊断

尺骨鹰嘴滑囊炎的诊断通常基于病史和鹰嘴滑囊肿胀积液的表现。出现发热和局部皮温升高应注意感染的可能性。如果诊断不明确，建议穿刺抽液。如果患者患有无菌性滑囊炎，则穿刺液清澈或混有血液，而如果患者患有感染性滑囊炎，则穿刺液浑浊，或伴有脓苔。

1. 体格检查

医生通过直接观察、触摸和活动患者肘关节来评估其结构、功能和疼痛反应情况。针对尺骨鹰嘴滑囊炎，体格检查通常包含以下几个方面。

（1）视诊：采用两侧对比法，比较肘部对称情况，注意其外形改变、皮肤情况、肿胀情况、畸形特点和关节是否强直等。

（2）触诊：肘关节触诊时，患者应处于放松的位置，肘关节的检查在坐位更易于进行。检查者应用稳定而且较柔的压力确定压痛部位或肘后三角异常，不必过于用力去触诊深部结构，否则会增加患者疼痛。通过触诊主要明确肘关节皮温、包块情况、压痛位置和肘后三角形态。皮温检查时，除用第 2、3 指指背感觉皮温外，还可以用皮肤温度计准确测定其皮肤温度，有助于确定急性炎症和慢性炎症的部位。肘部包块检查主要明确有无骨突部包块，软组织较丰富的肘前方有无包块，仔细区分包块质地，根据解剖部位与毗邻关系确定包块来源。如果是软组织包块，应进一步检查是否为囊性，有无波动、压痛、弹性感，并观察其大小、范围、光滑度和活动度。痛点检查时要注意，肘部除急性扭挫伤引起的疼痛外，压痛点多出现在肱骨内、外上髁伸、屈总腱附着处和尺骨鹰嘴凹陷处。肘后三角又称 huter 三角，疑有病变时，屈肘 90°，观察肱骨内、外上髁和尺骨鹰嘴构成的等腰三角。主要用于鉴别诊断肱骨髁上或内、外髁骨折。

（3）动态评估：正常肘关节运动时，肱尺、肱桡两关节均同时做程度不等的运动，不论哪一个关节发生病变时，都对肘关节的运动造成障碍，伸屈不能或受限。

（4）肘部肌肉检查：测试肘关节周围的屈肘肌、伸肘肌、旋后肌和旋前肌的肌力等级。

2. 特殊检查

（1）尺骨鹰嘴检查：触压尺骨鹰嘴，如有明显压痛则提示存在骨折或鹰嘴滑囊炎，其他病变压痛不显著。

（2）肱三头肌抗阻力试验：主要使用肘前屈试验和手臂外展试验。患者坐在椅子上并握住一个标准扶手，医生位于患者的前方固定其上臂，使上臂处于屈曲状态。然后，患者需要尽力抬起其前臂，医生会对其进行力量评估和观察。手臂外展试验则要求患者将手伸直，固定上臂，在医生的指导下患者做出最大的力，并给予逐渐增加的外力。患者需要尽力抵抗外力，并保持手臂伸直。通过肱三头肌抗阻力试验，医生可以快速了解肱三头肌的功能状态，评估其受损程度并制订相应的治疗计划。在尺骨鹰嘴滑囊炎等疾病中，这一方法的应用可以提供重要的参考依据，帮助医生确定治疗方案，并追踪患者的康复进展。

（3）重力试验：是检查肱三头肌止点断裂或撕脱骨折的试验，嘱患者立位，弯腰，上臂侧平举，主动伸肘不能完全伸直（无力）或同时肘后疼痛的为阳性。

（二）鉴别诊断

当考虑尺骨鹰嘴滑囊炎时，还需要与包括肘关节其他不适或肿胀的疾病相鉴别。

1. 肱三头肌肌腱断裂

本病主要累及皮下及肌腱间滑囊，有压迫样或刮样剧痛，但肿胀不明显。肱三头肌肌腱抗阻试验在伸肘时痛，但肱三头肌重力试验阴性，无伸肘障碍。囊壁常有肥厚感。X 射线检查晚期可见鹰嘴嵴有“成角”改变。肱三头肌肌腱止点断裂会产生滑囊积血，误以为单纯滑囊炎而忽略肌腱断裂的诊断。因此，但凡有该部急性滑囊炎者，检查时都必须做肱三头肌抗阻力试验及肱三头肌重力试验。

2. 结核性滑囊炎

本病起病缓慢，患部轻微痛，出现肿块，抽出液为脓性或干酪样物质，失去黏性，结核菌培养或结核菌素试验（PPD 试验）阳性。X 射线检查有时可见骨质破坏。

3. 肘后脂肪瘤

本病肿物常于无意中发现，无痛，呈扁圆形或分叶状，质软而有弹性，呈假性波动感，穿刺无液体抽出。

4. 尺骨鹰嘴骨折

有明确外伤史，肘后弥漫性肿胀，呈浸润性，疼痛剧烈，可触及骨擦感，有时可触及撕脱的骨块。X 射线检查见撕脱骨块，形状不整，边缘锐利，可见骨纹理。

四、治疗

对于无菌性尺骨鹰嘴滑囊炎的治疗，应当尽可能地减少并发症的发生。对于炎症性尺骨鹰嘴滑囊炎患者而言，通常需要更积极的治疗。

（一）健康宣教

肘关节部位出现劳累劳损以及外力损伤容易导致尺骨鹰嘴皮下滑囊出现炎症反应，出现渗出。因此，在避免外力、外伤的同时，日常生活和工作中也应避免长时间的固定姿势体位，避免肘关节活动太过于频繁。此外，寒冷刺激会导致该病重新诱发，因此，应避免肘关节及周围组织受凉。

（二）非手术治疗

1. 改善不良工作与生活习惯

患者需根据病因调整自己的行为方式，如避免过度使用关节、减少患处磨损等。对于因职业原因导致的尺骨鹰嘴滑囊炎，患者需改变工作方式或采取防护措施减轻关节负担。并在必要时向用人单位或管理者提出更换岗位的要求。

2. 局部制动

外伤性尺骨鹰嘴滑囊炎的紧急处置应重点放在预防肘部进一步损伤上。例如，可以利用有弹性的肘垫加压包扎和采取石膏或支具制动，保护滑囊和避免进一步肿胀。应积极宣教告知患者在工作和日常生活中如何保护肘部。

3. 补充营养

患者应保证摄入足够蛋白质、维生素和矿物质等营养物质，增强身体体质、促进组织修复和康复。避免进食辛辣刺激性食物和饮酒等，以免加重炎症和疼痛。

4. 物理治疗

在急性阶段，冷敷可以帮助降低局部温度和减轻肿胀。缓解疼痛的处理可以给予冷敷，最好用专业的医用冰袋，或密闭性好的含有冰水混合物的自制冰袋。肘后皮肤薄弱，每次冰敷时间不宜超过 20min。如患者疼痛感明显可服用 NSAIDs。创伤性非炎症性尺骨鹰嘴滑囊炎通常通过这种治疗得以解决。

在慢性阶段，热敷可以促进局部血液循环和新陈代谢，有助于缓解疼痛和炎症。可以选择采取光照、微波治疗、冲击波联合短波治疗等物理疗法，通过促进局部血液循环和改善周围组织营养，有助于缓解尺骨鹰嘴滑囊炎症状。

5. 镇痛药物治疗

若患者关节疼痛严重时，应服用 NSAIDs，可以缓解疼痛和减轻炎症。但需注意可能有一定副作用，如胃肠道不适等，应在医生指导下使用。

6. 穿刺治疗

当滑囊内张力较高时，首选以 10mL 注射器抽吸排出滑囊内血性积液，由于滑囊位置表浅，一般无须在超声引导下即可完成。抽液后需在肘垫或棉质石膏衬保护下用弹力绷带加压包扎数天，才能预防积液复发。

对于慢性滑囊炎患者，如果出现积液量大、张力较高，也可穿刺抽出积液，并加压包扎。与急性滑囊炎不同，抽液后腔内注射皮质类固醇药物可能会对防止积液复发更有帮助。但激素注射治疗存在感染、皮肤萎缩和慢性局部疼痛等并发症。因此，不建议常规使用类固醇注射治疗尺骨鹰嘴滑囊炎。

尺骨鹰嘴滑囊积液的穿刺操作要点：穿刺抽液既具有治疗性又具有诊断性，操作治疗本身可以减轻症状。如果创伤性滑囊炎患者有影响其正常活动的症状，或对于怀疑有炎症或脓毒性原因的患者应进行诊断性穿刺抽液。

穿刺前对上臂下段及前臂上段之间的肘部区域进行消毒铺单。用 1% 的利多卡因进行皮下局部麻醉。为了尽量减少抽液后自针孔持续渗液的风险，建议在肘关节滑囊的近端穿刺。囊内液体应尽可能完全抽出。液体标本应送检进行革兰氏染色、培养和药敏，同时进行细胞计数和痛风结晶分析。注射后最好即刻进行局部冰敷 15~20min。然后使用无菌敷料加压包扎，石膏托或夹板保持肘关节 60° 屈曲制动。

7. 抗生素治疗

对于有全身性症状的患者，必要时可给予静脉注射抗生素治疗，但对于只出现局部感染症状的患者，一般只采用口服抗生素治疗。如经上述措施仍无改善，应转诊行切口引流。对于怀疑感染性尺骨鹰嘴滑囊炎的病例，触诊其波动感非常重要。如果有积液，则应抽出滑囊内积液。当肘部呈现蜂窝织炎没有明显的积液时，建议用抗生素经验性治疗，以覆盖最常见的耐青霉素金黄色葡萄球菌，表皮葡萄球菌作为致病菌并不常见。使用口服或静脉注射抗生素取决于肘部症状、全身性疾病的表现，以及患者的一般健康状况。肘关节应固定在半屈曲的位置（约 60°），不要过度屈曲肘关节以增加尺骨鹰嘴滑囊的压力。NSAIDs 可以作为常规止痛治疗应用，但对于经验治疗痛风和假性痛风要慎用。最终根据病原学培养结果，选择适当的抗生素治疗。在门诊接受治疗的病例，口服抗生素至少持续治疗 10 天，同时要密切注意滑囊大小和局部皮肤质量的微小变化。

对广泛感染或潜在的全身性疾病或存在免疫抑制疾病的患者和口服治疗难以控制的门诊患者，应及时调整为静脉注射头孢菌素治疗。并在患者肘部外观出现持续改善后，才能改用口服抗生素。

8. 运动疗法

对于治疗后肘关节功能康复，因为病变累及关节外结构，对关节影响不大，所以永久性肘关节僵硬一般很少出现。但为促进关节活动度和预防粘连，在鹰嘴部位的伤口愈合后，应尽早进行物理治疗或在康复治疗师指导下进行功能锻炼来逐渐恢复活动范围。康复早期应该避免肘关节过度屈曲，这样可能会使已经受损的皮肤张力增加，不利愈合。

患有外伤性或复发性尺骨鹰嘴滑囊炎的患者应建议调整其日常家务劳动和生产工作活动，以便减少对滑囊的反复刺激。有些工作、动作可能需要借助改善符合人体工程学的设备来实现，如程序员使用不接触肘部的前臂支架（数据臂）。在某些情况下，可能需要对职业操作进行重新培训。

（三）手术治疗

外伤性尺骨鹰嘴滑囊炎很少需要手术治疗。慢性滑囊持续渗液是最常见的手术指征。尽管近年也有关节镜镜下切除鹰嘴滑囊的报道，但可靠的鹰嘴滑囊切除通常通过开放性手术进行。对创伤性尺骨鹰嘴滑囊炎和化脓性尺骨鹰嘴滑囊炎的治疗，手术是需要考虑在内的常用方法。

慢性顽固性尺骨鹰嘴滑囊炎的手术治疗效果确切，通常采用小切口的开放手术。关节镜下的鹰嘴滑囊切除术还在探索阶段。一名国外学者科尔（Kerr）报告了对 5 例关节镜下鹰嘴滑囊切除术，术后随访 6 个月，其中 1 例免疫抑制患者术后发生感染。某国外学者萨维（Savoie）报告了 6 例关节镜下鹰嘴滑囊切除术，其中 1 例患者发展为慢性引流门静脉瘘。由于研究数量少，并发症与开放技术相似，关节镜下囊肿切除术的相对价值仍有待确定。

手术后，负压引流管通常放置数天。在肘关节屈曲≥60° 的角度夹板固定 2 周，可预防囊肿复发。

（四）潜在的疾病并发症及其治疗

脓毒性滑囊炎是最为严重的并发症。如果被忽视，感染可能会使覆盖囊肿的局部皮肤变薄并最终导致破溃缺损。这种并发症很难处理，通常需要广泛的手术和皮瓣转移。持续感染也可能导致鹰嘴突骨髓炎。免疫功能低下的患者有鹰嘴滑囊炎导致败血症的风险。坏死性筋膜炎起源于感染性鹰嘴滑囊炎，虽然罕见，但一旦发生可能是致命的。

持续服用镇痛药和 NSAIDs 对胃、肝脏和肾脏系统会产生不可逆的副作用。滑膜瘘持续渗出虽然是一种罕见的囊肿穿刺后的并发症，但由于发生后处理棘手，应该引起足够重视，不能将穿刺抽液作为首选治疗。此外，伤口愈合问题是手术治疗鹰嘴滑囊炎的主要并发症。由于鹰嘴的表面位置和上面皮肤的薄弱血液供应，伤口愈合可能很困难。存在营养不良和慢性病的患者尤其容易发生术后并发症。

（梅　宇　肖　斌）

第二节　肱骨上髁炎

肘关节慢性损伤最常见于肘外侧伸肌肌腱止点和肘内侧屈肌肌腱止点，分别为肱骨外上髁炎和肱骨内上髁炎。

1. 肱骨外上髁炎

肱骨外上髁炎，又称网球肘，是一种常见的肘关节运动损伤，其特点是肘及肱骨外上髁疼痛，以肱骨外上髁部位出现持物无力、压痛、疼痛为主要临床表现，对前臂和伸腕的旋转功能造成明显影响。顾名思义本病多见于网球运动员，乒乓球及击剑也是易发项目。一般认为肱骨外上髁炎是由于肱骨外上髁伸肌总腱的慢性劳损及牵扯引起的，尤其是桡侧伸腕短肌至为重要。例如，在乒乓球、网球运动中，由于“反拍”“下旋”回击急球时，球的冲力作用于伸腕肌或被动牵扯桡侧伸腕短肌即可致伤。

2. 肱骨内上髁炎

肱骨内上髁炎，又称高尔夫球肘，是肱骨内上髁及其周围软组织慢性损伤，患者多出现肘部内侧隐匿性疼痛，伴有或不伴有握力减弱。最大压痛点通常位于屈肌旋前肌块的插入处，距内上髁远端和前方 5~10 毫米。其特征是疼痛局限于肘内侧腕屈肌止点至肱骨内侧上髁处。也可以通过抵抗手腕弯曲来重现疼痛。当患者前臂屈曲旋转时症状明显加重，查体时可发现肘内髁附近有压痛。组织学上，它与肱骨外上髁炎相同，即肌腱组织内的透明变性和肌腱病变。肱骨内上髁炎比肱骨外上髁炎少见，通常发生在参与重复性外翻压力和肘部屈曲，以及重复性腕部屈曲和内旋活动的运动员或劳动者中。

一、职业暴露

1. 常见病因

了解肘关节的解剖学结构是识别肱骨上髁炎的关键，肘关节由肱骨远侧端和桡、尺骨近端关节面组成。在结构上包括三个关节，分别为肱尺关节、肱桡关节和桡尺近侧关节，它们共同被包在一个关节囊内。肱尺关节是由肱骨滑车与尺骨滑车切迹构成的滑车关节；肱桡关节是由肱骨小头与桡骨头关节凹构成的球窝关节。肱骨下端较扁，外侧部前面有半球状的肱骨小头，与桡骨相关节；内侧部有滑车状的肱骨滑车，小头外侧和滑车内侧各有一突起，分别称外上髁和内上髁，肱骨外上髁可在体表扪及。肱桡关节本应有三个方位的运动，但由于受尺骨的限制，不能做内收外展运动；桡尺近侧关节是由桡骨的环状关节面与尺骨的桡骨切迹构成的圆柱关节。肘关节是典型的复关节，关节囊前后薄而松弛，两侧紧张。加固肘关节的韧带如下。桡侧副韧带，位于肘关节囊外侧，起自肱骨外上髁，分成两束，从前后包绕桡骨头，止于尺骨的桡骨切迹前后缘；尺侧副韧带，在肘关节囊内侧，起自肱骨内上髁，纤维呈扇形分布，止于尺骨滑车切迹前后缘；桡骨环状韧带，呈环形，由前、后和外侧三面环绕桡骨小头，附着于尺骨的桡骨切迹前后缘。

所有肘关节韧带皆不抵止于桡骨，从而保证了桡骨能绕垂直轴作旋内和旋外运动。肘关节的活动整体有额状轴和垂直轴两个运动轴，肘关节绕额状轴做屈伸运动，这一运动轴为肱尺关节和肱桡关节所共有；绕垂直轴可做旋内和旋外运动，这一运动轴为肱桡关节和桡尺近侧关节所共有。

肱骨外上髁炎多是由于在前臂过度旋前或旋后，被动牵拉伸肌（握拳、屈腕）和主动收缩伸肌（伸腕）时，对肱骨外上髁处的伸肌总腱起点产生较大张力，如长期反复，即出现慢性损伤，是伸肌总腱起点处的一种慢性损伤性炎症。慢性损伤引起静脉回流受阻，韧带、肌腱、肌筋膜、肌纤维等软组织发生缺氧缺血，从而导致出现纤维组织增生、渗出、血肿、充血等，日久粘连形成，最终进展为肱骨外上髁周围的韧带、滑膜、肌肉等发生变性，打破生理平衡，正常运动方向及位置改变，从而引起功能障碍和明显疼痛。肱骨外上髁炎主要职业相关风险因素包括手腕 / 肘部重复运动、用力、姿势不当、手臂振动或这些因素的组合。除此之外，吸烟、肥胖、年龄、体重指数（BMI>25）、低社会支持（仅限男性）、女性、惯用手受累、体力劳动和同侧肩袖断裂是肱骨外上髁炎重要的危险因素。如果劳动者剧烈运动加上每天重复肘部屈曲 / 伸展超过两个小时，以及每天屈曲手腕超过两个小时将会增加肘部疼痛和肱骨外上髁炎的风险。

肱骨内上髁是前臂屈肌及旋前圆肌肌腱附着处。经常用力屈肘、屈腕及前臂旋前时，尺侧屈腕肌处于紧张收缩状态，从而易使其肌腱的附着点发生急性扭伤或慢性劳损。做投掷动作，或跌仆时手掌撑地，肘关节伸直而前臂过度外翻，可使前臂屈肌及旋前圆肌肌腱附着点部分撕裂。慢性劳损者多发生在腕、肘关节用力反复屈伸及前臂旋转活动，造成肌腱、韧带长期磨损。肱骨内上髁炎的病因尚未完全确定，一般认为是屈肌总腱反复紧张牵拉造成的肌腱退行性改变和炎症性病灶，它的病理改变有内上髁屈肌旋前肌起点处胶原纤维退变和血管成纤维细胞的增生，肌腱的破碎和撕裂，血管肉芽组织的积聚和肌腱坏死，同时伴发继发性的炎症反应。肱骨内上髁炎与多种因素相关，常见相关因素有职业、家务劳动、运动创伤，年龄和体质也有一定的影响。

2. 常见职业暴露

肱骨外上髁炎通常发生于经常旋转前臂和伸直肘关节、腕关节的人群，与职业动作有密切关系。网球运动员因为频繁挥拍和重复性手臂活动，特别容易患上肱骨外上髁炎。需要频繁使用手臂进行重复性动作的体力劳动者，如建筑劳动者、装卸劳动者、木工等；一些乐器演奏者，尤其是需要频繁手臂运动的乐器，如小提琴、大提琴、钢琴等；在装配线上进行重复性手臂动作的劳动者，如汽车制造厂的劳动者；长时间使用计算机进行键盘输入或鼠标操作，均可能会引起肘部肌肉和肌腱的过度使用，导致肱骨外上髁炎。肱骨外上髁炎一般人群的患病率为 1%~3%，职业人群的患病率高达 14.5%。

肱骨内上髁炎较肱骨外上髁炎少见，常见于高尔夫球手在挥杆过程中挥杆较大或重复前臂内旋有关，其他项目（如攀登运动）中屈腕肌重复性发力，网球运动中发球和正手击球时都可能导致内上髁病变。

二、临床表现及辅助检查

（一）临床表现

1. 肱骨外上髁炎

肱骨外上髁炎的临床表现以疼痛为主，还可伴有其他表现。

（1）肘外疼痛：是最常见的症状，通常发生在肘关节外侧和上臂外侧。在大多数情况下，肱骨外上髁炎引起的疼痛从轻微隐痛开始，并逐渐加重，甚至出现剧烈的刺痛，部分患者在用力握拳、伸腕时可因疼痛而无法持物。严重者甚至在拧毛巾、扫地等日常活动时也会出现困难。个别患者活动前臂时会有肘关节弹响。

（2）局部炎症反应：肱骨外上髁炎引起的炎症可能导致关节肿胀、红肿和局部皮肤温度升高。

（3）关节功能受限：由于疼痛和炎症，患者可能会感到肘关节的运动受限，特别是在伸展手腕和旋转前臂时出现功能受限。

（4）疼痛触点：患者可能会出现疼痛触点，即在肱骨外上髁附近按压时出现明显的疼痛。

（5）放射症状：疼痛有时可能会放射到前臂和手部。

肱骨外上髁炎症状的严重程度因人而异，有些患者可能只有轻微的不适，而部分患者可能会出现严重的疼痛和功能障碍。

2. 肱骨内上髁炎

肱骨内上髁炎的临床表现也是以疼痛为主，其特征是疼痛局限于肘内侧腕屈肌止点至肱骨内上髁处。从组织学上，它与肱骨外上髁炎相同，即肌腱组织内的透明变性和肌腱病变。

（1）肘内疼痛：早期常表现为肘内侧部疼痛或酸痛不适，重复损伤动作时，疼痛加重，休息后疼痛减轻。以后逐渐发展为肱骨内上髁部持续性疼痛，肘关节不能充分伸展或过屈、患肢酸软、屈腕无力。小指、环指可出现间歇性麻木感，每当劳累或受寒可导致疼痛加重，并可向上臂部及前臂尺侧部扩散。重者可出现患肢突然失力现象，即使在手提不重的物品时也可能突发不可抑制的无力感而失手将物品掉落。

（2）关节活动受限：肘关节活动受限，特别是当用力握拳、提物等活动时，疼痛明显产生关节活动受限。

（3）局部肿胀：肱骨内上髁炎是一种无菌性炎症疾病，炎症因子刺激局部组织，可能会导致局部出现肿胀的情况。早期局部肿胀不明显或有轻微肿胀，日久则出现肘部肌肉的萎缩和肘关节的屈伸活动障碍。

（4）肘关节弹响：若患者病情较为严重，出现肘关节活动受限的同时，还可能会出现肘关节弹响。

（5）肌肉萎缩：肱骨内上髁炎是一种慢性损伤性炎症疾病，炎症刺激可能会导致局部肌肉出现萎缩。

肱骨外上髁炎发生的频率是肱骨内上髁炎的7~10倍。肱骨上髁炎常见于30~50岁人群，优势侧手臂最常受影响，同时累积双侧的较罕见。

（二）辅助检查

肱骨上髁炎的辅助检查主要包括X射线检查、超声检查、MRI检查等。超声检查和MRI检查尤其有助于评估疾病的严重程度、是否存在软骨缺损、韧带损伤或撕裂的程度以及鉴别诊断。此外，对于非典型表现患者，辅助检查很重要。

1. X射线检查

检查意义有限，患者X射线检查大多正常，如患者出现肌腱止点增生、肌腱钙化，则可能在X线片上肱骨外上髁附近看到高密度影。急性肘关节创伤后，出现肘内侧、外侧疼痛，需进行X射线检查。

2. 超声检查

超声检查可以对关节、肌肉肌腱进行动态评估，通过双侧对比可以发现典型的末端病表现，包括肌腱周围水肿、腱内变性或撕裂，以及肘外侧滑膜增生或关节内积液。超声的另一个作用是可以引导局部注射，提高治疗的准确性。

（1）肱骨外上髁炎超声检查：正常伸肌总腱附着处骨皮质表面光滑，腱体为纤维条索状均匀中等回声，呈鸟嘴样附着于肱骨外上髁。彩色多普勒血流显像（CDFI）及能量多普勒显像（PDI）无血流信号。炎症时，伸肌总腱肿胀增厚，回声减低，可不均匀，部分可见撕裂、钙化。炎症最常发生的部位为伸肌总腱桡侧腕短伸肌部分的深部和前部。CDFI 及 PDI 示急性期可见丰富血流信号，呈“火海征”；慢性期可见少量血流信号或无血流信号。骨皮质虽不规则，但不伴有骨膜炎。骨皮质的改变与病变的严重程度关系不大。

（2）肱骨内上髁炎超声检查：屈肌总腱肌腱附着处增厚，肿胀；肌腱局部或弥漫性回声减低，回声不均匀，局部肌腱纤维结构不清或消失。肌腱内可合并微小撕裂（部分治疗时可能会发现更多微小撕裂）；撕裂处可见部分肌腱纤维断裂，局部呈无回声裂隙。肌腱附着处可见钙化。骨皮质不规则，可见骨赘形成。

3. MRI 检查

MRI 检查对软组织病变的评估非常有用，可以精确测量伸肌总腱撕裂的范围和深度，肱桡关节内滑膜增生，或邻近的肱骨远端、桡骨头的骨髓水肿也可以清晰识别。需要与关节内病变做鉴别时，MRI 检查优于超声检查，是明确诊断及选择有效治疗方案的可靠参考。

（1）肱骨外上髁炎 MRI 检查：伸肌总腱和（或）外侧副韧带变性、损伤或撕裂，周围水肿，伴或不伴有肌腱肿胀增粗，肱骨外髁骨软骨损伤，结构不清，软骨下骨退行性囊变，关节少量积液，等等。

（2）肱骨内上髁炎 MRI 检查：屈肌总腱的肌腱增厚，信号增强，也可表现为部分和全层撕裂，其表现同外上髁炎；严重时可合并尺侧副韧带损伤、掌长肌和指浅屈肌损伤或尺神经炎。

三、诊断与鉴别诊断

（一）诊断

肱骨上髁炎的诊断依据主要包括详尽的病史，了解确切的外伤史和症状进展，既往病史和职业史，并结合全面的体格检查，通过视诊、触诊判断患者关节活动度，并借助影像学检查评估等，排除其他疾病，方可诊断。

1. 体格检查

（1）外观检查：通过观察肱骨外上髁或肱骨内上髁是否存在肿胀，肘关节间隙是否饱满，肘关节活动范围是否受限等情况帮助诊断。

此外，还可以让患者进行伸肘、屈腕的拉伸动作，如果双侧对比，患侧明显疼痛，也有助于初步判断。

（2）触诊检查：触诊检查发现疼痛的范围、程度和特点是诊断肱骨上髁炎的中心环节。肱骨外上髁炎患者在肱骨外上髁或伸肌肌腱止点、桡骨小头、肱桡关节间隙处可触及压痛，肱骨外上髁前下联合腱处压痛。严重者压痛范围可扩大到前臂外侧大部分区域。肱骨内上髁炎患者则在肱骨内上髁下、屈肌腱止点附近可触及压痛，检查时如果前臂外旋，腕关节背伸，肘关节伸直时可引起局部

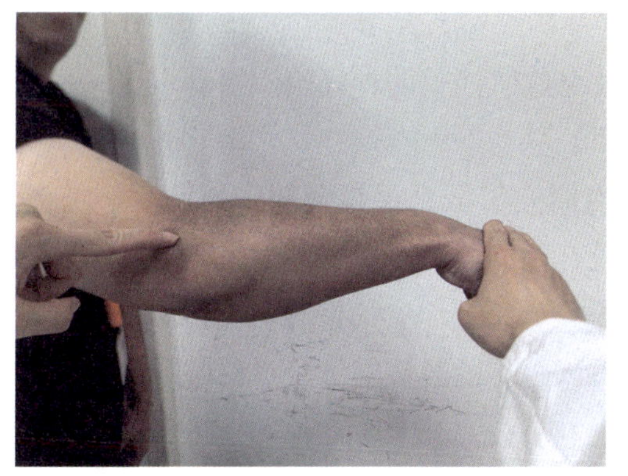

图 6-3 抗阻伸腕试验检查肱骨外上髁炎

疼痛加剧。

2. 特殊检查

（1）肱骨外上髁炎的特殊检查：可通过诱发伸肌肌腱过度牵拉或发力的动作来判断是否存在肱骨外上髁炎。①密尔（Mill's）试验，是比较推荐的特异检查方法，即肘屈曲，手握拳，然后前臂旋前，同时做伸肘动作，在此过程中肘外侧出现疼痛即为阳性。②抗阻伸腕试验，如图 6-3 所示，患者握拳屈腕，检查者以手按压患者腕部，令患者抗阻力伸腕，抗阻时肱骨外上髁出现疼痛即为阳性，这项检查阳性率较高。

此外还有多种通过抗阻动作诱发疼痛的检查。① Cozen 试验，手指和腕关节的再次伸展阻力引起肱骨外上髁疼痛。② Maudseley 试验，指患者抗阻伸指时，指总伸肌肌腱插入外上髁导致的疼痛。

根据症状的强度，肱骨外上髁炎的发展有四个阶段。①刺激活动后几小时有轻微疼痛；②刺激活动结束时或结束后紧接而来的疼痛；③在诱发活动时疼痛，停止该活动后疼痛不缓解；④持续疼痛，无法进行任何活动。体格检查时，触诊肱骨外上髁的伸肌起点引起疼痛。当检查者触诊疼痛区域时，如果患者伸展肘部，疼痛通常会加剧。

（2）肱骨内上髁炎的特殊检查：可通过诱发屈肌腱屈曲、旋前动作或握拳动作判断是否存在肱骨内上髁炎。①腕关节屈曲试验，前臂置于检查者手上，肘关节屈曲放松，腕关节完全屈曲。用力将被检查者屈曲的腕关节拉直，肱骨内上髁部位产生疼痛或疼痛加剧为阳性。②前臂屈肌腱牵拉试验，患者伸手肘和背伸腕关节，检查者以手按压患者手掌，患者抗阻力屈腕、前臂旋后，肘内侧痛为阳性，提示肱骨内上髁炎或病变。

（二）鉴别诊断

肱骨上髁炎的鉴别诊断需要综合多种因素进行考虑，包括患者的症状、体征、影像学检查以及必要的实验室检查等。只有通过全面的评估和鉴别诊断，才能确保患者得到正确的诊断和治疗。

1. 肱骨外上髁炎的鉴别诊断

肱骨外上髁炎主要症状为肱骨外上髁部局限性疼痛。在进行鉴别诊断时，需要将其与多种可能引起类似症状的疾病相区分。以下是一些需要与肱骨外上髁炎进行鉴别的疾病及其特点。

（1）脂肪瘤：是一种良性的软组织肿瘤，由成熟的脂肪细胞构成，可发生于身体任何有脂肪的部位。虽然脂肪瘤在肘部也可能出现，但其主要特点是局部肿块，通常无明显疼痛或仅有轻度压痛，与外上髁炎的疼痛性质不同。

（2）肱骨外上髁骨折：是一种明确的骨骼损伤，通常伴有明确的外伤史。患者可能会有肘部剧烈的疼痛、肿胀和活动受限。通过 X 射线检查可以排除骨折的存在，从而与外上髁炎相鉴别。

（3）肱骨外上髁撕脱性骨折：与肱骨外上髁骨折类似，但更具体地描述了骨折的类型，撕脱性骨折通常是由肌腱或韧带附着点的骨质被强大的外力牵拉所致。同样，通过 X 射线检查可以明确诊断。

（4）肱骨或桡骨小头剥脱性骨软骨炎：可表现为肘外侧疼痛，常见于肘支撑动作较多的项目，如体操、举重等，特别是见于儿童和青少年。临床表现可出现关节卡顿、交锁，并出现屈伸活动度受限。

（5）神经卡压综合征：伸肌反复收缩慢性刺激，可导致穿过肌筋膜的神经组织受到卡压，出现前臂外侧疼痛、麻木。临床表现为典型的神经支配区症状。

（6）桡管综合征：最常见的症状是前臂后外侧钝痛，有时会扩散到手腕背侧。如果腕掌屈曲，在重复前臂旋前和伸后的动作时，疼痛会增加。体格检查最有用的试验是前臂旋后抗阻（肘关节屈曲 90°，前臂完全旋前），此操作将使症状恶化或重现。在肘关节完全伸展的情况下，伸出中指抵抗阻力，可能会导致类似的症状，但敏感性不如前臂旋后抗阻试验。虽然桡管综合征的临床表现很有特异性，但常与外上髁炎混淆。

（7）肱骨内上髁炎：虽然肱骨内上髁炎与外上髁炎在发病机理上有相似之处，但二者的疼痛部位和压痛点不同。肱骨内上髁炎的疼痛主要位于肘内侧的旋前圆肌肌腱骨膜结合处，而非肱骨外上髁处。

（8）肘关节滑膜炎：肱桡关节外侧的滑膜增生、嵌入关节间隙，可以诱发肘外侧疼痛。临床表现可见肘关节后外侧肿胀甚至屈伸活动度受限，关节间隙压痛，挤压痛。

2. 肱骨内上髁炎的鉴别诊断

肱骨内上髁炎的发病明显低于肱骨外上髁炎，在鉴别诊断时应注意与以下疾病鉴别。

（1）慢性内侧韧带劳损：投掷运动员的肱骨内上髁炎与慢性内侧韧带劳损区别在于，将腕关节置于屈曲状态，前臂置于旋前状态，然后对轻微（10°~20°）屈曲的肘关节轻轻施加外翻应力。如果是肱骨内上髁炎，这样轻微外翻动作不引起内侧疼痛，而如果是内侧副韧带拉伤或部分断裂，检查将引起疼痛，在内侧副韧带完全断裂的情况下，可能会检查出肘关节内侧不稳定。

（2）肘部正中神经和尺神经的压迫性神经病变：当正中神经穿过旋前圆肌头部之间的开口，导致旋前圆肌综合征，并在指浅屈肌纤维弓下时，很容易受到压迫，在这种情况下，前臂骨间神经受到影响（称为前骨间神经卡压综合征或 kiloh–nevin 综合征）。肘部正中神经的压缩性神经病变通常表现为前臂近端钝性弥漫性疼痛，活动时疼痛加重，休息时疼痛减轻。最大压痛的区域通常位于压迫点上方。

当尺神经穿过尺骨沟或尺侧腕屈肌两个头之间时，它在肘部容易受到压迫。肘关节尺神经卡压的早期表现为前臂尺侧、环指和小指的感觉异常。感觉变化通常先于运动变化，然而，仍然要对手部的内在肌肉力量进行必要的评估，以发现任何力弱的可能。由于拇收肌功能障碍，出现 froment 征，即当患者试图用拇指和示指握住一张纸时，拇指指间关节异常屈曲，也称为 spinner 征。肘关节屈曲时尺神经沟脱位（尺神经脱位）也可引起相同症状。脱位可能是由肱骨内上髁 – 鹰嘴韧带撕裂、肘关节外翻或肱骨内上髁先天性异常导致的尺神经沟过浅。

四、治疗

肱骨上髁炎的治疗方法分为健康宣教、非手术治疗和手术治疗。肱骨外上髁炎具有自限性，90% 的患者在 1 年内会自行康复。

（一）健康宣教

肱骨上髁炎存在明显的危险因素，因此需要有针对性地对易患人群进行健康宣教，及时去除危险因素，降低发病率。经常用手臂抓握做重复性动作，反复做前臂旋转、用力伸腕动作的职业，如理发师、操作电脑者、钢琴演奏员、小提琴手、打字员、建筑劳动者、泥瓦匠、石匠、钳工等均是肱骨外上髁炎的高发人群，可通过休息或更换工作来控制和缓解病情。对于合并肥胖、糖尿病、类风湿关节炎的患者在治疗计划中应包括这些危险因素的治疗。

（二）非手术治疗

1. 药物治疗及肌肉锻炼

治疗应该尽早开始，最好是在出现症状时就开始。常见的错误之一是忽视早期症状，继续像以前一样，以同样的强度重复同样的动作和活动。非手术治疗的原则是缓解疼痛，控制炎症，指导进一步的活动。根据这些原则，肱骨外上髁炎非手术治疗的方案分为三个阶段。

（1）第一阶段：避免引起疼痛的活动，在工作或体育活动中充分休息是这个阶段最为重要的治疗措施。在避免疼痛活动的同时，患者应继续保证不受累肌肉和关节参加正常、积极的运动，以避免僵硬和其他并发症。对于口服 NSAIDs，一般推荐使用最高日剂量的吡罗西康类抗炎药。冰敷或其他类型的冷敷疗法，可以通过减少感觉神经的传导来减轻疼痛，每天 3 次，每次 15 分钟。冰敷还通过降低疼痛相关物质化学活性水平和血管收缩来减少炎症反应，从而减少组织肿胀。如果手腕或手指出现水肿，则表明末端循环不良，应及时抬高患肢。在此阶段，建议佩戴手腕部塑形夹板，将腕关节固定于伸腕 20° 以防止过度使用腕伸肌，掌指关节及远端关节不固定，可自由活动。

（2）第二阶段：这个阶段的主要治疗措施是拉伸活动。其基本原理是通过在放松时延长肌腱，可以减少肌腱在诱发疼痛的动作时过度拉伸。手腕和手指伸肌的拉伸练习按以下方式进行，如图 6–4 所示，将肘关节完全伸直，手掌向下，手腕弯曲。另一只手施加压力，尽可能增加手掌屈曲角度，在第一次出现疼痛感觉时停止，保持在最大无痛拉伸角度上维持 15~25 秒。这种练习每天重复 4~5 次，每次练习两组，每组 10 次。需注意的是患者需要在感到疼痛时停止，从而找到最大无痛角度来练习。

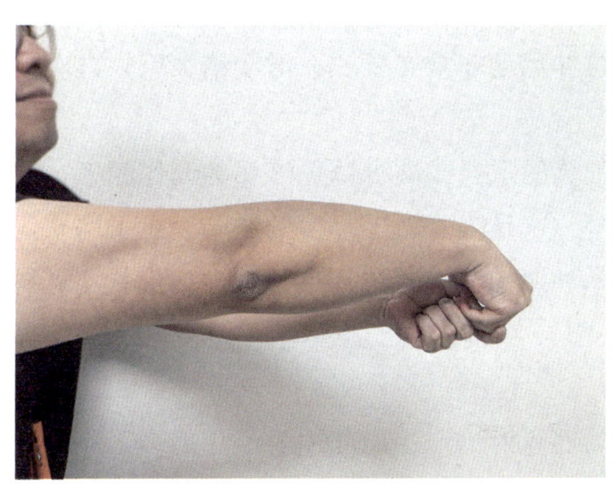

图 6–4　通过被动伸肘屈腕动作进行伸肌拉伸练习

在这一阶段的治疗中，患者还应进行等张运动练习，每天 1 次，按照以下计划进行。①伸展运动，坚持 15~25 秒，重复 10 次。②等张运动练习，做三组，每组 15 次。③伸展运动，坚持 15~25 秒，重复 10 次。④冰敷，用冰块或碎冰按摩患处 10~15 分钟。等张运动练习的方式如下：将前臂置于桌子上，前臂完全旋前，手腕悬在桌子边缘上；在这个体位，进行手腕的伸展和屈曲动作。在开始阶段，患者应缓慢进行练习，每次屈曲后数到 6（离心收缩期），每次伸腕后数到 3（向心收缩期）。当这些动作变得无痛时，患者应逐渐增加速度和阻力。增加运动速度对肌腱有增加负荷的作用，而外部阻力的逐渐增加导致肌腱的进行性应变，从而导致其拉伸强度的增加。外部阻力是通过举起小重量物质来完成的，首先是 0.5kg，然后慢慢增加到 5kg。最大重量不应超过患者体重的 10%。

如前所述，除了拉伸和等张运动外，患者还应进行等长运动。①手部等长运动练习：在聚拢的五根手指外套上橡皮筋；然后用力伸展手指。每天重复三次，每组 50 次，同时逐渐增加橡皮筋的松紧度。②手肘部等长运动练习：肘关节伸直，并将前臂外展至水平位。将握力器或网球放在患者手中，然后交替地以较大或较小的力量挤压物体。该练习在治疗的第三周开始，每天进行三次，每次 50 次。在治疗的前两周，还可使用激光或超声波进行刺激，促进组织愈合，增强局部血液流动。在一些患者中，上述练习还能产生镇痛作用。

当所有原来诱发疼痛的动作都可以无痛进行的时候，患者就可以恢复正常的日常活动。但是还应该避免繁重的体力劳动和体育活动。在所有活动中，患者还需要佩戴非弹性的网球肘支具（“反力支具”），如图 6-5 所示。患者需将支具牢固地固定在前臂周围（桡骨小头以下），并且足够紧，这样当患者收缩腕伸肌时，并不会完全收缩肌肉，从而缓解肱骨外上髁附着点的张力。

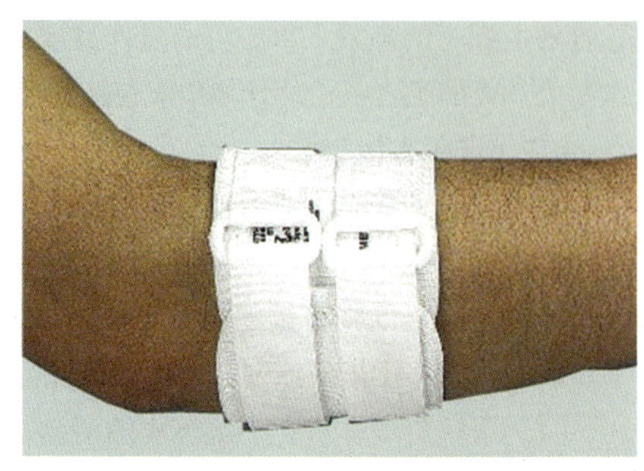

图 6-5 网球肘支具

图片来源：Bernard F, Morrey MD. Master Techniques in Orthopaedic Surgery The Elbow Third Edition, 2015.323, FIGURE 24-11.

第二阶段的治疗需要持续 6~8 周。如果疼痛复发或恶化，锻炼计划的强度需要降低。如果疼痛持续不缓解，需要建议患者返回第一阶段的治疗。

（3）第三阶段：患者逐渐恢复所有活动，但继续进行拉伸运动并逐渐加强受累肌肉群的力量练习。在进行剧烈运动时，应佩戴非弹性的网球肘支具。

需要强调的是，锻炼需要每天坚持，以逐渐增加抵抗力，否则症状会频繁复发。在进行任何运动或剧烈活动之前，对受累肌肉群进行充分热身，包括拉伸运动非常必要。在活动结束后，再次拉伸运动和冷敷也是必须要坚持做的。

为了避免工作相关的病因，患者应减轻工作中使用工具的重量或减少诱发疼痛的动作频率。如果做不到这一点，就应该延长休息时间，让肌肉得到放松，这是为了减少复发的风险。对于网球运动员来说，预防肱骨外上髁炎需要纠正不正确的拍击技术和握拍方法，选择最佳的球拍形状、材料和重量，加大握拍力度，减小拍弦张力。

2. *局部注射封闭治疗*

对非手术治疗无效的顽固性肱骨外上髁炎，可考虑局部注射治疗，局部注射治疗最多不应重复超过三次，因为每次注射的效果会进行性降低，并可能引起皮下萎缩，周围组织变脆、肌腱强度下降等并发症的风险增加。

局部注射治疗的给药方法如下：患者置于仰卧位，手臂完全内收于患侧，肘部屈曲，手背放在折叠的毛巾上放松受累肌腱。用 5mL 无菌注射器抽取 1mL 局部麻醉药和 0.5mL 倍他米松。识别肱骨外上髁，采用严格的无菌技术，将穿刺针通过皮肤垂直插入肱骨外上髁，并进入受损肌腱覆盖的皮下组织。如果针尖碰到骨皮质，就回退到皮下组织，然后轻轻推药注射，推药时应该没有太大阻力。如果遇到阻力，说明针可能在肌腱内，应该再回退重推，直到注射过程中没有明显的阻力。然后取出针头，在注射部位放置无菌压力敷料和冰袋。注射经验不足的医生，可在超声引导下穿刺注射药物，以避免药物进入肌腱和末端结构内。

局部注射治疗的副作用及并发症与炎症、先前受累肌腱的创伤有关。局部注射治疗的一个并发症是肌腱纤维撕裂。如果直接在肌腱内注射药物，可能会导致肌腱纤维撕裂，注射前应反复确认针的位置在肌腱外，以避免这种并发症发生。局部注射治疗的另一个并发症是感染。如果使用严格的无菌技术，感染则罕见。如果是肱骨内上髁炎局部注射治疗，由于屈肌总腱与尺神经距离很近，应该避免损伤尺骨神经。此外，约 25% 的患者在注射药物后疼痛症状会有短暂性增加，应该提醒患者这一点。

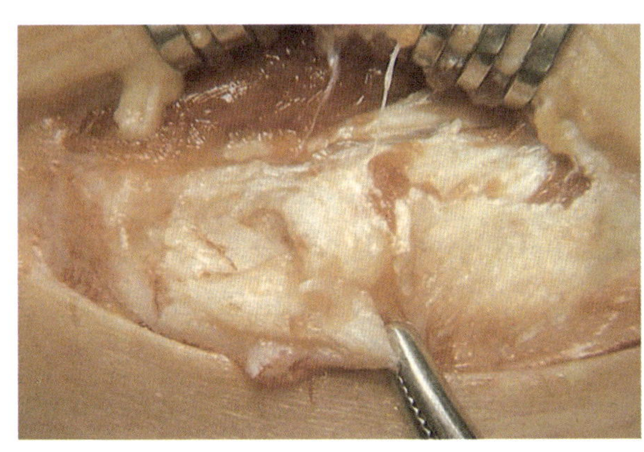

图 6-6　肱骨外上髁炎手术治疗中发现伸肌腱止点变性合并撕裂

图片来源：Bernard F, Morrey MD. Master Techniques in Orthopaedic Surgery The Elbow Third Edition, 2015.319, FIGURE 24-5.

3. 手法按摩治疗

手法按摩治疗是在各阶段均可采用的方法，其要点是用推揉手法缓解前臂伸肌的痉挛、止痛；而后在肱骨外上髁及其附近的痛点用点压及揉按的手法消肿、消炎止痛。配合前臂拉伸练习，效果更好。按摩治疗时可使用膏药或药液熏洗能起到活血化瘀、消肿止痛的作用。

（三）手术治疗

肱骨内上髁炎采用保守治疗，往往效果更好。对非手术治疗无效，严重影响运动训练或正常工作、生活的肱骨外上髁炎，可采用手术治疗。根据病变部位不同，采用的手术治疗方法包括：①伸肌总腱的横断或剥离、延长；②环状韧带部分切除；③嵌入滑膜切除；④切除伸肌总腱的神经分支；⑤将伸肌总腱做纵行切口，清理腱下间隙的肉芽组织，如图 6-6 所示。

（梅　宇　肖　斌）

07 第七章　手、腕部工作相关肌肉骨骼疾病

第一节　腕管综合征

腕管综合征（CTS）是指正中神经在腕管内受挤压而引起的一种周围神经卡压综合征。正中神经是腕管中最浅表的结构，位于腕横韧带和尺侧滑囊之间，因此容易受到内外压力的压迫，主要表现为手部桡侧三个半手指的感觉异常（麻木、疼痛），部分患者会出现前臂疼痛的症状，严重者还会出现大鱼际肌萎缩、拇指不能完成对掌等功能障碍。根据病程可以分为急性 CTS 和慢性 CTS，工作相关 CTS 大多为慢性 CTS。

一、职业暴露

1. 常见病因

CTS 病因复杂，可分为个体风险因素和职业相关风险因素。个体风险因素包括高龄、性别（女性）、妊娠、家族史、甲状腺功能减退、糖尿病、自身免疫性疾病、关节炎、肥胖和腕部外伤等。此外，从解剖结构看，腕管是由腕骨与腕横韧带共同构成的骨—纤维管道，其底部为远、近排腕骨形成的椭圆形管道，桡侧界为大多角骨、舟骨结节的尺侧，尺侧界为钩骨钩与豌豆骨的桡侧，顶部为腕横韧带覆盖。腕管内走行 1 条拇长屈肌腱、4 条指浅屈肌腱、4 条指深屈肌腱以及正中神经。腕管包含 2 个滑囊：包住拇长屈肌的桡侧滑囊和包住指深屈肌腱、指浅屈肌腱的尺侧滑囊。因此，CTS 的发生发展也与腕部骨骼及腕管相关组织结构异常有关。

CTS 的主要职业相关风险因素包括手腕部重复作业、用力作业、手传振动作业、腕部受压作业以及腕部经常处于非自然体位作业姿势（如前臂旋前旋后、腕部桡尺偏、腕部掌屈或背伸、掌指关节和指间关节屈曲）。

2. 常见职业暴露

工作相关 CTS 职业暴露常见于长时间规律性从事手腕部重复、用力作业或手传振动作业。常见工种和劳动者包括鱼肉等切片加工作业、分拣包裹作业、手工收银出纳作业、面点加工作业、园艺除草作业、美容美发作业、编织缝纫作业、手工装配工、挤奶工、打字员、乐器演奏者、网球运动员等。手持振动工具作业，如使用凿岩机、链锯作业，手工抛光、研磨、钻孔作业或手部锤击作业，也可导致 CTS。对于从事手腕重复作业、用力屈曲和伸腕作业，以及长时间手传振动作业（包括使用振动工具或使用手持设备作业）等均为工作相关 CTS 职业暴露依据。正常人从事手传振动作业 30 分钟后，其振动觉感知阈值会出现暂时性阈移效应，该效应与振动加速度增幅和振动频率呈正相关。研究表明，当手传振动暴露水平低于 1m/s 时，不会产生手臂血管痉挛和感觉异常效应。一般工作相

关 CTS 的最长潜伏期为 30 天。相关研究表明在脱离重复作业，手腕部屈曲、伸腕用力作业 30 天后不会发生工作相关 CTS。对于长期从事手传振动作业的劳动者，一般在停止手传振动暴露 2 年后很少会再出现症状。

二、临床表现及辅助检查

（一）临床表现

CTS 女性的发病率较男性更高，但原因尚不清楚。CTS 的症状通常是逐渐出现的。常见症状包括正中神经支配区（拇指、示指、中指和环指桡侧半）浅感觉过敏（针刺样感觉或过电样感觉）、感觉减退、感觉丧失，部分患者会出现延及肢体的疼痛。夜间手指麻木常为 CTS 的首发症状，患者多有夜间麻醒的经历，这种不适感可通过改变上肢姿势得到缓解。患者在做针线家务、驾车、长时间手持电话或长时间手持书本阅读时也会诱发手指麻木加重。部分患者早期只有单个手指指腹麻木不适，到后期才延及整个正中神经支配区。随着病情加重，患者可出现手部正中神经支配区感觉减退或丧失，拇短展肌和拇对掌肌肌力下降，表现为大鱼际桡侧肌肉萎缩，对捏的力量下降甚至不能完成对掌动作（见图 7-1）。

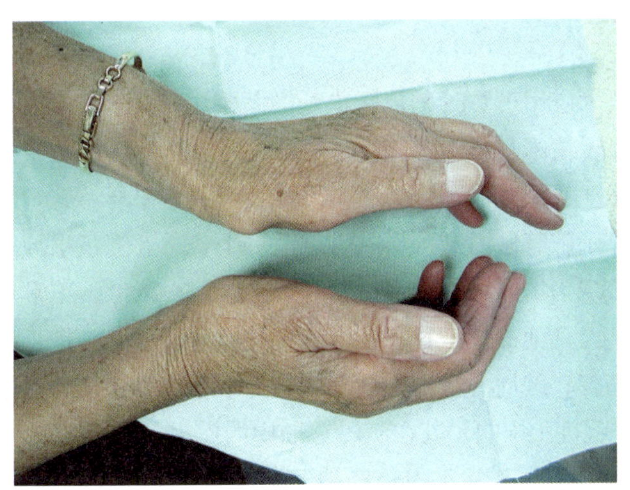

图 7-1 腕管综合征患者严重大鱼际肌萎缩

图片来源：Padua L，Cuccagna C，Giovannini S，et al. Carpal tunnel syndrome：updated evidence and new questions[J].Lancet Neurol，2023，22（3）：255-267.

（二）辅助检查

1. 神经电生理检查

神经电生理检查（electrodiagnostic testing，EDT）包括肌电图和神经传导速度两部分内容。肌电图检查是间接指标，可反映以拇短展肌为代表的正中神经支配肌肉失神经支配的严重程度，为术前评估严重程度及术后神经恢复提供监测指标；同时肌电图还可反映手部尺神经支配肌肉以及腕管以近正中神经支配肌肉是否有异常，起到疾病鉴别及病变部位鉴别的作用。神经传导速度是直接指标，通过检查行经腕部的正中神经传导速度来进行诊断。从理论上讲，神经电生理检查可以作为诊断 CTS 的“金标准”，但临床上并没有广泛认可的统一标准。据报道，神经电生理检查对 CTS 的敏感性为 56%~85%，特异性为 94%~99%，在多达三分之一的轻度 CTS 患者中，其结果可能是阴性的，原因是通过神经电生理对 CTS 进行诊断有很多种方法，但都存在一定的缺陷，且对部分早期轻度 CTS 的患者敏感性稍差，因此神经电生理检查只能作为重要的辅助检测手段，而不能成为唯一的诊断参考依据。我国临床应用的神经传导速度检测项目主要为：①测量至拇短展肌的末端运动潜伏期（distal motor latency，DML）；②逆向法测量腕部至示指的感觉传导速度（sensory nerve conduction velocity，SNCV）。目前使用的电生理诊断标准由顾玉东院士等制定，绝对标准为：DML ≥ 4.5ms 或腕—示指 SNCV ＜ 40.0m/s。相对标准：①电刺激环指（拇指），正中、尺（桡浅）神经腕部记录 SNAP 潜伏期之差≥ 0.4ms；②拇指、示指、中指 SNAP 波幅较健侧下降＞ 50%。根据上述临床分类与肌电生理检测结果，CTS 的肌电生理分期如下（见表 7–1）。

表 7–1 CTS 的肌电生理分期

分期	EMG	DML	SNCV
早期	（–）	＜ 4.5ms	仅正中、尺神经环指感觉电位 LAT 差值异常或 1~3 指中至少 1 指 SNAP 异常
中期	（±）	≥ 4.5ms	1~4 指感觉电位尚存，但 SNCV ＜ 40.0ms，SNAP 较健侧下降＞ 50%
晚期	（+）	明显延长甚至消失	1~4 指中至少 1 指感觉电位消失

2. 腕部超声检查

近年来，高频超声技术应用于 CTS 的诊断得到极大关注，由于其价廉、无创、省时以及对正中神经及其周围组织结构显示清晰且可动态成像，现已成为诊断 CTS 的重要方法。有文献报道高频超声技术对 CTS 的诊断与电生理检查和超声检查的准确性无明显差异。腕管综合征高频超声最特异的声像图改变是：横断面显示腕管区内椭圆形的神经呈扁平状，近侧正中神经肿胀增粗；神经外膜因血供障碍、纤维增生可表现为增厚回声增强，神经束水肿回声减低，正常神经横断面蜂巢样结构模糊。超声还可明确正中神经其他部位是否存在卡压、神经水肿程度、是否有正中神经变异及永存正中动脉、是否有占位性病变、腱周滑膜增生情况等，为治疗提供依据。但超声检查对设备、操作者经验依赖性较大，在一定程度上限制了其在 CTS 诊断中的使用。

（1）正中神经正常声像图。正常正中神经神经纤维的二维超声图像表现为低回声（见图 7–2、图 7–3），神经内膜与外膜呈线状高回声，横切面神经呈筛网状，彩色多普勒可探及短条状血流信号；腕管内正中神经周围及深方可见 9 条中高回声肌腱，腕横韧带覆盖在腕管表面，呈高回声。

（2）常用最佳阈值指标。①横截面积（cross–sectional area，CSA）：正中神经 CSA 是迄今为止研究最多也较为公认的诊断指标（见图 7–4）。某国外学者（El Miedany 等）提出不同切面测量正中神经 CSA 的诊断价值，豌豆骨水平 CSA 临界值为 $10mm^2$ 时，其诊断 CTS 的敏感度和特异度最高，分别为 97.9%、100.0%；腕管中点水平 CSA 临界值为 $9mm^2$ 时，敏感度为 80.0%，特异度为 77.5%；腕管出口水平（即钩骨钩水平）CSA 临界值为 $9mm^2$ 时，敏感度为 62.1%，特异度为 100.0%。②肿胀率（swelling ratio，SR）：正中神经 SR 即正中神经卡压处与近端非卡压部位 CSA 的比值（见图 7–5）。某外国学者（Sugimoto 等）提出正中神经 SR 诊断 CTS 临界值为 1.55。Wilson 等认为 SR ≥ 1.3 对 CTS 的诊断敏感度最高（72.5%）。③扁平率（flattening ratio，FR）：正中神经 FR 即腕管内正中神经卡压部位长径与短径之比，长径是指正中神经横截面的左右径，短径则是指正中神经横截面的前后径（见图 7–5）。目前，学者对其争议较大，某外国学者（Tai 等）通过荟萃分析超声诊断 CTS 的 3995 只手腕发现，于豌豆骨水平正中神经 FR 在 CTS 组和对照组之间，差异无统计学意义，而钩骨

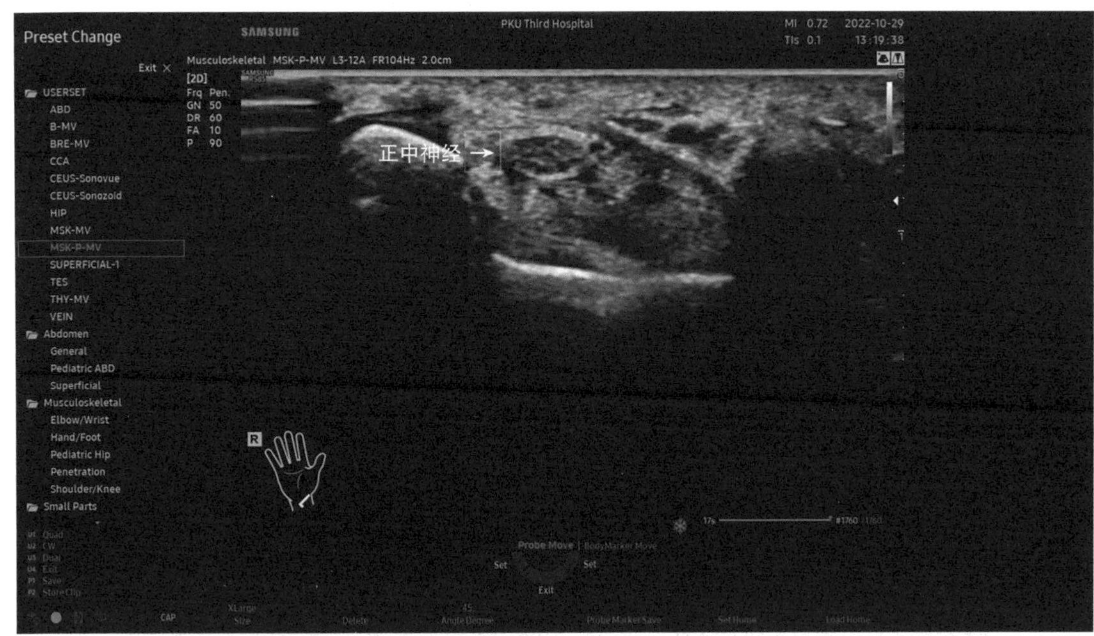

图 7-2 正常正中神经腕管入口处短轴切面声像图

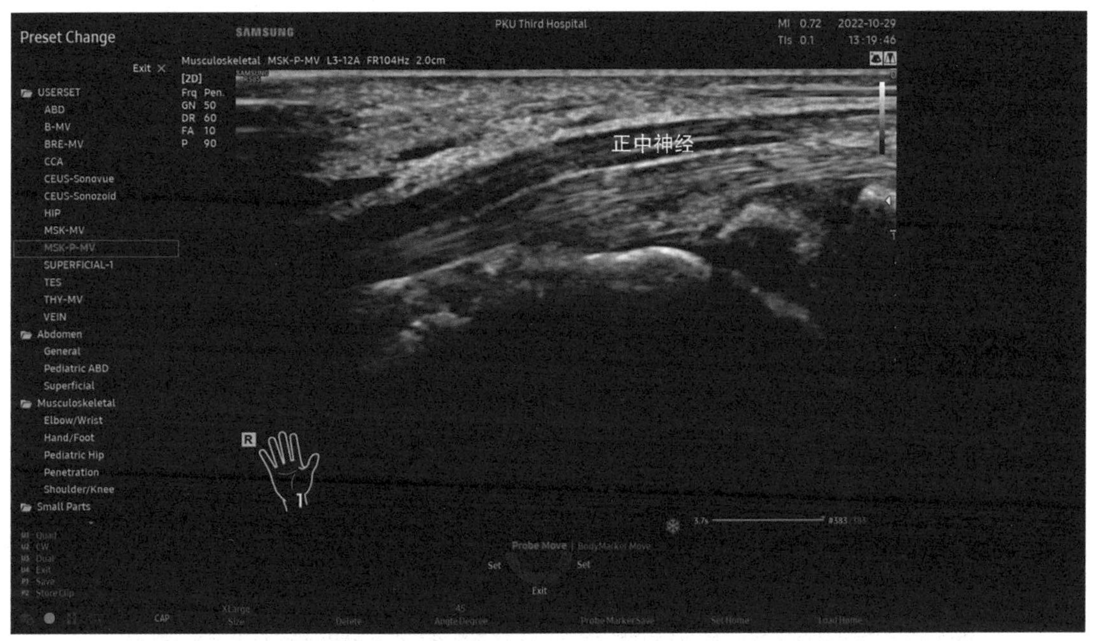

图 7-3 正常正中神经腕管处长轴切面声像图

钩水平 CTS 组的 FR 值明显高于对照组，但敏感度及特异度均不高。④正中神经内血流分布：正中神经内血流分布情况有助于 CTS 的超声评估，并且可能更适用于神经电生理检查阴性的患者（见图 7-6）。

3. 腕部 MRI 检查

MRI 作为先进的影像学诊断技术有极好的软组织分辨力，能很好地显示腕管内结构，对 CTS 的临床及病因诊断、鉴别诊断有重要的参考价值，碍于其操作复杂、耗费较高，较少应用于临床，但作为一种先进的无创检查技术，其诊断价值不容忽视。正常腕管结构见图 7-7。CTS 的 MRI

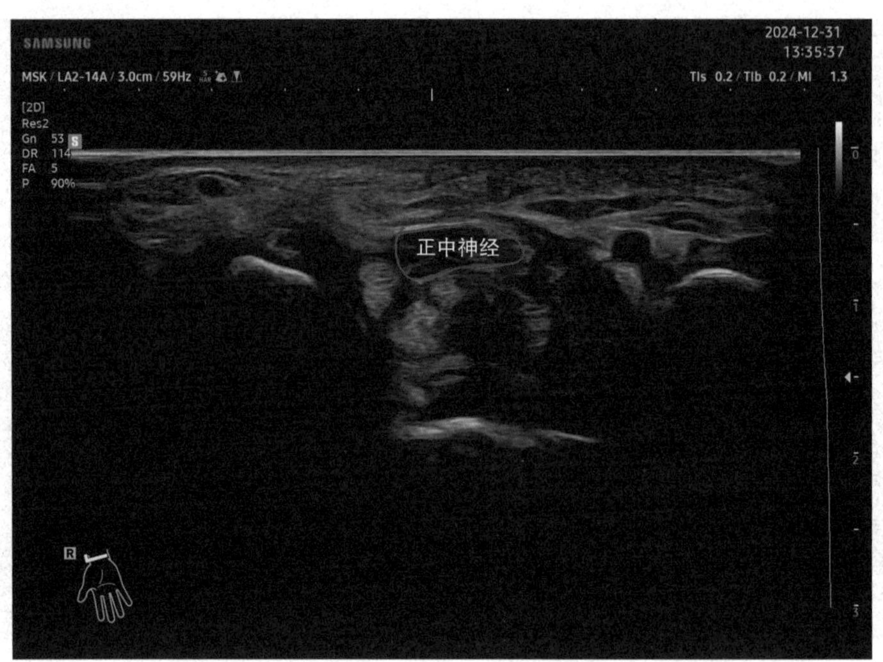

图 7-4 正中神经短轴切面声像图，腕管入口处肿胀

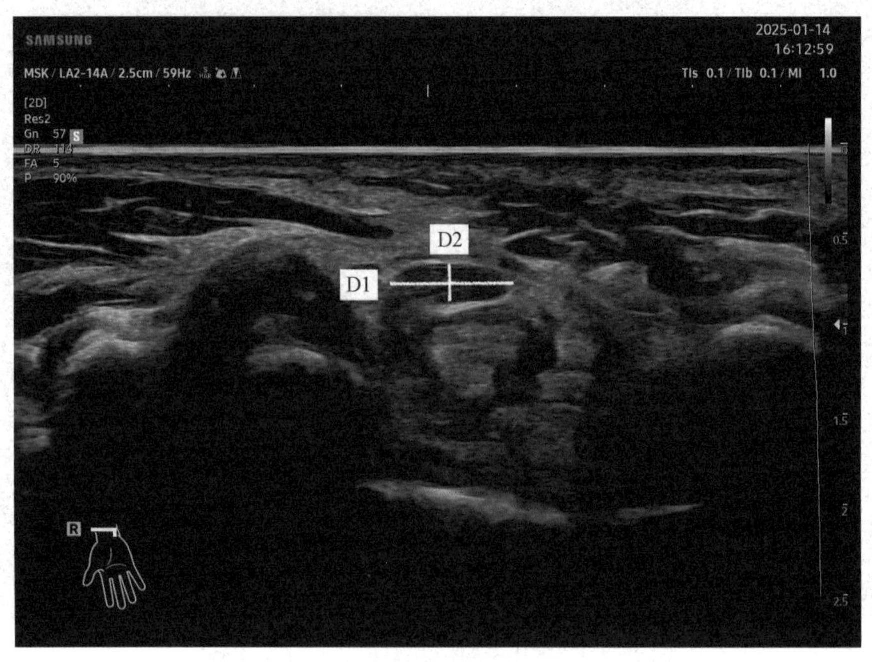

图 7-5 正中神经短轴切面声像图

D1 为正中神经长径，D2 为正中神经短径，扁平率 =D1/D2

主要表现为正中神经形态改变：近端肿胀，远端变扁（“假性神经节”样改变）（见图 7–8）；横截面积增大；神经扁平率（横径 / 前后径）增高；T2 加权像高信号，提示神经水肿或脱髓鞘改变（见图 7–9）。CTS 还表现为腕管内容物及结构异常：包括腕横韧带（屈肌支持带）增厚（正常厚度≤ 2mm）；腕管容积减少；动态压迫征象，即屈腕位 MRI 可见正中神经受压加重。MRI 检查相较于超声检查，也能更好地显示存在的骨结构异常，还可以帮助鉴别 CTS 的病因（如是否存在腱鞘囊

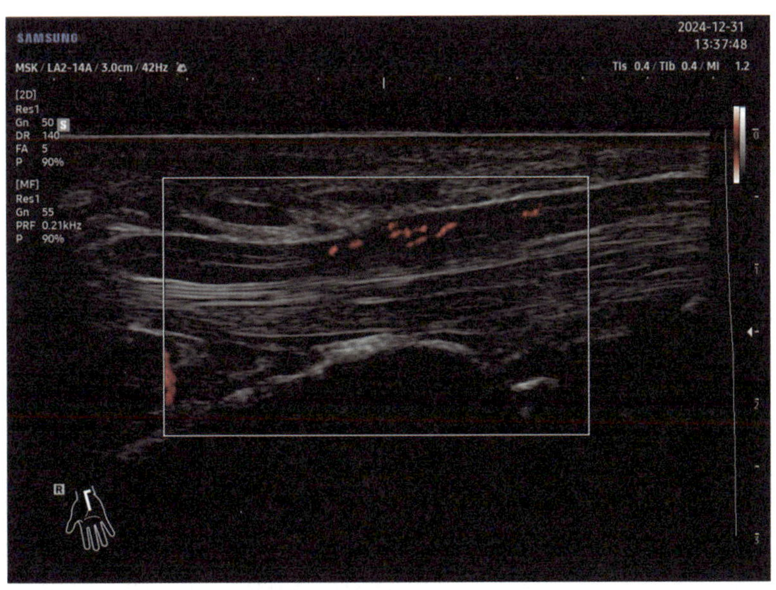

图 7-6　正中神经长轴切面声像图，肿胀处血流信号增多

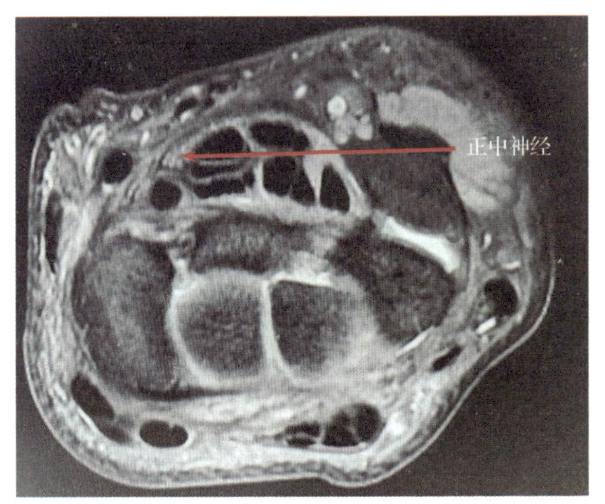

图 7-7　正常腕管结构

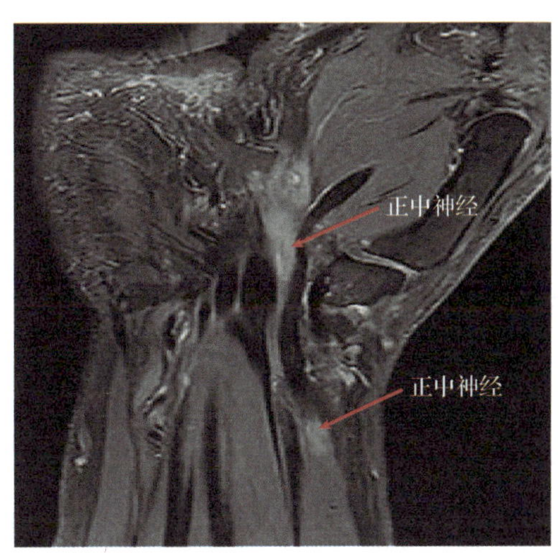

图 7-8　腕管综合征患者正中神经近端肿胀，远端变扁，呈“假性神经节”样改变

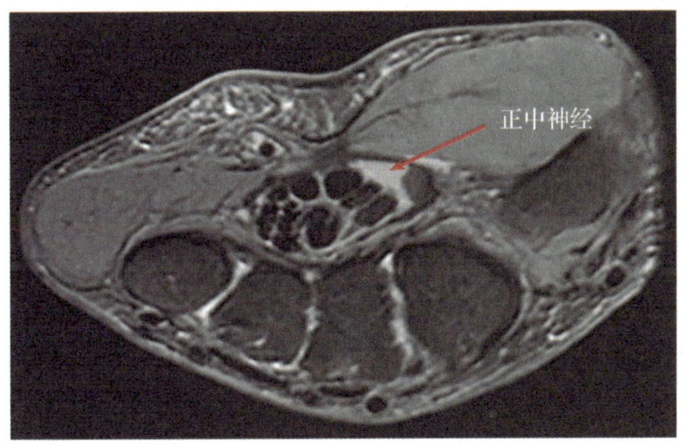

图 7-9　腕管综合征患者正中神经扁平率（横径 / 前后径）增高，T2 加权像高信号，提示神经水肿或脱髓鞘改变

肿、类风湿性滑膜炎等因素）。MRI 检查对外科手术也具有重要的价值，可以在术前明确正中神经受压和损伤的严重程度，明确卡压的位置，对手术术式选择和术后恢复情况的随访、复查都具有一定临床意义。

三、诊断与鉴别诊断

（一）诊断

1. 临床表现与体格检查

腕管综合征的诊断需要临床表现及辅助检查相结合，患者有但不局限于正中神经支配区的感觉异常，包括刺痛、麻木等症状，可为间断性或持续性，症状范围可能为部分或者整个正中神经感觉支配区，诱发试验阳性即高度怀疑为腕管综合征的早期表现，此时神经超声及神经电生理检查可能并无阳性结果。正中神经支配区出现持续感觉异常、诱发试验阳性及辅助检查有阳性结果即可确诊腕管综合征。

2. 特殊检查

（1）Tinel 征：叩击掌侧腕横纹平面正中神经走行区可诱发正中神经支配区过电感，检查时需将患者患侧手腕平放在桌子上，检查者用示指或中指从近端到远端轻叩患者正中神经。如患者出现拇指、示指和中指有“放电”样麻木感，即为阳性。

（2）Phalen 试验：肘关节伸直时腕关节掌屈并维持 60 秒，诱发神经刺激症状或原有症状加重即为阳性。腕关节屈曲时腕管内压力增加，对正中神经卡压加重。

Tinel 征阳性对于明确 CTS 诊断的灵敏性和特异性分别为 20%~60% 和 67%~87%，Phalen 试验对于明确 CTS 诊断的灵敏性和特异性分别为 40%~68% 和 60%~80%。总的来说，二者的灵敏性较低，而特异性相对较高，且操作简便，适合在门诊对患者进行初步评估。

（3）腕背屈试验（reverse Phalen 试验）：即反向 Phalen 试验。检查时，需嘱患者将腕关节最大程度背伸，但不要施加过大的压力，同时保持肩关节中立位和肘关节屈曲位（避免压迫近端神经）、手指伸展。诱发神经刺激症状或原有症状加重即为阳性检查者记录症状产生的时间。手掌侧的特征性感觉可能提示腕管近端存在病理变化。腕关节和手指的伸展位拉伸到正中神经，从而增加了腕管内的压力，导致拇指、示指、中指和环指的掌侧产生麻木感和刺痛感。

（4）腕管压迫试验（Durkan 试验）：受检者取坐位，检查者坐于对面，双手示指—小指置于腕背，双手拇指按压腕管区，持续 30 秒，诱发神经刺激症状或原有症状加重为阳性。此试验敏感性和特异性均优于 Phalen 试验和 Tinel 征。

3. 问卷调查

波士顿 CTS 问卷（BCTQ）是用于 CTS 患者的自评量表，包括症状的严重程度（11 个条目）和功能状况（8 个条目），得分越高说明疾病越重，可作为 CTS 患者病情记录和疗效观察的重要评价工具。

（二）鉴别诊断

多数 CTS 患者具有典型的症状和体征，但仍有一些不典型的患者，需要与其他一些神经系统疾患进行鉴别。

1. 颈椎病

颈椎病也可以引起前臂和手的放射性疼痛，但这种疼痛主要集中在颈肩部，而不是腕部以下正中神经支配区。此外，颈椎病不会出现明显的腕部以下正中神经支配区的异常感觉、麻木等。在诊断 CTS 时特别需要注意与神经根型颈椎病（CSR）和其他外周神经卡压性疾病的鉴别。CSR 是最容易与 CTS 相混淆的疾病，甚至可能存在 CTS 合并 CSR 的神经双卡综合征（DCS）。可通过详细了解病史、仔细的体格检查及颈椎 MRI 等辅助检查加以鉴别。腕管综合征还易与脊髓型颈椎病混淆，有些脊髓型颈椎病患者，会主诉正中神经支配区严重的麻木或刺痛，其主观症状比腕管综合征的表现更为明显，但客观查体会发现感觉减退并不明显。

2. 胸廓出口综合征

胸廓出口综合征可导致手及上肢的酸痛、麻木、乏力及肌肉萎缩，疼痛沿着神经根分布，而麻木则主要影响尺神经和前臂内侧皮神经，与 CTS 的症状有明显的区别。

3. 旋前圆肌综合征

旋前圆肌综合征是指正中神经在前臂近端、旋前圆肌两个腱性起点汇合处的卡压，其症状与 CTS 非常相似，都是正中神经卡压，但卡压平面不同。其与 CTS 不同点在于同时伴有骨间前神经麻痹表现，以及正中神经掌皮支感觉障碍。

4. 多发性神经炎

多发性神经炎是一种累及多根神经的炎症性疾病，其症状包括感觉障碍、运动障碍和自主神经功能障碍等，但不会出现腕部症状。

临床上还有一些以手内在肌萎缩为主要表现的疾病，包括平山病、运动神经元病、脊髓空洞症、正中神经炎等，易于与腕管综合征混淆。这类疾病主要以手内在肌萎缩为主，无明显感觉障碍，呈现感觉—运动分离现象。基于好发年龄、查体表现，结合颈椎 MRI、CT、神经超声等影像学及神经电生理检查可以较好地排除此类疾病。

四、治疗

CTS 的治疗包括健康宣教、非手术治疗和手术治疗。非手术治疗是 CTS 的首选方案，方法很多，效果不一。当非手术治疗无法缓解症状或已出现大鱼际肌萎缩和对掌功能障碍时，则选择手术治疗。

（一）健康宣教

CTS 存在明显的危险因素，因此需要有针对性地对易患人群进行健康宣教，及时去除危险因素，降低发病率。例如，对于从事手腕重复劳作的工种可通过休息或更换工作来控制和缓解病情。对于合并肥胖、糖尿病、类风湿关节炎的患者在治疗计划中应包括这些危险因素的治疗。

（二）非手术治疗

1. 支具固定

支具固定是把患者的腕关节保持在中立位，减少关节的屈曲和伸展，从而降低腕管内压力。采用支具治疗 CTS 的基本原理包括：

（1）减少通过腕管的肌腱和神经运动，从而减轻炎症；

（2）将手腕固定在腕管内压力最小的位置；

（3）改变腕管的形状或尺寸以增加腕管容量；

（4）通过固定手腕和手指来减少腕管内容物，防止蚓状肌向近端移动到腕管内，或防止近端肌肉向远端移动进入腕管。

支具固定操作简单，成本低廉，同时可有效改善患者的临床症状，已成为 CTS 非手术治疗的一线选择。支具通常建议在夜间使用，也可根据患者需求在白天佩戴。佩戴时间一般为3个月，长期佩戴并不会进一步改善症状和EDT表现。需要注意的是，手术松解术后不需支具固定。

2. 正中神经封闭治疗

皮质类固醇注射已用于CTS的保守治疗，这种治疗的确切机制尚不清楚，但抗炎作用可能是缓解症状的最重要因素。临床上常用曲安奈德或复方倍他米松，通常与局部麻醉剂联合使用，但没有客观标准来定义理想剂量或特定药物。有研究显示，短效和长效皮质类固醇以及低剂量和大剂量皮质类固醇局部注射没有明显差异。

具体操作：触摸掌长肌腱，在腕横纹水平掌长肌腱尺侧缘进针，避免在桡长腕肌腱和掌长肌之间注射，以免损伤正中神经。与皮肤呈45°夹角进针，深度约为1cm。皮质类固醇注射最常见的风险是神经或肌腱损伤，穿刺损伤正中神经会引起休克疼痛，并有感觉和运动障碍以及持续性神经性疼痛的风险，部分患者在注射后2至3天内可能会出现暂时性疼痛恶化。间隔一个月以上可再次注射，但不建议注射两次以上，糖尿病患者禁用此方法。

3. 口服药物

口服药物主要包括NSAID、皮质类固醇类药物、神经营养药、利尿剂等。皮质类固醇类药物可改善患者症状，但不良反应大，不建议长期服用。NSAID可抑制腕管内炎症反应，口服利尿剂可减轻腕管内水肿，神经营养药物可改善神经功能，但这些药物临床疗效并不显著。

（三）手术治疗

手术是治疗CTS的有效手段，与非手术治疗相比，手术治疗的远期疗效更好，尤其在治疗半年之后，手术治疗常显示出更佳的疗效，同时EDT的改善也更明显。对于经过系统的非手术治疗无效、缓解后又复发、合并大鱼际肌萎缩、持续性麻木、腕部有占位性病变者，均可考虑进行手术治疗。

手术治疗可分为传统腕管松解术、小切口腕管松解术和内镜下松解术，三者对CTS症状的缓解效果相似且各有优缺点。

1. 传统切口腕横韧带松解术

腕管松解术通过切开腕横韧带，松解腕管内容物，解除正中神经的压迫以改善患者临床症状。传统腕管松解术做前臂远端至手掌的S形切口，常规切断腕横韧带，探查正中神经及其返支，切开正中神经外膜并松解。这种手术暴露范围大、视野清晰、松解可靠、腕管探查彻底。

2. 小切口腕横韧带松解术

小切口腕管松解术操作简单，手术切口可选择腕掌侧横行小切口、腕部小切口或掌心小切口，经该切口完成腕横韧带松解。这种手术方式因为微创、美观、术后瘢痕小且手术时间短、住院时间短、住院费用低，甚至可在门诊完成，因而在临床被广泛推广使用。

3. 内镜下松解术

内镜下松解术常用Agee单切口和Chow双切口两种术式。Agee单切口术式是在腕横纹近端桡侧腕屈肌腱和尺侧腕屈肌腱之间做切口，并置入通道、内镜和切割装置；Chow双切口术式是在手腕做入口切口，手掌做出口切口，建立操作通道并在内镜指引下切开腕横韧带。内镜术后切口并发症少，肌力恢复快，较少发生尺侧疼痛，但手术的视野欠佳，技术要求较高，学习曲线长，而且价格相对高昂，因此目前并不作为临床首选。

腕管松解术的并发症低于0.1%，主要是瘢痕、感染、一过性神经失用症，以及神经、肌腱或血管损伤。腕管手术后一个特别的并发症是复杂区域疼痛综合征，表现为手部疼痛、出汗增多和不稳定的血管舒缩，占所有并发症的2.1%~5.0%。

（薛云皓 李树强 蒋 洁 和清源）

第二节 手指慢性腱鞘炎

腱鞘是包围着肌腱的一种管状结构，其润滑液可为肌腱提供润滑和保护作用，而手指慢性腱鞘炎则是由肌腱在腱鞘内过度摩擦而导致肌腱和腱鞘发生的损伤性无菌性炎症，会出现局部肿胀、发热、疼痛及活动受限等症状。手指慢性腱鞘炎通常发生在手腕和手指等部位，最常见的手指慢性腱鞘炎为屈指肌腱腱鞘炎（tenosynovitis of hand flexor tendos，THFT）。

一、职业暴露

1. 常见病因

手指慢性腱鞘炎病因复杂，可分为个体风险因素和职业相关风险因素。

手指慢性腱鞘炎的个体风险因素包括以下几点。①长期保持单一姿势导致肌肉和关节长时间处于同一位置，关节和肌腱的润滑度降低，摩擦增加，从而导致手指慢性腱鞘炎。②过度疲劳。肌腱过度使用会导致肌腱疲劳和磨损，引发手指慢性腱鞘炎。③积累劳损。肌腱长期受到微小损伤，这些损伤虽然不会立即引发症状，但随着时间推移会逐渐累积而最终导致手指慢性腱鞘炎。④受凉或寒冷刺激可导致小血管痉挛，影响血液循环而引发手指慢性腱鞘炎。⑤某些神经病，如糖尿病周围神经病变、颈椎病等，影响神经对肌肉的支配，导致肌肉和关节的功能异常，从而引发手指慢性腱鞘炎。

手指慢性腱鞘炎的职业相关风险因素包括手部非中立姿势用力作业、高重复作业、受限姿势作业，以及极端的旋前和旋后动作。其他职业危险因素包括与力度和速度相关的单一重复作业、单次用力或重复性手腕拉伤。长时间离岗后重新返岗会加剧患病疼痛。

2. 常见职业暴露

手指慢性腱鞘炎的发病情况因工种不同而存在较大差异。制造业工种（如食品加工、屠宰工、包装工和装配工）存在较高的发病率。制鞋行业和汽车行业劳动者患手指慢性腱鞘炎的风险在增加。

短周期的高重复作业或同一周期多半时间内使用相同作业姿势比低重复作业更容易诱发手指慢性腱鞘炎。兼具高重复作业和用力作业可能会导致更大的患病风险。工作时手腕的偏斜或弯曲姿势以及环境温度低也被认为是职业暴露危险因素。

长期手部重复性动作、手/手腕在不自然的姿势下活动以及手部用力均可加剧手指慢性腱鞘炎的职业暴露风险。最小职业暴露时间以天为单位，最长潜伏期为停止职业暴露后30天。

二、临床表现及辅助检查

（一）临床症状

手指慢性腱鞘炎患者早期表现为受累手指掌指关节处的疼痛，部分患者有晨僵现象，逐渐进展后可发生手指屈伸活动时伴有弹响，严重者会有嵌顿现象，需外力复位。晚期患者受累手指指屈肌腱可被完全嵌顿，多数嵌顿于屈指位，手法无法复位，长期屈曲可导致指间关节继发挛缩。

（二）辅助检查

对于原发性腱鞘炎，如狭窄性手指屈肌腱鞘炎，症状和体征明显，可不需要辅助检查。常用的辅助检查是超声检查，根据超声下腱鞘和肌腱的形态可协助诊断。超声检查可以在动态下明确显示肌腱的活动范围，精准地测量腱鞘的增厚程度，探查肌腱周围血流情况及肌腱的组织学形态变化特点，若肌腱出现卡压则可以明确地显示出来，A1 滑车（屈肌腱纤维鞘管的起始部）的增厚和高血管化可作为腱鞘炎的标志，为临床医生对于疾病的诊断与治疗提供了更加清晰的影像学证据。此外，对于手指慢性腱鞘炎的影像学检查，MRI 检查可以清晰地显示出肌腱的变化及周围腱鞘等组织的完整形态。需要注意的是，X 射线检查、CT 检查和 MRI 检查并不是常规检查。

对于继发性腱鞘炎，如类风湿关节炎和痛风引起的增生性和炎性手指屈肌腱鞘炎，需要行血液学检查及腱鞘穿刺活检以协助诊断。

对于感染性腱鞘炎，可行感染指标检查，如血常规、C- 反应蛋白（CRP）及血沉（ESR）检查等。腱鞘穿刺活检和穿刺物培养亦有助于明确诊断，并明确致病病原体。此外，对特殊病原体检测会有相对应的方法，如结核分枝杆菌等。对于有开放伤诱因的患者，X 射线检查可观察是否存在异物、骨髓炎等。

三、诊断与鉴别诊断

（一）诊断

手指慢性腱鞘炎的诊断一般根据特征表现和临床评估，超声检查或 MRI 检查有助于炎症性疾病或创伤性疾病的诊断。本病的初期，患指无红斑，无肿胀或发热。患者可能感到手指的轻微不适或伴有僵硬感，也有患者常因疼痛而避免掌指（MCP）或近端指间（PIP）关节完全弯曲手指，从而减少手部活动。此时若不适当休息而继续过度使用患侧手指，则可能使病情逐渐加重，手指的掌指关节横纹附近可触摸到压痛结节，更严重的手指出现绞锁、嵌顿等功能障碍，大大影响患者的工作及生活。手指被锁定在弯曲的位置，迫使患者用另一只手把它拉直。若强行屈伸，则出现明显弹响，当肌腱继续膨大，不能通过狭窄的腱鞘时，即使用力屈伸，也不能实现屈指动作，即闭锁卡压。

1. 体格检查

手指慢性腱鞘炎早期患者查体时掌指关节掌侧压痛，手指屈伸活动正常；病变加重时指间关节屈曲后不能伸直，用力伸直时伴有弹响，或无法自行伸直，需被动协助伸直；晚期时指间关节固定于屈曲位，被动亦不能伸直，此阶段的患者因手指主动屈伸活动减少，肌腱与滑车的摩擦减少，疼痛可能减轻。少数病例可嵌顿于伸直位，手指可被动屈曲，主动屈曲时可触及指屈肌腱绷起但无法带动关节活动。

手指慢性腱鞘炎分度可为医生提供一种记录患者情况的方法，便于回顾性研究，具体的分度方法如下。

Ⅰ度：掌指关节处疼痛，A1 滑车处压痛，有嵌顿史但发作不频繁；

Ⅱ度：掌指关节处疼痛，A1 滑车处压痛，检查时有嵌顿但可主动伸直手指；

Ⅲ度：掌指关节处疼痛，A1 滑车处压痛，嵌顿需被动才可伸直；

Ⅳ度：手指固定屈曲畸形，近侧指间关节继发挛缩。

2. 特殊检查

（1）肌腱触诊：触诊屈指肌腱，依次检查局部压痛、肌腱结节和肌腱弹响情况。

（2）屈指抗阻试验：嘱患者掌指关节伸直，检查者施阻力对抗后再嘱患者主动屈曲掌指关节，若诱发疼痛则为阳性。判断发病部位和疾病严重程度。

（二）鉴别诊断

由于骨折或脱位也常表现为患指的活动受限、疼痛、功能障碍和关节锁定，实际工作中也可能将腱鞘的结节当成是其他的骨性肿块。其他会出现疼痛和手指锁定感的疾病包括关节挛缩、糖尿病性指关节病、掌指关节扭伤、钙性腱膜炎、非感染性腱鞘炎、感染性腱鞘炎、类风湿关节炎、骨关节炎和晶体性关节炎，在这种情况下通过超声检查或详细的体格检查，以及仔细询问患者相关病史即可排除。

手指慢性腱鞘炎的鉴别诊断涉及与几种类似症状的区分。

1. 第一掌腱膜的挛缩

这种情况通常发生在手掌皮肤外力损伤愈合后，形成没有弹性的瘢痕，导致掌指关节活动受限。这种活动限制通常没有明显的弹响，容易与手指慢性腱鞘炎鉴别。

2. 腱鞘囊肿

腱鞘囊肿在掌指关节附近也会影响手指的伸直和弯曲活动，但在活动过程中没有明显的疼痛，且囊肿的凸起质地相比腱鞘炎要软一些。

3. 类风湿关节炎

严重的类风湿关节炎会影响到多个关节，如果影响到关节活动，也会出现类似手指慢性腱鞘炎的临床症状。但与手指慢性腱鞘炎不同的是，类风湿关节炎通常会累积到多个手指或两只手的小关节，而不是仅仅局限在一到两个手指。

四、治疗

手指慢性腱鞘炎的治疗包括健康宣教、非手术治疗和手术治疗。治疗手指慢性腱鞘炎的方法取决于病情的严重程度和发现时间。对于轻症病例，可以通过物理治疗或支具固定治疗。如果非手术治疗无效，或者症状严重影响到日常生活，需要考虑手术治疗。

（一）健康宣教

手指慢性腱鞘炎存在明显的危险因素，因此需要有针对性地对易患人群进行健康宣教，及时去除危险因素，降低发病率。尽量减少常用手指提重物长距离行走，特别要防止只用一两个手指提重物，且过度用力。避免手指长时间、反复运动、劳作，防止手指疲劳、肌腱损伤，应注意适当休息。注意保护手指，避免双手遭受寒冷刺激。将双手浸泡在温水中 5~10 分钟，能在一定程度上放松手指肌腱。日常经常做轻松的手指伸屈活动，防止肌腱过早出现退行性变。

（二）非手术治疗

1. 支具固定

研究表明，多数患者在自觉手部不适后首先选择保守的治疗方式。许多学者认为，本病是由于指屈肌腱的过度使用及摩擦，适当休息有利于肌腱损伤的恢复。支具治疗及制动更适用于病情较轻的早期扳机指患者，由于早期仅有患指局部的疼痛与肿胀，并没有出现明显的卡压、绞锁等症状，往往并不会对本病给予足够的重视，在这些研究的后续观察中，患者往往出现疾病的复发而选择另外的治疗方式。

2. 物理治疗

随着科技的进步，越来越多的物理治疗方式也被用于腱鞘炎的治疗。ESWT是一种新型治疗腱鞘炎的方式，作为类固醇药物注射的无创替代，ESWT是那些不希望接受注射或手术患者的一种新选择。冲击波以非侵入性的治疗方式将能量集中作用到病灶深部，起到松解肌肉周围软组织粘连、减轻病灶周围疼痛的作用，在治疗肩周炎、颈椎病、足底筋膜炎等软组织相关疾病上取得了良好的成效。患者受累肌腱上方的皮肤涂抹耦合剂后，放置一个探头以传递冲击波。

超声波治疗是一种新型的无创理疗方式，可以对局部软组织进行放松和舒缓，改善局部组织的血流量，调控炎症因子，近年来也常用于肌肉骨骼疾病的治疗。

3. 药物治疗

如果出现明显疼痛感，可以在医生的指导下，口服或外敷NSAID，如布洛芬缓释胶囊、双氯芬酸钠肠溶片及双氯芬酸二乙胺乳胶剂、依托芬那酯乳膏等，减轻局部炎性反应。

4. 局部注射封闭治疗

对于非糖尿病、单个手指发病、病史较短的患者，封闭注射治疗效果较好。对于糖尿病患者封闭亦有效，只是效果不及非糖尿病患者。封闭注射治疗后少数病例出现肌腱断裂，病因不明，可能与滑膜炎性增生浸润肌腱导致腱纤维自发断裂有关。建议在超声引导下封闭注射，可以明确肌腱周围是否有明显的滑膜增生，同时可避免药物注射到肌腱内部。糖尿病患者封闭注射治疗后有一过性血糖升高，应提前告知。

（三）手术治疗

对于非手术治疗效果不佳，或固定性嵌顿的患者需手术治疗。

1. 开放性手术

开放性手术的治疗方法历史悠久，一直被认为是治疗手指慢性腱鞘炎的金标准。手术目的主要是切开增厚的A1滑车，注意避免同时切开A2滑车，以避免屈指时肌腱弓弦样移位。虽然开放手术的治愈率很可观，但并非首选治疗方法。由于长期瘢痕压痛、神经损伤、肌鞘感染等并发症的发生，高昂的手术费用，以及较长的恢复期，使得开放手术治疗成为临床医生的最后选择。相比之下，微创治疗恢复时间更短，且越来越受欢迎。

2. 微创治疗

（1）经皮松解治疗：1958年国外学者洛蒂瓦尔（Lorthioir）首次提出经皮松解术，并将这项治疗技术成功在门诊开展，通过将患者的手掌和掌指关节充分伸展，拉伸A1滑车，再用针尖切割A1滑车，取得了良好的治疗效果。经皮松解治疗手指慢性腱鞘炎成功率超过90%，但由于没有影像学的辅助，早期的经皮松解治疗往往依靠解剖结构来进行定位，神经血管束和指浅屈肌腱不能清晰可见，主要并发症包括指神经损伤、感染、血肿、活动性疼痛等，部分患者仍因松解不完全、不彻底最后选择手术治疗。

（2）超声引导下治疗：随着超声技术的普及，肌骨超声用于治疗手指慢性腱鞘炎的治疗报道也日益增多。超声可识别手术过程中指神经、动脉、静脉和增厚的环状滑车，降低了损伤神经血管束的风险，为手指慢性腱鞘炎的治疗提供了可靠的影像辅助手段。

3. 内窥镜下手术

内窥镜下手术治疗手指慢性腱鞘炎是一种新型治疗方法，这种治疗方法既达到了外科医生可视化治疗的要求，又同时满足了减少手术创面、减轻瘢痕的要求。

（赵怡然　关　里）

第三节　桡骨茎突腱鞘炎

桡骨茎突腱鞘炎（de quervain's tenosynovitis，DQT），也称桡骨茎突狭窄性腱鞘炎，是由骨纤维管中的拇长展肌和拇短伸肌在桡骨茎突处反复拉伸、摩擦所造成的一种疼痛性疾病。1895 年瑞士医生弗里茨·德·奎尔万（Fritz De Quervain）首次对该病作出明确定义：腕背第 1 伸肌间隔内的拇长展肌和拇短伸肌肌腱滑膜鞘的炎症，因此该病也称为 De Quervain 病，是腕部疼痛最常见的原因之一。

一、职业暴露

1. 常见病因

拇指或腕部频繁活动，或长时间不正确地用力，使桡骨茎突外的拇长展肌腱和拇短伸肌腱反复摩擦鞘管，发生局部充血、水肿、渗出等，进而导致鞘管壁不断增厚而变狭窄，造成肌腱在腱鞘内的滑动受阻，出现桡骨茎突狭窄性腱鞘炎，其涉及腕部第一背侧室的肌腱卡压而引发炎症以及组织肿胀。DQT 为腕部过劳所致，致纤维鞘管狭窄常常会引起腕部桡侧疼痛，局部形成结节，腕部呈典型方向性活动受限，重复抓握和扭转动作时疼痛明显加重。

DQT 病因复杂，可分为解剖因素、个体风险因素和职业相关风险因素。

（1）解剖因素：在一般人群中，腕背部第一伸肌肌腱室内的解剖变异与较高的桡骨茎突腱鞘炎发病率相关。一般来说，第一伸肌肌腱室被定义为拇长展肌和拇短伸肌肌腱位于统一的纤维骨管中。有研究发现，在第一伸肌肌腱室发生的两个主要解剖变异如下。①存在纤维间隔而形成两个亚腔室。②拇长展肌和拇短伸肌肌腱多发滑移。由于额外的隔膜的存在，或更多的肌腱滑移，导致筋膜间室产生更大的摩擦，最终导致 DQT 症状的发生发展。

（2）个体风险因素：DQT 公认的个体风险因素包括性别与年龄，女性发病率高，是男性的 3~10 倍，多见于 30~50 岁女性，40 岁以上人群的发病率高于 20 岁以下人群。女性和男性之间的解剖二态性被认为是女性患病率较高的原因之一：女性的茎突角度更大，导致肌腱通过的管道变窄，引发炎症及管道狭窄进一步恶化。女性腕关节处的活动度更大，会导致针对肌腱的额外机械刺激及腱鞘炎的发生发展。此外，内分泌激素水平的变化也是影响女性 DQT 高发的因素之一。DQT 的其他个体风险因素包括妊娠和产后状态，妊娠期间的雌激素和孕激素水平的波动也可能是 DQT 的个体风险因素。

DQT 是由肌腱摩擦、拉伸、重复自主收缩运动及直接损伤引起的，好发于长期、持续使用腕部者，如经常手腕用力抱小孩或家务繁重的女性，民间俗称“妈妈手”“抱仔手”。此外也常见于频繁使用拇指玩手机者，有研究通过对比因过度使用手机导致 DQT 者与健康人群的差异性，发现患病人群腕关节相较于健康人群出现过度内收的现象。

（3）职业相关风险因素：流行病学证据表明，DQT 是由长时间重复和强力的体力劳动引起的，涉及的职业风险因素涉及手和手腕的重复作业、用力作业及手腕部处于极端姿势作业等，即使其中单一情况也可构成疾病危险因素。研究发现，手部重复作业的频率在每分钟＞20次时可能会导致DQT患病风险增加。极端的旋前、旋后动作也会增加患DQT的风险。腱鞘和肌腱内部的机械应变会引起微破裂，导致疾病的恶化发展。根据研究人群和诊断标准，DQT在工作人群中的患病率在0.7%~36%。

桡骨茎突腱鞘炎发病率与职业暴露腕关节、拇指的反复动作相关，国外学者佩蒂特·勒马纳克（Petit Le Manac'h）等对法国地区劳动者进行研究，发现极端姿势下重复或持续腕关节屈曲、扭转及类似拧螺钉的重复运动是桡骨茎突腱鞘炎的危险因素。

2. 常见职业暴露

DQT常见于特殊职业工作人员，如厨师、服务生、汽车修理工、制衣劳动者、制鞋装配工和肉类加工业劳动者等。频繁的重复作业，如开罐子、绞动双手、缝纫、用剪刀裁剪、拧螺丝、组装电子线路、剥菜叶和弹钢琴等均可诱发DQT。涉及重复性桡尺骨偏移的作业（如锤击等）通常也与DQT有关。兼具重复作业和用力作业会增加患病风险。

职业性长期重复作业、用力作业和手腕部处于极端姿势作业均会增加疾病风险。最小职业暴露时间以天为单位，最长潜伏期为停止职业暴露后30天内。

二、临床表现及辅助检查

（一）临床表现

DQT好发于50~60岁群体，手工操作者（如抄写员、程序员等）、哺乳期及更年期妇女更易患本病。主要症状为手腕部桡侧疼痛，握物无力，提重东西时感觉手腕乏力，并且疼痛加重，尤其是不能提起热水瓶做倒水等动作。手腕部桡骨茎突局限性疼痛，疼痛可向手及前臂部放散，严重者可放散至拇指及肘、肩部，有时可在局部触及硬结。腕部和拇指的活动可使疼痛加重，尤其是屈拇同时腕尺偏时更加明显，重者拇指伸展活动严重受限，肌腱嵌顿时拇指掌指关节屈曲受限。腕部和拇指的活动可加重疼痛、关节内有酸胀或感觉发力困难，并有摩擦感或弹响。严重者可出现功能障碍，主要表现拇指伸展活动受限，病程长者可引起大鱼际肌肉萎缩。

（二）辅助检查

DQT的辅助检查主要为影像学检查。

1. 肌肉骨骼超声

肌肉骨骼超声是辅助检查最重要的手段，桡骨茎突腱鞘炎具有比较典型的超声特征，其超声表现为患侧腕部第一腔室内肌腱的腱鞘增厚，厚度＞1mm，回声减低，可合并局部的肌腱增厚和腱鞘积液，彩色多普勒血流成像（CDFI）见增厚的腱鞘及肌腱内血流信号增多。

2. 腕关节X射线检查

腕关节X射线检查是该病常规检查项目，不能用于直接诊断，可以作为鉴别诊断依据，可以判断有没有骨折、脱位、肿瘤等情况。此外还可以进行X射线检查，主要是为了观察患者腕关节部位的骨质情况，可以与腕关节骨折、骨关节炎等疾病进行鉴别诊断。

三、诊断与鉴别诊断

（一）诊断

桡骨茎突腱鞘炎根据急性创伤、活动过度、冻伤及感染等诱因（其中活动过度主要针对长期从事机械性手工工作的劳动者），出现以下典型症状和体征：发病缓慢，腕部桡侧疼痛；桡骨茎突处有结节，主要疼痛部位在第一掌骨基底部与桡骨茎突之间压痛明显，可出现向前臂及拇指的放射痛。

1. 体格检查

外观检查：DQT 患者查体时在桡骨茎突近端 2cm 左右为明显压痛区。可在局部触及硬结，或在拇指外展时有摩擦感和摩擦音，少数可有弹响。如果滑膜炎性增生时，桡骨茎突处可见该区域肿胀。

2. 特殊检查

（1）握拳尺偏试验（finkelstein sign）：是最重要的检查体征，嘱患者将拇指握于手心，将腕关节尺偏可诱发疼痛加重。如果患者手腕桡侧部位出现疼痛的症状，则表示试验结果为阳性，一般提示患者可能患有桡骨茎突狭窄性腱鞘炎。

（2）握拳试验：用于评估腕部和手部肌肉力量以及神经功能。嘱患者将患肢完全伸直并紧握拳头，然后迅速松开，观察其能否快速恢复至初始状态。桡骨茎突腱鞘炎患者在松开拳头后不能立即恢复到初始状态，影响手部正常功能。

（3）抗 tensordip 试验：旨在测试手腕下方肌腱的功能是否正常。医生会握住患者的拇指并将手腕向下压，同时让患者尝试向上推以抵抗压力。

（4）腕伸肌紧张试验（mills sign）：可辅助诊断桡骨茎突腱鞘炎。患者仰卧位，肘关节屈曲 90°，医者一手固定肩关节，另一手按压肱二头肌隆起处，询问有无疼痛。

（二）鉴别诊断

桡骨茎突腱鞘炎需要与腕部交叉综合征、第一腕掌关节骨关节炎（CMC）、舟骨—大小多角骨骨关节病（STT）及手指慢性腱鞘炎相鉴别。

1. 腕部交叉综合征

腕部交叉综合征的症状和桡骨茎突腱鞘炎很相似，都涉及手腕肌腱的炎症。但二者疼痛始于不同部位，腕部交叉综合征比较罕见，疼痛肿胀部位位于腕关节近侧 4cm 左右的肌腹交叉处。相邻关节的骨性关节炎多有影像学方面的改变，如骨赘形成、关节软骨退变硬化，关节间隙改变等。桡骨茎突狭窄性腱鞘炎则是手腕边缘疼痛，疼痛位置更加接近手掌。将拇指弯曲到手掌中，其他四个手指握住拇指，接下来弯曲手腕，如果感到拇指肌腱疼痛，就可能是桡骨茎突狭窄性腱鞘炎，需要注意的是该测试应与健侧手腕作对比。

2. CMC 和 STT

CMC 和 STT 为骨关节退行性病变，主要表现为关节疼痛，疼痛感位于关节深处，长时间使用关节后会更明显；活动受限，关节活动有时伴有捻发音，在休息一段时间后出现关节僵硬，时间不超过 30 分钟。

3. 手指慢性腱鞘炎

桡骨茎突腱鞘炎与手指慢性腱鞘炎在原因、病程和疼痛部位上均有不同。手指慢性腱鞘炎是由肌肉或肌腱受到刺激或损伤造成的病变，这种刺激或损伤可能来自过度使用拇指、拇指受伤或炎症等。桡骨茎突腱鞘炎则是由于手部长时间过度使用引起。频繁重复的手部运动和姿势不当都可能导致桡骨茎突狭窄性腱鞘炎的发生。从病程看，手指慢性腱鞘炎通常表现为拇指活动受限，突然卡住或卡滞的感觉。桡骨茎突狭窄性腱鞘炎则是疼痛逐渐加重，手部的活动范围变得越来越有限。二者疼痛部位也不同，手指慢性腱鞘炎疼痛主要集中在拇指处，桡骨茎突狭窄性腱鞘炎的疼痛主要集中在手腕和前臂。

四、治疗

DQT 的治疗包括健康宣教、非手术治疗和手术治疗。桡骨茎突腱鞘炎一般通过制动、封闭、理疗等非手术治疗就可以很快缓解，但容易复发。对于反复复发的顽固性疼痛患者，各种非手术治疗均无效的情况下，可以采取手术治疗。

（一）健康宣教

DQT 存在明显的危险因素，因此需要有针对性地对易患人群进行健康宣教，及时去除危险因素，降低发病率。治疗本病要从病因、病理多角度同时出发，综合系统化治疗。健康宣教能够引导患者姿势调节，减轻慢性损伤，有效降低发病率，尤其是复发率，有助于根治本病。对于从事腕部重复劳作的工种可通过休息或更换工作来控制和缓解病情。

（二）非手术治疗

1. 支具固定

由于本病属于运动损伤性疾病，使用支具固定，常用指夹板或拇指短石膏，通过减少拇指活动来减少拇长展肌、拇短伸肌在腱鞘内的摩擦，从而达到缓解急性期疼痛的效果。支具固定的缺点在于长期的指夹板并不能保证固定在位，此外，长期的制动可能带来远期活动僵硬的并发症。尽管临床上经验性采用制动辅助其他治疗方法，其治疗效果仍有争议。

2. 物理治疗

物理治疗措施包括局部热疗、按摩及腕关节制动。支具固定是把患者的腕关节制动于休息位，同时将拇指掌指关节制动于伸直位，以减少拇长展肌及拇短伸肌与鞘管的摩擦，从而减轻局部炎性病变。

3. 药物治疗

如果出现明显疼痛感，可以在医生的指导下，口服或外敷 NSAIDs，如布洛芬缓释胶囊、双氯芬酸钠肠溶片、双氯芬酸二乙胺乳胶剂、依托芬那酯乳膏等，减轻局部炎性反应。

4. 封闭注射

对于非糖尿病患者封闭效果较好，1~2 次封闭治疗后，对 50%~80% 的患者有效。在超声引导下封闭注射，可以明确肌腱周围是否有明显的滑膜增生，同时可避免药物注射到肌腱内部。妊娠期及哺乳期非手术治疗效果较好，且停止妊娠及哺乳后病情趋于缓解。

（三）手术治疗

非手术治疗的主要目的是缓解疼痛，改善腕部功能，并未从根本上解决腱鞘狭窄，常导致本病反复迁延。手术治疗能够从根本上解决腱鞘狭窄，并且具有迅速缓解疼痛，恢复功能，使患者早期回归工作、家庭的优势。此外，手术疗法能准确发现解剖变异，从而提高疾病的治愈率，面对出现对非手术治疗无效的难治性腱鞘炎，通常建议手术治疗。手术方法包括如下几种。

1. 直接开放手术

常规手术方式是直接在压痛处切开，暴露第 1 背侧肌间隔，切开增厚的腱鞘，松解腱鞘，以肌腱能在腱鞘内自由滑动为标准。直接开放手术具有见效快的优点，却具有感染等一系列手术风险，并且由于术中直接切除背侧支持带，可能出现肌腱脱位，还可能出现损伤桡神经及静脉的情况。在操作上，应当严格遵守无菌原则，将感染等手术风险降至最低。相较于横行切口，纵行切口更易暴露第 1 背侧肌间隔，更容易规避桡神经分支及手背静脉，因而较横行切口更具优势。直接开放手术作为目前为手术治疗的常规术式，具有良好效果，一般在非手术治疗无效时选用手术治疗。

2. 第 1 肌间隔松解术

此手术方式不切开增厚的腱鞘，而是清除第 1 伸肌间隔内发现的腱鞘囊肿，或者切开拇长展肌与拇短伸肌之间的隔膜，达到松解第 1 背侧伸肌肌间隔的目的，本法与直接开放手术相似，主要区别在于切开伸肌支持带后，松解腱鞘，不再是通过切开增厚的腱鞘，而是清除腱鞘内异常。本法虽然可能有肌腱半脱位这样的并发症，但是它保护了第 1 背侧伸肌间隔，这对于肌腱稳定性的远期疗效要高于直接切除腱鞘的方法。

3. 经皮针松解术

此手术创伤更小、瘢痕形成更少，而且超声引导下效果更好，但是可能损伤肌腱。主要适应证为不选择手术治疗或非手术治疗无效的患者，操作要点在于准确经皮将针导入腱鞘内，其具体疗效需要进一步临床实践。

4. 关节镜下骨纤维管扩大术

关节镜治疗具有创伤小、治疗周期短、恢复快的优点，相较于开放手术，最大的优点在于不切开伸肌支持带，不会出现肌腱脱位的情况。但是目前仍然存在争议，部分学者认为关节镜手术费用昂贵且耗时较长，而且其相对于直接开放手术的优势不够明显。因此，关节镜治疗一般不被广大医患所选用。

（赵怡然　关　里）

08 第八章　膝部工作相关肌肉骨骼疾病

第一节　髌前滑囊炎

在膝关节的周围（如骨骼与肌肉、肌腱与皮肤或肌肉与肌肉之间）有许多滑囊，滑囊在解剖和生理结构上与腱鞘和关节滑膜相似。正常情况下，滑囊内存在有少许滑液，以适应膝关节活动。当髌前皮下滑囊发生外伤或受到慢性刺激而出现滑液增多、滑囊肿大伴膝关节活动受限时，称为髌前滑囊炎。

髌前滑囊炎是常见的膝部工作相关肌肉骨骼疾病，表现为髌前或髌腱前局部压痛和肿胀。临床表现为关节或骨骼处部位逐渐出现圆形或椭圆形包块伴疼痛，周围组织皮肤可有红肿，病程久者可出现关节变形和活动受限。

一、职业暴露

1. 常见病因

髌前滑囊炎常见的致病原因有：急性或慢性外伤；急性或慢性化脓感染；低毒性炎症，如痛风、结核、类风湿关节炎等。一般根据临床表现和滑囊内容物的特点分为感染性炎症和非感染性炎症。在相关职业劳动过程中，滑囊长期受到摩擦、压迫、挤压和碰撞等导致滑囊壁充血、水肿、渗出、肥厚、滑囊扩大形成囊肿，引发滑囊炎。

2. 常见职业暴露

髌前滑囊炎与职业的类型、工种、职业环境、劳动强度等密切相关。创伤性损伤被认为是非感染性滑囊炎的主要致病因素，分为急性损伤和慢性损伤。慢性损伤较为多见，是由长期、持续、反复、集中和力量稍大的摩擦引起。患者多有膝前受撞击或长期膝关节前方跪地工作史。如矿工常因工作环境和劳动姿势等原因，膝部滑囊长期受到摩擦、压迫和碰撞等导致髌前滑囊炎，故又称为“矿工膝”。又如，在石板磨光加工时，因石板重量过大，操作时为了减轻上臂劳动强度，劳动者常用膝部紧靠机台作支撑，膝部长期受到振动和压力的影响引起髌前滑囊炎。国外，称髌前滑囊炎为“牧师膝”“女仆膝”，常在跪姿劳动者或洗衣女工中发生。

职业性髌前滑囊炎的患病率随职业人群、作业条件和劳动强度不同有显著差异。另外，渔民也是髌前滑囊炎的高发人群，且渔民髌前滑囊炎有其自身的发病特点。渔民的工种和劳动条件，决定了渔民的发病率。外海作业的大型渔轮，以机械作业为主，这类船舶上的渔民很少患髌前滑囊炎；而以小船近海张网作业的渔民，以人工作业为主，常需要长期反复“膝顶”作业，导致髌前滑囊炎在这类渔民中的高发病率，并有一定的复发率，且有双膝交替发病的可能。另外，渔民髌前滑囊炎患者多伴有膝关节不同程度的骨质增生甚至骨关节炎，有些患者虽然年纪很轻，但膝关节退行性改变已相当明显；年龄越大、从业时间越长的患者则越发明显，这与渔民的职业、劳动条件和劳动强度有关。在海岛地区，渔民是髌前滑囊炎的高发人群，髌前滑囊炎可称得上是渔民的职业病，在海岛地区也有人称之为“渔民膝”。

同时，此病也是一种常见的运动损伤，多系运动员跪地或髌前被顶撞所致。与其他关节损伤相比，髌前滑囊炎大多数发生在赛季间歇期，隐匿发病。直接的压迫摩擦是主要的致病原因。除了好发于摔跤选手外，髌前滑囊炎在足球、排球、冰球等职业运动员身上亦常见。

二、临床表现及辅助检查

（一）临床表现

髌前滑囊炎多因外伤或慢性劳损所致，可出现髌前疼痛、局部软组织肿胀及膝关节活动受限等症状。

1. 疼痛

髌骨前方疼痛是髌前滑囊炎的主要症状之一，疼痛程度因个体差异而异。疼痛通常在活动时加剧，休息时减轻。当运动时，突然感觉膝盖像被电击一样剧烈疼痛，并且无法移动膝盖。部分患者可能还会出现夜间疼痛加重的情况。

2. 肿胀

局部出现肿胀是髌前滑囊炎的常见表现之一，触诊时可有波动感。肿胀的程度与滑囊内积液量有关，积液量越多，肿胀越明显。

3. 活动受限

由于疼痛和肿胀的影响，膝关节的屈伸活动可能受到限制，严重时可能导致行走困难。部分患者还可能出现关节僵硬的情况。

4. 其他症状

部分患者可能出现发热、皮肤发红等症状。此外，如果是感染引起的髌前滑囊炎，感染严重时，部分患者还可能出现全身症状，如发热、寒战、乏力等。

（二）辅助检查

1. 超声检查

超声检查可以清晰显示髌前滑囊的形态、大小及内部回声情况，有助于诊断髌前滑囊炎及评估积液量。超声检查具有操作简便、无创、可重复性好等优点，是诊断髌前滑囊炎的重要辅助手段。

2. X 射线检查

虽然 X 射线检查不能直接显示滑囊结构，但可以排除骨折、关节脱位等骨性病变，为诊断提供重要参考。X 射线检查还可以观察关节间隙、骨质改变等情况，进一步为髌前滑囊炎的诊断提供支持。

3. MRI 检查

MRI 检查是诊断髌前滑囊炎的重要手段之一。MRI 检查可以清晰地显示滑囊及其周围软组织的结构，包括滑囊内的积液、炎症反应等，对于判断滑囊炎的严重程度及与周围组织的关系具有重要价值。MRI 检查还能发现其他潜在的关节内病变，为治疗方案的制订提供依据。

4. 关节穿刺

对于疑似髌前滑囊炎的患者，肿胀明显者，可以考虑行关节穿刺，也是确诊的重要方法之一。

通过穿刺可以抽取滑囊内的液体进行化验，化验穿刺液常规、穿刺液生化，必要时进行穿刺液培养，以了解液体的性质（如是否为血性、炎性积液、感染等），为诊断和治疗提供直接依据。关节穿刺应注意严格无菌操作，在无菌条件下进行，以避免感染等并发症的发生。

5. 实验室检查

根据患者的具体情况，还可建议进行血液检查、关节液培养等实验室检查，如检测血常规、C- 反应蛋白、降钙素原、红细胞沉降率等炎性指标，以了解患者的全身状况、感染情况等，为诊断和治疗提供参考。当急性损伤导致的滑囊炎时滑囊积液常是血色的，颜色淡红。但如果是慢性损伤引起的急性发作，滑囊内的积液往往是透明的黄色。慢性损伤性滑囊炎初期由于血性渗出液导致滑囊膨胀，但是以后会出现滑囊水肿、充血、增厚或呈绒毛状，囊壁增厚和纤维化。如果长期因滑囊肿胀疼痛而缺乏运动，滑囊还会进一步脱水形成粘连。

三、诊断及鉴别诊断

（一）诊断

通过视诊观察髌骨前方是否有肿胀，触诊检查是否有压痛及波动感。同时，还需要评估膝关节的活动范围和稳定性。体格检查是诊断髌前滑囊炎的基础，但仅依靠体格检查往往难以作出准确诊断。

髌前滑囊炎的体征与其发病类型有关，可分为急性滑囊炎和慢性滑囊炎。

（1）急性滑囊炎：急性滑囊炎又分为急性外伤和慢性损伤的急性发作。起病较为迅速，查体时活动或接触都会使疼痛增加，且疼痛一般为持续性胀痛。膝关节在髌骨下部的前面可扪及一个柔软波动性肿块。包块的境界清晰，局限在髌骨前面，一般不累及关节本身，但严重时会引起活动受限。若有继发感染，关节周围可出现红、肿、热、痛等继发感染表现。

（2）慢性滑囊炎：慢性损伤较为多见，多是由于膝关节长期反复摩擦刺激肌肉下的滑囊引起，膝关节局部可有边界清楚的囊性肿块伴压痛。一般症状会持续数月，时轻时重。

（二）鉴别诊断

引起膝前疼痛的疾病种类较多，为确保准确诊断和治疗，髌前滑囊炎需要与其他疾病进行充分鉴别。

1. 结核性滑囊炎

结核性滑囊炎可为滑囊的原发性结核感染，也可继发于附近骨结核病灶，起病缓慢，可逐渐出现肿块与疼痛，穿刺液为脓性或干酪样物。疼痛性质、部位和伴随症状与髌前滑囊炎有所不同，需结合具体病情进行鉴别。

2. 类风湿性滑囊炎

类风湿性滑囊炎常发生于足跟部，多伴有其他类风湿关节炎改变，容易出现关节内肿胀，超声和核磁表现滑膜增厚明显。

3. 鹅足肌腱炎（滑囊炎）

鹅足肌腱由半腱肌、股薄肌及缝匠肌构成，因其分布形似“鹅足”得名。胫骨与鹅足肌腱之间有个装有液体的滑囊称为鹅足滑囊。因反复外力作用可造成此处产生无菌性炎症，称为鹅足肌腱炎（滑囊炎），主要表现为膝关节内侧疼痛，局部有肿块，常可误诊为慢性关节炎、内侧半月板损伤、内侧副韧带损伤等。鹅足肌腱炎（滑囊炎）MRI 表现：鹅足滑囊内可见囊样信号影，冠状面 T1WI 呈低信号，矢状面脂肪抑制质子密度加权像呈高信号，内部可见分隔，增强后无强化。

4. 色素沉着绒毛结节性滑膜炎

色素沉着绒毛结节性滑膜炎（pigmented villonodular synovitis，PVNS）是一种原因不明的累及滑膜、滑囊和腱鞘的交界性肿瘤，多见于30~50岁人群。根据病变范围可分为弥漫型与局限型，以前者多见。PVNS通常累及单关节，以膝关节为主，其次是髋关节、踝关节、肩关节及肘关节。其病变性质归属于炎症还是肿瘤，尚无一致意见，但目前多倾向肿瘤，弥漫性PVNS术后需要放疗。病理表现以大量含铁血黄素巨噬细胞沉积于过度增生的滑膜组织为特征。临床主要表现为无痛性肿胀，病程较长。MRI表现为滑膜绒毛状或结节状增厚，伴有特征性含铁血黄素沉积。局限型PVNS表现为边界清楚的肿块，弥漫型PVNS表现为关节内形态、大小不一的多发结节状、片状低信号影，文献形容为“开花样伪影”。非特征性表现有关节积液、骨质侵蚀、反应性骨髓水肿、软骨下囊肿及关节间隙狭窄。PVNS向关节外蔓延，常累及膝关节周围滑囊，包括髌上囊、腘肌囊、腓肠肌内侧头—半膜肌滑囊等。

四、治疗

髌前滑囊炎的治疗以非手术治疗为主。具体治疗方案则主要根据滑囊内容物的性质而制订。对于非感染性急性滑膜炎的患者，可以通过休息、使用抗炎药、抽液来进行治疗。对于慢性滑囊炎的患者，可以通过肾上腺皮质激素的注射来进行治疗，还需要加强锻炼。如果患者已经受到了感染，也需要抗生素治疗或者进行引流。

（一）健康宣教

髌前滑囊炎大多是由于过度使用膝关节、肌肉不平衡、跑步不当、弯腰等工作或运动引起，因此在日常工作和生活中要纠正不良用膝习惯，避免跪坐姿势，尽量避免深蹲等加重膝关节负担的姿势。必要时可以使用护膝，但是注意护膝使用时间，不可长期佩戴。注意膝关节休息，减少爬山、爬楼梯等运动休闲活动，可以改为游泳等对膝关节友好的运动。加强膝关节周围肌力训练，以保持膝关节稳定，避免再次受伤。

（二）非手术治疗

1. 休息与制动

对于髌前滑囊炎患者，首要的治疗措施是休息与制动。患者应避免过度活动膝关节，以减轻关节负担，促进炎症消退。在急性期，遵循PRICE原则，即保护患膝（protection）、休息（rest）、冰敷（ice）/冷敷、加压包扎（compression）和抬高患膝（elevation），以减少关节活动，缓解疼痛和肿胀，若肿胀张力过大，必要时可以穿刺减压，同时明确穿刺液的性质，必要时进行穿刺液常规、生化等检测。

2. 药物治疗

药物治疗是髌前滑囊炎非手术治疗的重要手段之一。非甾体抗炎药，如布洛芬、双氯芬酸钠、塞来昔布、洛索洛芬钠片等，可以缓解疼痛和炎症；外用消炎止痛药膏或贴膏药，如双氯芬酸钠软膏等，也可辅助治疗。另外，根据滑囊穿刺液性质进行药物治疗，若滑液是浆液性的，如创伤性滑囊炎，应在抽净滑囊内液后，注入类固醇皮质激素抗炎治疗，然后用弹力绷带加压包扎，使滑囊的相对面保持密切接触，同时制动。一般需2周可获得痊愈。如果滑液是化脓性的，应做细菌培养，选用敏感抗生素，一般全身应用抗生素有效，偶尔需要切开引流。感染较轻的少数患者仅口服抗生素即可。有报道认为只有通过肠道外服用抗生素才能达到满意的最小抑菌浓度。因此，对大多数患者应静脉注射抗生素，滑囊局部也要注射才能获满意疗效。对于严重患者需反复吸出积液或切开引流治疗。国外学者汤姆森（Tompson）等认为上述两种治疗方案均有缺点，即易形成慢性窦道。国外学者奈特（Knight）设计了一种抽吸—冲洗—引流系统，一次手术完成持续引流，减少窦道形成，取得了良好的临床效果。

3. 物理治疗

物理治疗包括急性期冷敷、慢性期热敷、按摩、针灸、高频电理疗等方法，可以促进血液循环、减轻炎症、缓解疼痛、改善关节功能。物理治疗应在专业医师的指导下进行，根据患者的具体情况制定个性化的治疗方案。急性损伤 24 小时之内可以冷敷，促进局部血管收缩，减轻充血和出血，达到止痛、消肿、消炎目的。72 小时之后可以热敷，以改善血液循环，促进组织代谢，缓解组织水肿。同时注意休息，避免做膝关节过度或反复屈曲的动作。

4. 康复训练

髌前滑囊炎非手术治疗之后或者术后都应进行康复治疗。常用的康复治疗方法有物理因子治疗、手法治疗和运动疗法。在急性期过后要及时开展康复训练，以避免组织粘连，促进功能恢复。在疼痛缓解后，患者应在专业医师的指导下进行康复训练，包括肌肉锻炼、关节活动度训练等，以增强关节稳定性、改善关节功能。康复训练应循序渐进，避免过度训练导致损伤。

（三）手术治疗

对于非手术治疗无效、反复发作或症状严重的髌前滑囊炎患者，可考虑手术治疗。手术治疗方法包括切开滑囊切除术或关节镜下滑囊切除术等，关节镜下滑囊切除术更加微创，恢复更快。手术治疗应在专业医师的指导下进行，根据患者的具体情况选择合适的手术方式。

1. 切开滑囊切除术

该手术为开放性切除滑囊手术，目前已被广泛采用。但该手术存在一定缺点，因为滑囊长期发炎，覆盖滑囊皮肤与滑囊前壁常发生紧密粘连，剥离前壁时易损伤皮下血管，神经组织，甚至将皮肤剥穿，造成皮肤缺血萎缩，感觉减退，与髌骨粘连，使膝关节运动受限。另外，该手术切口较大，易形成瘢痕伴触痛。还有报道开放性手术术后皮肤并发症高达 20%。因此有学者提出单纯切除滑囊后壁，保留前壁从而避免损伤滑囊表面的皮肤。

2. 关节镜下滑囊切除术

目前认为关节镜下滑囊切除术需注意以下几点。①关节镜插入前滑囊应膨胀。②皮肤入口应避开滑囊正前方皮肤，离边缘约 1cm，经皮下约 1cm 长的隧道到达滑囊，从而避免刺破滑囊。③在手术切除时应用一定压力进行冲洗从而保持滑囊膨胀。④在分离前壁时需格外小心，避免穿破皮肤。对伴有窦道者，不需另做切口，关节镜通过窦道进入，切除滑囊后，将窦道及纤维化组织一并切除，该方法安全有效。

总之，髌前滑囊炎的治疗以非手术治疗为主。当非手术治疗无效时应手术切除滑囊。随着关节镜外科的不断发展，设备技术的不断完善，关节镜下切除滑囊已得到广泛应用。该手术的优点：对皮肤软组织损伤小，恢复快，减少瘢痕形成，不损失关节活动性。

（胡贵平　刘振龙）

第二节　半月板损伤

半月板损伤是最常见的一种膝关节损伤。其主要症状是关节疼痛、无力，有些半月板损伤结构不稳定时，可能会引起弹响、交锁（膝关节突然卡住，动弹不得）等表现。这些症状会让患者无法恢复运动能力，影响工作及生活质量。

半月板是膝关节间的半月形软骨板，膝关节有两个半月板，分别是内侧的C形半月板和外侧的O形半月板。半月板主要充当垫片的角色，起到缓冲减震的作用，并且加深膝关节的关节窝以增加关节稳定性。与此同时，半月板的存在还增大了关节的接触面积，减少膝关节软骨的压力，保护其免受磨损。但是，半月板有时相当脆弱，只需一个巧劲，扭转并研磨膝关节就可以使半月板撕裂，也可能会继发软骨损伤，产生关节游离体，这是关节绞锁的最直接原因。

半月板撕裂在诸如足球、篮球之类的接触性竞技运动非常常见；同时也常见于一些需要反复跳跃、急转急停、变线的运动，如网球、排球等；当人在跑步时突然改变方向时，也有可能会发生半月板撕裂，原因是运动时小腿固定，股骨处于内外旋或内外翻的体位，在这时，如果突然伸直股骨或下蹲，半月板处于不协调的运动中，并且受到强烈的挤压，就有可能导致半月板撕裂。中老年体育爱好者更易出现半月板撕裂，因为半月板的主要成分是胶原，其强度会随着年龄的增长而减弱，不少中老年人即使没有频繁运动，半月板也会逐渐退变，易于撕裂。65岁以上的人群中有40%以上的人会有半月板损伤。

一、职业暴露

1. 常见病因

半月板损伤常见的病因主要包括以下几个方面。

（1）运动损伤：在体育运动或剧烈活动中，由于突然的扭转、剪切、撞击或过度伸展动作，可能使半月板承受异常应力，从而发生撕裂或破裂。常见半月板损伤的运动项目主要有足球、篮球等。

（2）外力创伤：如交通事故中膝关节受到强烈撞击，或者从高处跌落时膝关节承受不当负荷，均可导致半月板损伤。

（3）退行性改变：随着年龄的增长，半月板的弹性和含水量下降，逐渐变得脆弱，对日常活动中的应力耐受性减弱。老年人可能在没有明显外伤的情况下，仅仅因为走路、上下楼梯等日常活动就出现半月板磨损或撕裂。

（4）慢性劳损：长期从事高强度体力劳动或需反复屈膝、蹲起的职业人士，如运动员、舞蹈演员、军人等，膝关节承受持续压力和磨损，可能导致半月板慢性损伤或加速其退变过程。

（5）关节疾病或结构异常：①膝关节炎，关节炎导致的关节软骨退变、滑膜炎症或关节积液，可能加重半月板的负担，使其更容易受损。②其他关节问题，如膝关节内翻或外翻（膝关节力线不正）、髌骨轨迹异常、股四头肌或腘绳肌力量不平衡等，均可增加半月板承受不均匀压力的风险，促使其损伤。

（6）遗传因素与个体差异：①先天性半月板缺陷，有些人可能存在半月板形态异常或先天薄弱区域，使其在同等条件下更易受伤。例如盘状半月板。②个体体质与恢复能力，不同的个体对于相同应力的反应可能存在差异，有些人可能更易发生半月板损伤，或损伤后恢复较慢。

2. 常见职业暴露

半月板损伤通常不被视为一种职业病，因为它主要与运动损伤、外伤、退行性改变或先天畸形等因素相关，而非直接由职业活动中接触特定有害物质（如粉尘、放射性物质或其他有毒物质）所导致。

尽管半月板损伤本身不是职业病，但在某些职业环境中，由于工作性质或条件，工作人员可能面临更高的半月板损伤风险。例如：

（1）职业体育专业运动员，由于长期从事高强度、高冲击力的训练和比赛，膝关节承受的压力远超常人，半月板损伤的发生率显著增高。

（2）重体力劳动者，建筑劳动者、搬运工、矿工等需要频繁负重、深蹲、上下楼梯或长时间站立的职业，膝关节持续承受较大负荷，易诱发半月板损伤。

（3）特定作业姿势，如长期跪姿或蹲姿工作的清洁工、园艺师、装修劳动者等，膝关节处于非生理状态的时间较长，可能加速半月板的磨损或诱发损伤。

（4）高风险工作环境，消防员、警察等在执行任务时可能遭遇突发性膝关节外伤，增加半月板损伤的风险。

尽管这些职业活动或环境并不直接导致半月板损伤成为职业病，但它们确实构成了工作相关伤害的一种形式。在这些职业中，雇主应采取适当的安全措施，如提供合适的防护装备、定期进行职业健康培训、实施合理的工间休息和体位变换、优化工作流程以减少重复或高强度膝关节活动等，来降低员工半月板损伤的风险。

二、临床表现

半月板损伤的临床表现多种多样，但主要集中在膝关节功能障碍和疼痛等方面。以下是半月板损伤典型和常见的临床表现。

1. 膝关节疼痛

（1）急性期疼痛：损伤初期，疼痛往往剧烈且突然，尤其是在扭伤或撞击后立即出现。疼痛部位通常在膝关节内侧或外侧，与受损的半月板位置相对应。

（2）活动性疼痛：在特定活动（如屈膝、旋转、上下楼梯、长距离行走或跑步）时，疼痛会加重。疼痛可能随活动的停止而缓解。

（3）按压痛：在膝关节的特定区域（如半月板所在部位）按压时，患者会感到疼痛。

（4）特殊类型的疼痛模式：深层内侧痛。某些类型的半月板损伤（如内侧半月板后根部撕裂）可能引起膝关节深处的内侧痛，尤其是在下楼梯或坐位时膝关节完全屈曲时更为明显。

2. 关节肿胀

（1）急性肿胀：损伤后短时间内，膝关节可能出现明显肿胀，有时伴有瘀血，这是由关节内出血和炎症反应所致。

（2）慢性肿胀：在慢性或反复损伤情况下，肿胀可能不甚明显，但仍可观察到关节周围组织饱满或轻度肿大。

3. 关节活动受限

（1）活动范围减小：由于疼痛和肿胀，患者可能发生膝关节的屈曲和伸直角度减小。

（2）关节僵硬：早晨起床或长时间静坐后，膝关节可能出现短暂的僵硬感，活动后逐渐缓解。

4. 弹响与绞锁

在屈伸膝关节时，患者可能会听到或感觉到“咔嚓”“噼啪”等声响，这是由半月板撕裂碎片在关节腔内移动所致。绞锁是指膝关节在活动过程中突然卡住，无法完成正常的屈伸动作。

5. 打软腿

患者在行走、跑步或做其他活动时，膝关节突然无力，感觉膝关节“软掉”，无法支撑身体重量。这种现象往往与半月板损伤导致的关节稳定性下降有关。

6. 股四头肌萎缩

长期存在半月板损伤症状且未经有效治疗的患者，可能会出现股四头肌（尤其是股内侧肌）的萎缩，这是因疼痛和功能受限导致肌肉失用的结果。

7. 关节间隙压痛并突出

医生在体检时，可以在半月板损伤对应的关节间隙部位（如内侧间隙或外侧间隙）找到压痛点，按压时患者可能感到疼痛加剧。有时可以触及半月板损伤部位在关节间隙内的异常隆起。

8. 运动功能障碍

可能出现步态异常，如行走时膝关节屈曲受限或保护性跛行。运动能力下降，如跳跃、急停、转向等动作受限，或者无法进行以前能够完成的体育活动。

9. 其他症状

长期慢性损伤可能导致膝关节僵硬、关节炎样症状或顽固性疼痛。

以上临床表现并非所有患者都会全部出现，具体表现取决于半月板损伤的程度、类型、位置以及个体差异。临床医生通常会结合病史、体格检查及影像学检查（如MRI检查）来做出半月板损伤的诊断。

三、诊断及鉴别诊断

（一）诊断

半月板损伤的诊断必须建立在采集详尽的病史基础上，了解确切的外伤史和症状发展，既往病史（询问是否存在其他膝关节疾病、手术史或全身性疾病）以及目前的功能影响，并结合全面的体格检查，通过视诊、触诊、判断患者的关节活动度，并借助影像学评估（如X射线检查、MRI检查等），方可诊断。以下是一些半月板损伤的检查手段：

1. 体格检查

医生通过直接观察、触摸和活动患者的膝关节来评估其结构、功能及疼痛反应的过程。针对半月板损伤，体格检查通常包含以下几个方面。

（1）视诊：检查膝关节有无肿胀、皮温升高、皮肤颜色改变（如淤血、紫绀等），以及关节轮廓是否正常。

（2）触诊：检查膝关节周围软组织的温度、弹性、压痛和肿块。探查关节间隙是否存在异常增厚或突出，以及关节线压痛（内侧、外侧、前侧、后侧关节线）。

（3）动态评估：测试膝关节的主动和被动活动范围，包括屈曲、伸直以及内、外旋。观察和感受关节活动过程中有无卡顿、弹响、不稳定感或疼痛加重。

2. 特殊检查

（1）麦克马瑞（McMurray）试验：又称半月板弹响试验、回旋研磨试验。这是一项专门用于检测半月板损伤的临床检查。医生会让患者仰卧，膝关节完全放松，然后缓慢地屈曲和伸直膝关节，同时内旋或外旋小腿。如果在某个角度（通常是在完全屈曲和部分伸直之间）出现弹响、卡顿或疼痛加剧，提示可能存在半月板撕裂。

（2）单腿下蹲测试：患者单腿站立，尽可能地深蹲并保持平衡，同时进行膝关节的内旋和外旋。如果在下蹲过程中出现疼痛、不稳定感或打软腿，尤其是当旋转成分加入时症状加重，可能提示半月板损伤。

（3）半月板研磨试验（Apley 试验）：嘱患者俯卧于治疗床上，并屈膝 90°，固定膝盖，第一步先一手握住小腿远端垂直向上牵拉，进行小腿内、外旋，第二步再将小腿垂直向下压，并进行小腿内、外旋。第一步无疼痛，第二步诱发疼痛或弹响则为阳性。

此外，还可用拉赫曼（Lachman）试验、前抽屉试验、后抽屉试验来评估膝关节前向、后向的稳定性，用轴移试验来检查膝关节在内、外侧应力下的稳定性，用以帮助鉴别半月板损伤和膝关节周围韧带损伤。

3. 辅助检查

半月板损伤的辅助检查主要包括影像学检查和实验室检查，其中影像学检查是诊断半月板损伤的主要手段。以下是常用的检查方法。

（1）X 射线检查：常规 X 射线检查对于半月板本身并不敏感，因为半月板主要由软组织构成，不显影于 X 射线上。然而，X 射线可以用来排除其他可能导致膝关节症状的骨骼病变，如骨折、关节退行性改变、骨软骨性游离体、剥脱性骨软骨炎等。

（2）MRI 检查：是诊断半月板损伤的首选无创性检查。它能清晰显示半月板的形态、信号强度变化以及与周围结构的关系，不仅能准确诊断半月板撕裂的存在，还能定位撕裂的位置、判断撕裂的程度（如边缘性、横断性、桶柄状、复杂性撕裂等）、评估半月板内部的水肿、变性情况以及是否存在伴随的关节积液、软骨损伤、韧带损伤等。

（3）CT 检查：通常不作为半月板损伤的首选检查，但在某些特定情况下，如怀疑有复杂骨折、骨质增生或其他骨性病变影响半月板时，CT 扫描可以提供更详细的骨性结构信息。

（4）关节造影：这是一种有创检查，通过向关节腔内注射造影剂，然后进行 X 射线或 CT 扫描以增强关节内部结构的可视化。尽管关节造影能详细显示半月板的轮廓和潜在撕裂，但由于其侵入性、可能的并发症以及 MRI 技术的进步，关节造影在半月板损伤诊断中的应用已大幅减少。

（5）关节镜检查：是诊断半月板损伤的金标准。这是一种微创手术，通过在膝关节上做小切口插入关节镜，直接观察半月板的外观、质地和活动情况。关节镜不仅可以确诊半月板损伤，还能在诊断的同时进行治疗（如半月板修复、部分切除、清理游离体等）。虽然关节镜是最准确的检查方法，但由于其属于手术操作，通常只在非手术检查难以明确诊断或需同时进行治疗时采用。

综上所述，半月板损伤的辅助检查中，MRI 检查是最重要的无创性检查手段，能提供丰富的诊断信息；X 射线检查主要用于排除骨性病变；CT 在特定情况下补充骨性结构的评估；关节造影和关节镜检查虽有更高的诊断价值，但因侵入性较大，通常仅在必要时使用，尤其是关节镜检查与治疗同时进行。当然，更重要的是也需要结合患者的症状及体征来进行综合性的诊断决策。

4. 问卷

常用问卷国际膝关节文件委员会主观膝关节评估表（International Knee Documentation Committee，IKDC）、膝盖损伤及退化性关节炎量表（Knee Injury and Osteoarthritis Outcome Score，KOOS）等，针

对半月板的问卷调查旨在系统地收集患者关于症状、疼痛情况及对日常活动的影响等方面的主观信息。一般根据实际情况在问卷调查表中相应位置打钩即可。

一般检查侧重于通过直接观察和操作来客观评估膝关节的结构和功能状态，而问卷调查则着重收集患者的主观体验和病史信息，两者结合使用有助于医生全面了解患者病情，更准确地诊断半月板损伤，并制订合适的治疗计划。

（二）鉴别诊断

半月板损伤的鉴别诊断是指在临床工作中，医生需要将半月板损伤与其他可能导致相似症状的膝关节疾病或损伤区分开来。这是因为膝关节疼痛、肿胀、活动受限等症状并非半月板损伤所独有，许多其他病理情况也可能产生类似的临床表现。以下是半月板损伤需要鉴别的常见疾病或情况。

1. 膝关节骨关节炎

骨质增生、软骨磨损导致的慢性疼痛，尤其在活动后加重，休息后缓解；关节僵硬，尤其是早晨起床时；轻度至中度肿胀，关节活动范围可能受限；X 射线或 MRI 检查可显示关节间隙变窄、骨赘形成等典型特征。

2. 滑膜炎

膝关节肿胀明显，关节腔积液可能引起浮髌试验阳性；局部压痛主要在关节周围而非特定的半月板区域；关节活动时有摩擦感，但不一定伴有弹响或卡顿；MRI 检查可能显示滑膜增厚、关节积液，半月板形态通常正常。

3. 髌骨软化症（髌股关节软骨损伤）

疼痛集中在髌骨下极，尤其在下蹲、上下楼梯或长时间坐位后站立时加重；可能有髌骨摩擦音或磨砂感；体检时髌骨研磨试验阳性。

4. 韧带损伤

前十字韧带（ACL）或后十字韧带（PCL）损伤可能导致急性膝关节疼痛、肿胀和不稳感；拉赫曼（Lachman）试验，前抽屉试验、后抽屉试验阳性提示韧带损伤；MRI 检查可清楚显示韧带撕裂、部分断裂或完全断裂。

5. 关节内游离体

症状可能突然出现，表现为膝关节卡锁、交锁或突然打软；体检时可能触及关节内游离体或有弹响；MRI 有助于发现关节内游离体及其来源。

6. 髋关节或踝关节问题

下肢其他关节的病变（如髋关节炎、踝关节扭伤）可能导致代偿性步态改变，进而引发膝关节疼痛。需进行全面下肢评估，包括髋关节和踝关节的检查。

7. 神经功能

腘窝处神经受压（如腓总神经卡压）可能导致膝关节周围疼痛、感觉异常。神经功能检查（如肌力、感觉、反射）有助于鉴别。直腿抬高试验（SLR）用以检查是否存在神经根受压而影响下肢运动表现，进行鉴别诊断和整体评估膝关节功能。

8. 肌肉骨骼系统以外的原因

心血管疾病、代谢性疾病（如痛风、类风湿关节炎）或其他全身性疾病也可能引起膝关节疼痛。通过详细的病史询问、针对性的体格检查、恰当的影像学检查（如 X 射线、MRI）及必要的实验室检查和全身系统评估，医生可以有效地鉴别半月板损伤与其他可能引起膝关节症状的疾病，从而确保准确诊断和合理治疗。

四、治疗

半月板损伤的治疗应根据损伤类型、位置、患者年龄、活动需求等因素，可能选择适当的非手术治疗（如物理疗法、支具使用、药物治疗）或关节镜微创下的手术干预（如半月板部分切除、缝合修复等）。

（一）健康宣教

充分利用身边的工具帮助降低意外造成的半月板损伤风险，有职业暴露，最好每隔一段时间变换劳作的姿势和稍事休息。除了注意运动姿势和运动的强度外，要注意运动保护，如佩戴运动护具防止运动中的意外损伤。

（二）非手术治疗

1. *物理疗法*

半月板损伤的物理疗法旨在减轻疼痛、改善关节功能、促进愈合以及预防并发症。以下是一些常用的半月板损伤物理疗法。

（1）冷敷和热敷：损伤后急性期应使用冷敷，通过降低局部温度，减轻炎症反应、控制肿胀、缓解疼痛。可将冰袋包裹在毛巾中敷于患处，每次15~20分钟，每日数次。亚急性期和慢性期时，当肿胀消退后，可适当应用热敷，如热水袋、热毛巾或红外线灯，以促进血液循环、放松肌肉、缓解僵硬和促进组织修复。

（2）冲击波治疗：冲击波是一种高能声波，传入组织可以激活机体的自我修复，并且有助于松解粘连、改善局部血流、促进组织再生、缓解疼痛，尤其适用于难治性疼痛和慢性损伤。对于半月板损伤患者，冲击波可以有效缓解疼痛，有利于后续康复训练计划的实施。

（3）短波治疗：利用高频电磁波穿透深部组织，促进局部血液循环，减轻半月板损伤患者膝关节部位的炎症与疼痛，促进损伤后的修复。

（4）激光治疗：低强度激光疗法（LLLT）可减少炎症、促进细胞修复、缓解疼痛。根据患者的恢复情况调整治疗的功率，急性期使用低功率治疗。

（5）超声波治疗：利用机械振动能量深入组织，促进血液循环、淋巴回流，加速炎症吸收，缓解疼痛。

（6）磁疗：通过磁场作用改善局部血液循环，减轻疼痛与炎症，促进组织修复。

（7）牵引疗法：一般采用间歇性关节牵引，在专业指导下，通过短暂拉伸膝关节，缓解膝关节内的压力，改善症状。

2. *手法按摩治疗*

关节松动术：物理治疗师通过专业手法帮助恢复关节活动度，缓解交锁现象。在膝关节运动的过程中，除了胫骨与股骨的相对活动外，髌骨的活动度也至关重要，因此，在半月板损伤康复的过程中，如果出现膝关节活动受限的情况，还需要注意检查髌骨的活动度。髌骨的松动手法有向上、下、内、外推动髌骨。

软组织手法：包括按摩、肌筋膜释放等，用于放松紧张肌肉、改善局部循环、减轻疼痛。部分患者在半月板损伤后可能伴随股四头肌、腘肌等肌肉的紧张，我们可以通过触诊的方式对其紧张度进行检查，如果存在肌紧张的情况，可以进行按摩、肌筋膜释放等手法，放松过程中也可以借助筋膜球、筋膜刀、筋膜棒等工具。

3. 运动疗法

（1）关节活动度训练：针对关节僵硬设计渐进式关节屈伸活动，保持或恢复关节正常活动范围。

（2）肌力训练：针对肌力下降的患者，需要强化膝关节周围肌肉（如股四头肌、腘绳肌、髋部肌肉），提高关节稳定性，减轻半月板负荷。针对股四头肌可以采用等长练习，根据患者的练习情况制订进阶策略，如更换为直抬腿练习、坐位抗阻伸膝等。针对腘绳肌同样可以采用等长练习，可以进阶为俯卧位（抗阻）屈膝练习，并且逐步增加阻力。髋部肌肉同理，由等长进阶为抗重力练习，再进阶为抗阻练习。在训练的过程中，根据患者的肌力恢复情况，可以采用综合性的肌力练习，如靠墙静蹲、浅蹲、单腿蹲等。

（3）本体感觉与平衡训练：通过特定练习增强身体对关节位置和运动感知，提高运动协调性，减少再次损伤风险。对于出现协调性较差、平衡能力较弱的患者，可以借助平衡垫、BOSU 球等工具提供不稳定平面来对本体感觉及平衡能力进行训练，此外还可以采用振动仪来训练本体感觉、采用 HUBER 训练仪来进行平衡及协调能力的训练。

（4）步态分析与矫正：评估并纠正不良步态模式，减少对半月板的不利影响。

物理疗法的选择应根据半月板损伤的程度、个体差异、患者的整体健康状况及治疗反应等因素综合决定，并在专业物理治疗师或医生的指导下进行。对于严重的半月板损伤，物理疗法通常作为手术治疗后的康复手段，而对于轻度至中度损伤，物理疗法可能作为首选非手术治疗措施。在治疗过程中，需定期评估疗效并适时调整治疗方案。

4. 支具使用

矫形器或护具（如膝关节支具）可在活动期间提供额外支持，限制异常运动，保护受损半月板。半月板损伤后，使用支具可以帮助稳定膝关节、减轻疼痛、限制过度活动，促进损伤愈合及早期功能恢复。以下是关于半月板损伤后支具使用的一些关键要点。

（1）类型选择：①膝关节护套，适用于轻度半月板损伤，提供基础的保暖、支撑及轻微压力，有助于减轻肿胀和疼痛。②可调式膝关节支架，适用于中度损伤，可通过调整侧向稳定器、铰链角度等方式，限制膝关节过度旋转、过伸或过屈，同时允许一定范围的正常活动。③锁定式膝关节支架，适用于重度损伤、术后康复或需要严格限制关节活动的情况，可完全锁定膝关节于某一特定角度，提供最大限度的稳定性。

（2）适应证：初期急性期，用于控制肿胀、减轻疼痛；为防止关节进一步损伤，特别是对活动要求较高或工作性质特殊的患者；对于非手术治疗效果不佳，需要限制活动以利于损伤愈合的患者。此外，在术后康复阶段，可根据医嘱及康复计划使用。

（3）使用方法：一般建议在日常活动、行走、站立时佩戴，确保支具既不过紧导致血液循环受阻，也不过松失去支撑作用。应能在支具下方轻松插入一到两根手指。如有需要，可在佩戴支具前据实际情况先进行冷敷或热敷。支具是辅助治疗工具，不应过分依赖，应结合康复锻炼逐渐增强膝关节自身稳定性。

综上所述，半月板损伤后支具的使用应遵循医生指导，结合个人具体情况选择合适的支具类型，正确佩戴并定期检查维护，同时配合康复锻炼和生活方式调整，以达到最佳康复效果。

5. 介入治疗

介入治疗即局部封闭治疗，在医生指导下，对疼痛剧烈的部位注射消炎镇痛药物，减轻疼痛，促进功能恢复。常见的注射药物如下。

（1）麻醉类药物：作用是阻断局部神经传导，从而缓解疼痛。主要药物有利多卡因、布比卡因、普鲁卡因等。

（2）激素类药物：作用是减轻炎症，促进局部循环等。主要药物有强的松龙、地塞米松、泼尼松等。

（3）玻璃酸钠：玻璃酸钠是关节滑液的主要成分，起到润滑以减少关节间摩擦以及保护软骨的作用。

6. 药物治疗

半月板损伤的药物治疗旨在缓解疼痛、减轻炎症、促进软骨修复及改善关节功能。以下是一些常用的药物类别及其作用。

（1）抗炎药：可以口服、外用（如凝胶、贴膏），例如布洛芬、萘普生、双氯芬酸钠等，主要用于减轻疼痛和抑制炎症反应。适用于急性期疼痛剧烈、关节肿胀明显的患者，以及慢性疼痛管理。

（2）软骨保护剂：如氨基葡萄糖，可促进软骨基质合成，延缓软骨退化。软骨素协同氨基葡萄糖作用，增加关节液黏稠度，润滑关节。适用于慢性损伤、轻度至中度半月板磨损患者。

（三）手术治疗

半月板损伤手术治疗是针对半月板损伤严重、非手术治疗无效或存在复杂并发症（如绞锁、持续疼痛、关节不稳定等）的患者所采取的治疗方式。随着医疗技术的发展，半月板手术已从传统的开放手术转向更为微创的关节镜手术（最常见的半月板手术方式，通过 2~3 个小切口引入关节镜和手术器械，直视下进行操作）。以下是半月板关节镜手术治疗的几种方案。

1. 半月板修复术

半月板的血液供应均来自膝关节周围的毛细血管，根据血管分布情况，将半月板分为外侧的红区、中间的红—白区及内侧的白区。红区血液供应较好，利于自行修复；红—白区有部分血供，有自行修复的潜力；白区几乎没有血供，难以自行修复。半月板红区或红—白区的可修复撕裂，通过缝合技术（如全内缝合、锚钉缝合等），将撕裂部分重新连接，促进半月板愈合。

2. 半月板成形术

成形是指半月板的部分或大部分切除。对于不可修复的撕裂，将损伤部分切除，保持半月板基本形态和功能，该方法适用于对运动要求不高的患者。

3. 半月板切除术

通常在半月板白区部位，在损伤严重且无法修复或成形的情况下，彻底移除整个半月板，但因可能导致关节过早退变，现代手术中较少采用。

（华英汇　李云霞　陆梓予）

09

第九章　工作相关肌肉骨骼疾病的康复

第一节　肌肉骨骼疾病的康复概述

康复是综合协调地应用各种措施，以消除或减轻病、伤、残者的躯体、心理及社会功能障碍，达到或保持最佳功能水平，增强自理能力，使其重返社会，提高生存质量。

肌肉骨骼康复学是指运用康复医学专业知识及治疗技术，以改善急、慢性肌肉骨骼系统损伤或疾病所致疼痛、躯体结构异常及功能障碍，提高患者的生活能力，回归家庭及社会的医学科学。广义的肌肉骨骼康复包括创伤、疾病及衰老引起的肌肉骨骼系统功能障碍的康复。有研究数据显示，影响人体关节、骨骼、肌肉、肌腱和韧带的肌肉骨骼疾病，目前已成为全球第二大致残原因。《柳叶刀》2019 年在线发表了中国近 30 年疾病负担报道，肌肉骨骼疾病排在致残因素第一位。

一、肌肉骨骼疾病康复的研究对象

康复医学是一门以功能为中心的医学学科，着眼于功能及其障碍，从康复的角度研究和处理有关功能障碍的评估、训练、代替、代偿和适应等。因此，康复医学的研究对象主要是各种原因引起的功能障碍者，包括不能正常发挥身体、心理和社会功能的人群，如有躯体、器官、精神、心理等功能障碍者。引起功能障碍的原因是多方面的，可以是现存的或潜在的、先天的或后天的、可逆的或不可逆的、部分的或完全的。功能障碍可以与疾病并存，也可以是疾病的后遗症。这些功能障碍往往难以由临床医学全部解决。全国第二次残疾人抽样调查结果显示，我国残疾人总数为 8296 万，占人口总数的 6.3%，其中近 6000 万残疾人需要康复，占残疾人总数的 72.3%。由此可见，康复医学的研究对象人数众多。

肌肉骨骼康复的研究对象是由于肌肉骨骼系统疾病及创伤导致的功能障碍者及其评估、治疗以及代替、代偿、适应等。常见的功能障碍包括：功能暂时性减弱或消失，如腕管综合征导致腕部疼痛、麻木症状并影响日常生活和职业活动，下肢骨折后石膏固定导致患肢暂时不能负重并伴有可逆的肌肉力量下降；功能永久性减弱或消失，如截肢、截瘫；功能活动方式变异，如脊髓型颈椎病导致四肢肌张力增高。

二、肌肉骨骼疾病康复的目标

康复以整体的人为对象，针对病、伤、残者的功能障碍，以提高局部与整体功能水平为主线，或许局部或系统功能无法恢复，但仍可带着某些功能障碍而有意义、有成效地生活。康复以提高病、伤、残者生存质量，最终融入社会为目标。

在实施康复时，常通过评定患者的功能是否达到了短期目标和长期目标来验证康复的成效。

1. 短期目标

短期目标是指经过康复专业人员和患者的努力，可以很快达到的具体目标。短期目标的实现通常需要几天或 1~2 周。例如，神经根型颈椎病患者的短期康复目标可能是减轻颈部及上肢疼痛麻木症状，从而减少对上肢及手功能活动的影响，改善日常生活活动能力及生活质量。

2. 长期目标

长期目标是短期难以达到，需要经过一段时间的积极努力才有可能达到的具体目标。例如，颈椎病患者的长期目标可能是维持或改善上肢及手部肌肉容积及肌力，提高颈椎活动度及颈部周围肌肉力量，延缓颈椎病变进展，预防颈椎病急性发作等。实现短期目标是实现长期目标的前提和基础，若干个短期目标构成了长期目标。

三、肌肉骨骼疾病康复的意义

康复医学可以减轻急性或慢性疾病或创伤的影响，并可补充其他医学干预措施，如药物和手术，有助于促进恢复并尽可能取得最佳的结果。例如，颈椎牵引、电疗等物理因子及颈部运动训练用于治疗神经根型颈椎病。此外，康复医学可以帮助预防、减少或管理多种疾病或创伤的并发症，例如用于防治肌肉萎缩、痉挛等颈椎病的并发症。

康复医学能为个人和社会带来经济成本效益。它有助于避免高额的住院费用，缩短住院时间，并避免今后再次入院治疗。由于康复医学还可助力个人能够重返就业，或能够在家中生活自理，因此可最大限度减少对经济支持或照护人员的需求。

（祁文静　杨延砚）

第二节　肌肉骨骼康复的发展

一、肌肉骨骼康复发展过程

（一）我国传统医学的肌肉骨骼疾病治疗发展史

1. 针灸疗法的发展

针灸疗法包括针法和灸法两种。古代中国人在约 3000 年前已经发现可以刺激体表固定位置的“俞”，治疗相对应的疾病，并把这种对应关系发展为“经络学说”。其后随着针刺材料和工艺的进步，从砭石、鱼喙到竹针及金属针具的诞生，逐渐演变为刺激体表位置的“俞穴”，直至现代，历代医家实践并理论归纳为现代的“针灸学”。

灸法的发明与寒冷的生活环境有着密切联系，人类了解火的作用后，发现通过火的烘烤可使出现病痛的身体部位感到舒适或缓解，故认识到温热的治疗效果，继而逐渐发展到艾灸。此外，拔罐起初是利用兽角制成的饮具，借燃火的热力，排出其中空气，使其吸附在皮肤表面来治病。

2. 运动疗法的发展

东汉著名医学家华佗的“五禽戏”，通过模仿虎、鹿、熊、猿、鹤的姿态，演化出锻炼全身筋骨、防病治病的方法，使患者获得肢体稳定性和平衡功能的改善。

北宋时期的《易筋经》讲究“神、体、气”，即人的精神、形体和气息的有效结合，通过循序渐进、持之以恒地认真锻炼，得到充分的调理，进而达到强身健体、防病治病的目的，特别适合肌肉骨骼疾病患者恢复期的运动治疗。

起源于唐朝的“太极拳”，其中蕴含着丰富的中国传统文化和传统哲学思想。太极拳融合了“易经”的理论基础，创造了一套符合人体结构与大自然运转规律的拳术，目前是全世界公认的有氧运动。

3. 按摩疗法的发展

《黄帝内经》第一次提出了“按摩”一词；清代吴谦编著的《医宗金鉴·正骨心法要旨》中系统地总结了正骨八法，即摸接、端提、推拿、按摩，介绍了支具及接骨药物，概括了有关骨折的诊断、复位、固定、功能治疗及药物治疗等。20世纪七八十年代，手法及正骨治疗在我国各级医疗机构中广泛应用于治疗骨骼肌肉损伤相关疾病。

4. 自然因子疗法的发展

我国古人早在四千多年前就利用各种自然因子祛病强身，我国幅员辽阔，自然疗法资源丰富，自古便有众多的自然疗法应用到肌肉骨骼疾病的治疗。

（二）西方医学的肌肉骨骼疾病治疗发展史

西方的物理治疗起源于彼赫·亨利克·林（Pehr Henrik Ling）1813年在瑞典斯德哥尔摩创立的皇家体操研究中心。Pehr Henrik Ling结合当代解剖及生理知识，创制了一系列治疗方法，包括各种脊柱徒手操作、牵引和按摩等。詹姆斯·门内尔（James Mennell）于1949年出版了《关节徒手治疗的科学和艺术》，改变了关节力学知识的操作实践。

20世纪60年代，一些物理治疗师成为实践和指导徒手治疗的国际先驱者，推动了肌肉骨骼物理治疗的快速发展。挪威物理治疗师弗雷迪·卡尔滕伯恩（Freddy Kaltenborn）发明了北欧疗法，并出版了第一本关于脊柱徒手治疗的教科书，此书首次提出了关节运动学的徒手治疗。1964年，澳大利亚物理治疗师杰弗里·梅特兰（Geoffrey Maitland）首次出版了《脊柱徒手治疗》，他提出的Ⅰ—Ⅳ级体系描述了振动手法技术，至今影响深远。

1974年，加拿大蒙特利尔国际骨科手法物理治疗师联合会（the International Federation of Orthopaedic Manipulative Physical Therapists，IFOMPT）正式成立，IFOMPT是世界物理治疗联盟（the World Confederation for Physical Therapy，WCPT）的前身，并确立了教育和临床标准。符合IFOMPT标准的各国WCPT组织需经IFOMPT认证。

古希腊的希波克拉底（Hippocrates）提出关节制动可导致显著的肌肉萎缩和运动障碍，强调了运动对防治失用性肌肉萎缩的重要性。16世纪开始进入较为系统的阶段；17世纪开始强调锻炼对延长寿命的重要性；19世纪，助力运动、向心收缩和离心收缩、脊柱矫形运动得到提倡和发展；到了20世纪，在两次世界大战导致大量伤残者的巨大康复需求推动下，运动疗法成为康复医学的主要技术。

（三）运动疗法的发展

运动疗法主要通过神经传导、生物力学和内分泌等作用途径，对人体的局部和全身功能产生相应的影响，并改善失调的机体状态。其基本作用是改善运动组织的血液循环、代谢和神经控制，提高肌力、肌耐力、心肺功能和平衡功能，改善关节活动度，纠正躯体畸形和功能障碍等。

近来，运动疗法在理论体系上有了深入发展，进一步揭示了运动训练适应性改变的分子生物学基础。运动生化和运动生理学的发展为运动训练的科学化和合理化提供了理论基础。神经网络的概念和应用将阐明中枢神经与运动控制之间的内在联系，为运动控制和运动技能发展提供新的途径和手段。材料学、生物力学、电子学、遥感技术、仿生学等高科技领域的发展都将极大地丰富康复生物工程的内容，促进运动疗法的发展，开拓运动疗法的应用。

二、肌肉骨骼康复理论基础

（一）运动功能学

运动功能学是一门研究肌肉与骨骼系统运动现象与规律的科学。骨骼肌肉运动学是研究骨骼系统的解剖学、生物力学和生理学间相互作用的学科，它是康复治疗的基础。

骨骼生物力学着重研究诸如骨、软骨、生长板、韧带、半月板、滑液以及肌腱等组织的力、力矩与组织运动和变形之间的关系。生物摩擦学研究关节面之间运动所产生的摩擦、润滑和磨损现象。临床骨科运动学还通过对关节稳定性、步态病理和骨折愈合的研究揭示特定的病理状况。不仅如此，诸如肌腱的力的传递、韧带修复的运动学以及关节置换的有限元分析，已成为评价恢复力学正常状态的临床方案的关键。

（二）骨骼肌的运动效应

1. 骨骼肌的组成与力学特性

骨骼肌是人体重量最大的组织，占体重的40%~50%。骨骼肌由肌肉细胞、神经血管网及细胞外结缔组织基质构成，这种结构对于抵御损伤、有效收缩及带动关节活动是非常重要的。骨骼肌的基本组成成分是肌纤维，肌纤维是由许多细胞融合而成的多核细胞复合体，肌纤维束由结缔组织包绕而成，这种结构使肌束中的纤维同步收缩。包绕肌肉周围的结缔组织称为肌外膜，肌外膜宽松地包绕在肌肉表面，因此肌肉的长度可以变化。肌肉的两端是肌腱，跨越一个或多个关节与骨骼相连。肌纤维产生的最大收缩力通常与其横截面积成正比，因此在运动疗法中常使用抗阻训练来增加肌肉的体积。

2. 肌肉的收缩与做功

肌肉是躯体运动的驱动者。多数情况下，人们在等张、等长或等速运动的状态下研究肌肉的收缩特性。肌肉的收缩通常是指肌肉在激活状态下的活动，而不是看其长度是否改变。肌肉收缩时，如果阻力负荷低于肌肉所产生的力，这种状态被定义为向心收缩（向心性运动）；反之，如果阻力负荷大于肌肉所产生的力，肌肉被拉长，这种状态被定义为离心收缩（离心性运动）。等速肌力训练的临床研究表明，离心收缩的肌肉比向心收缩的肌肉做更多的功。运动学研究表明，人体肌肉活动时，大部分是以离心性收缩方式存在的，这可以起到控制关节运动的作用。肌肉的离心性收缩的优势是肌肉在保持最低能量消耗的情况下多做功。

在进行肌肉力量训练时，应当根据个体的情况设定运动阻力。由于离心性运动的机械效率高，而耗能低，这提示对某些不能给肌肉分配太多能量的患者来说，提供了一种很好的训练模式。而且，反复进行离心性收缩训练还可降低肌肉运动时的疼痛程度。

（三）肌肉的损伤和修复

1. 肌肉损伤的类型

（1）肌肉撕裂，通常是锐器的直接损伤。肌肉撕裂后，撕裂部位需要再生和修复，肌肉撕裂部位的神经损伤也必须得到再次修复。临床研究表明，肌肉撕裂很少能够完全恢复其功能，多数情况只能达到部分功能恢复。

（2）肌肉挫伤，通常由钝器所致，可以引起明显的肌肉疼痛和功能障碍。通过对有关肌肉挫伤后制动与未制动的观察发现，未制动的挫伤肌肉中炎症反应更加明显，但炎症的消除过程和瘢痕形成的速度比制动的肌肉快。生物力学的测试也发现，未制动的肌肉肌力恢复较快。严重的肌肉挫伤可以在肌肉中形成骨组织，称为骨化性肌炎。骨化性肌炎通过积极的物理疗法干预，可以逐渐被吸收，伴有骨化性肌炎挫伤后的肌肉功能可以恢复，但时间比较长。

2. 肌肉损伤的修复

肌肉损伤的修复取决于肌肉内的血管系统生物重建过程，从细胞的角度来看，肌肉中神经的重建也是很重要的。需要神经再分布的肌肉中，神经纤维、肌细胞及结缔组织基底膜的再生，相互之间有着复杂的影响关系。肌肉组织再生的另一现象是结缔组织增生形成的纤维化和瘢痕。

（四）肌肉的制动和失用

肌肉在被制动后最初几个小时内，肌肉内蛋白质的合成速率便下降。某些激素的水平在固定的早期也发生变化，如肌肉对胰岛素的敏感性下降，葡萄糖进入肌细胞中的量减少；类固醇皮质激素水平升高，降低了肌肉中蛋白的合成率。

肌肉如果被制动一段时间，肌肉的大小、结构、生理特性、代谢特性和力学特性等都将发生改变。肌肉由于损伤或疼痛，都可产生失用。肌肉制动后的第一个表现就是肌肉的萎缩，即重量的下降。制动的早期肌肉重量下降最快，呈指数下降趋势。制动不只降低了肌肉的体积，也降低了肌肉的耐力，并增加了肌肉的易疲劳特性。

肌肉制动后引起各方面的变化与制动时的初始长度有关，没有任何牵拉下固定的肌肉萎缩程度和收缩力下降程度，均比在牵拉状态下固定的肌肉变化大。肌肉处于被拉长位置固定时，肌肉的收缩力和横截面积虽有下降，但肌肉体积的改变却较小。这是由于肌肉处于被拉长状态时，肌纤维内合成了新的收缩蛋白，同时也有新的肌小节增加。这种状态下，肌纤维面积的缩小被增加的肌小节的数量所补充。

制动肌肉也会使得肌肉的被动特性发生改变，肌肉的被动长度—张力关系随肌肉的位置变化而变化，被固定在缩短位置的肌肉对被动牵拉可以产生更大的张力。因此，肌肉损伤或固定后肌肉本身的伸展性是限制关节活动的原因之一。

（刘京宇　杨延砚）

第三节　颈肩部肌肉骨骼疾病的康复

一、颈椎病

（一）康复评定

1. 疼痛

疼痛是颈椎病最常见的症状。疼痛可源于机械性、化学性或神经性的伤害刺激，性质多样，严重程度亦不同。临床上常用 VAS、数字评分量表（numerical rating scale，NRS）来评定疼痛的严重程度。McGill 疼痛评分表除评估患者疼痛的程度外还包含了疼痛的情感内容。从疼痛产生的病理机制来看，可以用神经病理性疼痛筛查量表或神经病理性疼痛评估量表来筛查和诊断神经病理性疼痛。

2. 关节活动范围

颈椎活动度正常值及测量范围包括前屈、后伸 35°~45°，左右旋转 60°~80°，左右侧屈 45°左右。测量颈椎活动度时，嘱患者头面颈部保持直立，不过度向前伸，也不过度向后仰，目视前方，下巴的水平面与地面平行，此时颈椎处于最原始的位置上。当颈椎向前低头时和向后仰头时，在颈椎以下躯干保持不动的状态下，活动度在 35°~45°。当颈椎向左右两侧旋转做摇头动作时，在颈椎以下躯干保持不动的状态下，活动度为 60°~80°。在固定胸椎和肩膀的情况下，左右偏头可以测量颈椎左右侧屈的活动范围，在正常情况下活动的范围在 45°左右。此外，还可通过颈部前屈、后伸、旋转和侧屈活动，采用量角器法进行测量，根据正常活动范围，判断是否有活动受限，如图 9–1 所示。

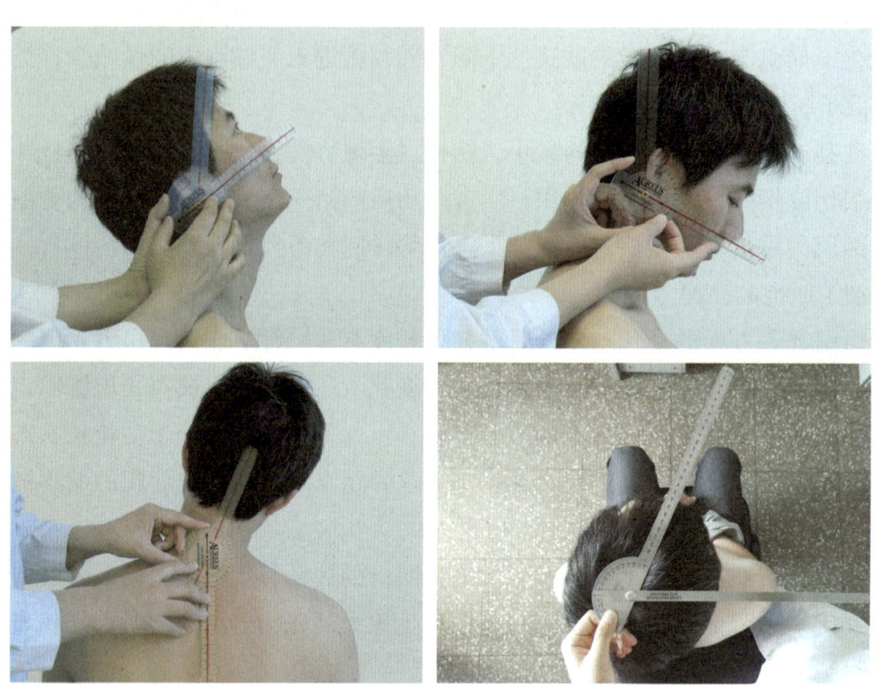

图 9–1 颈椎活动范围测量（量角器法）

3. 肌力

颈椎肌群的肌力评定可采用常用的徒手肌力评定法，具体方法如表 9–1 所示。

表 9–1 颈椎肌群徒手肌力评定

项目	1 级	2 级	3 级	4 级	5 级
颈前屈	仰卧，屈颈时可触及胸锁乳突肌	侧卧，托住头部时可屈颈	仰卧，能抬头不能抗阻力	仰卧，能抬头能抗中等阻力	仰卧，抬头屈颈，能抗加于额部的较大阻力
颈后伸	俯卧，抬头时触及斜方肌活动	侧卧，托住头部时可仰头	俯卧，能抬头不能抗阻	俯卧，能抬头能抗中等阻力	俯卧，能抬头，抬头时能抗加于枕部的较大阻力

4. 功能评定

颈部功能评定可应用颈部功能障碍指数（neck disability index，NDI）或 JOA 17 评分对颈椎病患者进行功能评定。NDI 如表 9–2 所示，JOA 17 评分如表 9–3 所示。

表 9–2　颈部功能障碍指数（NDI）

项目	描述	评分
疼痛程度（颈肩痛或背痛）	无	5
	轻度	4
	中度、阵发	3
	中度，对生活有一定影响	2
	阵发性、严重	1
	严重，影响生活	0
日常生活（洗漱、穿脱衣服等）时，是否伴有颈肩部或背部疼痛	无	5
	伴有疼痛，可自理	4
	活动时疼痛加重，但尚能自理，动作缓慢	3
	有时需要他人帮助，多数可自理	2
	多数活动需帮助	1
	不能活动，只能平卧	0
提物是否会伴有颈肩部或背部疼痛	无	5
	提物偶尔疼痛	4
	疼痛，尚能从桌面提物，如锅等	3
	疼痛，勉强从桌面提轻物，如杯子等	2
	疼痛，提物困难，仅能拿纸笔等	1
	不能提物	0
按某一固定姿势读书或看电视时是否伴有颈肩部或背部疼痛	无	5
	轻微	4
	中度，但能看书或电视	3
	中度，不能看书或电视，维持姿势困难	2
	严重影响，难以维持姿势	1
	根本无法看	0
头痛	无	5
	偶尔轻度	4
	偶尔中度	3
	经常中度	2
	经常严重	1
	始终疼痛	0

续表

项目	描述	评分
注意力是否因为颈肩痛而被分散	无	5
	轻度≤ 25%	4
	中度 25%~50%	3
	重度 50%~75%	2
工作是否因为颈肩痛而被分散	无	5
	轻度≤ 25%	4
	中度 25%~50%	3
	重度 50%~75%	2
	非常 75%~100%	1
	始终 100%	0
开车、骑车或散步是否因为颈肩痛而受影响	无	5
	轻度疼痛，尚能行动≤ 25%	4
	中度疼痛，尚能行动 25%~50%	3
	中度疼痛，不能行动 50%~75%	2
	严重疼痛，不能行动 75%~100%	1
	完全不能行动 100%	0
睡眠是否因为颈肩痛而受影响	无	5
	睡眠（1 小时）	4
	失眠（1~2 小时）	3
	失眠（2~3 小时）	2
	失眠（3~5 小时）	1
	无法睡眠	0
娱乐活动（跳舞、唱歌、打麻将、下棋等）是否因为颈肩痛而受影响	无	5
	参加同以前，偶尔痛	4
	疼痛，参加频率和以前比＞ 50%	3
	疼痛，参加频率和以前比＜ 50%	2
	疼痛，很少参加	1
	无法参加	0

表 9-3　颈椎 JOA 17 评分

评分项目	功能状态	评分
上肢运动功能（双侧不一致时，记录得分较低侧分值）	不能持勺或持筷，无法自己进食	0
	能持勺，但不能持筷	1
	能持筷，但有困难，手指不灵活	2
	能持筷及从事一般家务劳动	3
	基本正常	4

续表

评分项目	功能状态	评分
下肢运动功能	不能行走	0
	即使平地行走也需用支撑物	1
	平地行走可不用支撑物，但上下楼时需用	2
	平地或上下楼行走不需用支撑物，但下肢不灵活	3
	基本正常	4
感觉功能（上、下肢和躯干分别评分，共6分）	有明显的感觉障碍或疼痛	0
	轻度感觉障碍或麻木	1
	基本正常	2
膀胱功能	尿潴留	0
	高度排尿困难，排尿费力、失禁或淋漓	1
	轻度排尿困难，尿频、尿踌躇	2
	正常	3

5. 日常生活活动能力评定

推荐应用巴氏指数或改良巴氏指数进行评定。

6. 生活质量评定

推荐应用 SF-36 或 EQ-5D 进行评定。

7. 心理评估

长期的疼痛及神经功能障碍，可影响患者的心理健康，对于存在焦虑和抑郁状态倾向的患者，可使用 HAMA 和 HAMD 进行筛查。

（二）康复治疗

颈椎病患者进行康复治疗的目的是改善或消除局部神经和血管组织的受压症状，包括消除炎性水肿、修复损伤、镇静止痛、解除肌肉痉挛等。通常是以非手术治疗方法为主，包括物理因子治疗、颈椎牵引治疗、针灸治疗、手法治疗和运动治疗等。应用各种康复治疗方法可使症状减轻、明显好转，甚至治愈，对早期患者尤其有益。

1. 物理因子治疗

物理因子治疗的主要作用是消除神经根及周围软组织的炎症、水肿症状，改善脊髓、神经根及其他颈部组织的血液供应和营养状态，缓解颈部肌肉痉挛，减轻粘连，促进损伤修复，调节自主神经功能，促进神经和肌肉功能恢复。进行物理因子治疗前，要注意患者是否有恶性肿瘤、出血倾向等禁忌证。

（1）高频电疗：急性期宜无热量、短时间；慢性期微热量、相对长时间。①超短波，颈后单极或颈后、患侧前臂斜对置，无热量或微热量，每次 10~15 分钟，每日 1 次，15~20 次为 1 个疗程。②短波，颈背部折叠极或颈侧后盘极斜对置，脉冲或连续波、Ⅰ～Ⅲ档，每次 10~15 分钟，每日 1 次，15~20 次为 1 个疗程。

（2）低频调制中频电疗：将电极颈后并置或颈后、肩背、患侧上肢斜对置，止痛或调节交感神经、促进血液循环、松解粘连、增强肌力处方，每次 20 分钟，每日 1 次，15~20 次为 1 个疗程。

（3）磁疗：①脉冲磁疗，颈部、颈侧三组法或颈部、患肢多组法，每次 20 分钟，每日 1 次，20 次为 1 个疗程。②磁热震，颈背部 40~53℃，Ⅰ ~ Ⅲ档，每次 20 分钟。

（4）红外线：颈后照射，距离 40cm，每次 20 分钟，每日 1 次，20 次为 1 个疗程。

（5）超声波：颈后及上背部移动法，1.0~1.5W/cm^2，每次 12~15 分钟，每日 1 次，15~20 次为 1 个疗程。可加药物导入，常用维生素 B 或氢化可的松。

2. 牵引治疗

牵引治疗是通过机械拉力使得软组织牵伸、关节分离的技术。常用枕颌布带牵引法，通常采用坐位牵引，但当患者病情较重或不能坐位牵引时可用卧式牵引。可以采用连续牵引，也可用间歇牵引或二者相结合。一般按病变部位而定，如病变部位主要在上颈段，牵引角度宜采用 0° ~10°，如病变部位主要在下颈段（颈 5—7），牵引角度应稍前倾，可在 15° ~30°，同时注意结合患者的舒适度来调整角度。间歇牵引的重量以患者自身体重的 10%~20% 来确定，持续牵引则应适当减轻。初始牵引一般重量较轻，如从 6kg 开始，以后逐渐增加。连续牵引时间以 20 分钟为宜，间歇牵引时间则以 20~30 分钟为宜，1 次 / 天，7~10 天为 1 个疗程。

注意事项：应充分考虑个体差异，年老体弱者宜牵引重量轻些，牵引时间短些，年轻力壮者则可牵引重量重些，牵引时间长些；牵引过程中要注意观察询问患者的反应，如有不适反应或症状加重者应立即停止牵引，查找原因，并调整、更改治疗方案。

3. 手法治疗

根据颈椎关节的解剖结构及生物力学原理为治疗基础，针对颈椎病患者的病理改变，对颈椎及颈椎小关节施以推动、牵拉、旋转等手法进行被动活动治疗，以调整颈椎的解剖及生物力学关系，同时对颈椎的相关肌肉、软组织进行松解、理顺，以达到改善关节功能、缓解痉挛、减轻疼痛的目的。

4. 运动疗法

运动疗法可增强躯干肌肉的肌力，保持椎体的稳定，改善椎体各关节的功能，防止僵硬，矫正不良身体姿态或脊柱畸形，促进机体的适应代偿能力。常用颈部运动训练包括颈部活动度练习、颈部力量练习、头部回缩练习、耸肩练习等。

（1）颈部活动度练习：令患者取坐位，颈部和上半身保持中立位，颈部缓慢前屈到极限处保持 1~2 秒，再后仰到极限处保持 1~2 秒；颈部向左侧侧屈到极限处保持 1~2 秒，再向右侧侧屈到极限处保持 1~2 秒；颈部向左侧旋转到极限处保持 1~2 秒，再向右侧旋转到极限处保持 1~2 秒。

（2）颈部力量练习：令患者取坐位，双肩尽量放松，微收下颌，保持颈部始终处于中立位；双手交叉置于额头向前用力，颈部与之对抗，保持 5~10 秒；双手交叉置于枕后向后用力，颈部与之对抗，保持 5~10 秒；将右手置于头部左侧向左用力，颈部与之对抗，保持 5~10 秒，反之亦然。

（3）头部回缩练习：令患者取坐位，完全放松，平视前方，向后平稳缓慢移动头部（即收下颌的动作），到极限处保持 3~5 秒，然后放松回到起始位。

二、肩周炎

（一）康复评定

1. 疼痛

临床常用 VAS 评定疼痛程度，将疼痛的程度用 0 到 10 共 11 个数字表示，0 表示无痛，10 代表最痛，患者依据自身疼痛程度在这 11 个数字中挑选一个数字代表疼痛程度。该方法比较灵敏，有可比性。

2. 肩关节活动范围

分为主动活动度和被动活动度检查。正常肩关节活动范围：以上臂下垂为中立位，前屈 180°，后伸 45° ~50°，外展 170° ~180°，内收 30° ~45°，内旋 100° ~110°，外旋 75° ~90°。

3. 上肢肌力

上肢肌力采用徒手肌力评定法。

4. 功能量表评定

肩关节功能评定大体可分为主观评分系统、主客观综合评分系统。

（1）基于患者的主观评分系统：①美国肩肘外科协会评分（rating scale of the American shoulder and elbow surgeons，ASES）。②肩关节疼痛和功能障碍指数（shoulder pain and disabilityindex，SPADI），该评分系统包括疼痛和功能活动两部分，每个问题均采用 10 分的 VAS 方式评分，最终通过公式换算，满分为 100 分。分数越高表示肩关节功能越差，0 分为正常。③牛津大学肩关节评分（oxford shoulder score，OSS）。④简明肩关节功能测试（simple shoulder test，SST）。

（2）基于医患双方的主客观综合评分系统：① constant-murley 评分，是欧洲肩肘外科协会 1987 年提出的评分标准，其中主观评分 35 分，客观检查评分 65 分。主要以疼痛、日常生活、肩关节活动范围和上肢的力量。是目前在全世界使用较为广泛的肩关节功能评分之一。②美国加州大学肩关节评分（the university of california at los angeles shoulder rating scale，UCLA）。

我国尚未有属于自己的肩关节评分系统，目前国内较常用的肩关节功能评定有 SPADI、constant-murley 评分。

（二）康复治疗

1. 肩周炎渐冻期

康复治疗原则：消炎、止痛、消除滑膜炎症、控制肩关节炎性物质释放。

（1）药物治疗：目前国际上缓解疼痛的治疗药物主要包括如下几种。① NSAID，如洛索洛芬钠、塞来昔布胶囊等。②超声引导下局部注射治疗，常用的糖皮质激素和局部麻醉药物。于超声引导下对炎症部位及关节腔进行定点药物注射。③局部麻醉，有报道肩胛上神经周围或臂丛神经肌间沟注射局麻药物，可以缓解冻结肩的疼痛症状。④镇痛药物，如氨酚羟考酮等。

（2）物理因子治疗：①高频电疗，超短波适用于渐冻期，多选无热量。②中频、低频电疗，低频（TENS）、调制中频、干扰电等，改善局部血液循环，促进炎症吸收、镇痛等作用。③超声波疗法，以脉冲超声波为主，可消炎、止痛、解除粘连。

（3）运动疗法：①钟摆运动，患者站立位，身体前屈，患侧上肢放松垂直于地面，利用上肢重力在无痛下进行钟摆运动。②牵张训练，早期从肩后伸牵伸训练开始，之后开始肩外旋方向的牵伸，避免早期肩前屈的牵伸，以防出现肩撞击、肩袖损伤。③肌力训练，从肩后伸肌力训练、外旋肌力训练开始。以等长收缩为主，预防肌肉萎缩、肌力下降。

（4）关节松动术：手法强度以Ⅰ ~ Ⅱ级为主。详见第四章第二节中的“四、治疗”部分。

2. 肩周炎冻结期

康复治疗原则：松解关节囊粘连为主，改善关节活动度、增大关节腔容积，辅助消炎、止痛。

（1）药物治疗：①非甾体抗炎药（NSAIDs）：有疼痛时继续使用。②止痛药：有疼痛时可继续使用。③肩关节腔内液体扩张术：主要针对关节腔容量的减少，向关节腔内注射 40~50mL 液体（混有布比卡因、利多卡因等局麻药以及类固醇皮质激素），目前此方法对于缓解肩关节疼痛和恢复关节活动度的疗效仍存在争议。

（2）物理因子治疗：①高频电疗：短波、微波。②中频电疗。③超声波治疗：以连续超声波为主。④蜡疗：有较好控制瘢痕增生，增加纤维组织的延展性，帮助增加关节活动度的作用。⑤冲击波治疗：以关节囊、肩胛下肌为主，压力 2.0~3.0bar，频率 6~10Hz，冲击 2000 次 / 部位，每周 1 次，5 次为一疗程，1~2 个疗程。

（3）运动疗法：①钟摆运动：同渐冻期。②牵张训练：继续肩关节各方向的牵张训练，牵张顺序同渐冻期。③肌力训练：可进行肩关节各方向肌力训练，顺序同渐冻期。由等长收缩逐渐过渡至等张、等速收缩训练。

（4）关节松动术：包括盂肱关节、肩胛胸壁关节、肩锁关节、胸锁关节。

盂肱关节：①分离牵引：患者仰卧位，治疗师用手法在患者腋窝处抓握肱骨并向外活动肱骨，使肱骨头远离关节盂。②前后滑动：患者取仰卧位，术者用拇指指腹或大鱼际按压患者肱骨头，使肱骨头的关节面自前向后滑动。③后前滑动：患者取俯卧位，术者用拇指指腹或大鱼际按压患者肱骨头，使肱骨头的关节面自后向前滑动。④尾向滑动：患者取仰卧位，用拇指或大鱼际推动肱骨头，使其自头向足方向滑动。手法强度有Ⅰ~Ⅳ级，共 4 个级别，治疗时根据患者的情况选择不同的手法强度，Ⅰ级多应用于急性期，即肩关节活动的起始端小范围松动，处理疼痛；Ⅱ~Ⅲ应用于疼痛缓解期，改善肩关节僵硬和活动度受限。

肩胛胸壁关节：先俯卧位，然后侧卧位面对治疗师，上肢放松。治疗师上方手置于肩峰以控制动作方向，下方的手指钩住肩胛骨的内缘和下角。治疗师可提起肩胛骨下角或肩峰进行肩胛上举、下降、前突、后缩、旋转等松动。

3. 肩周炎解冻期

康复治疗原则：继续松解关节囊粘连，恢复关节活动度、增强肌力、加强肩关节稳定性。

（1）物理因子治疗：以冲击波治疗为主。

（2）运动疗法：①牵张训练：继续肩关节各方向的牵张训练，牵张强度较前两期增大。②肌力训练：肩关节各方向肌力训练，以等张、等速收缩训练为主。③关节松动术：同冻结期。④稳定性训练：a. 应用 SET 悬吊技术，以上肢闭链运动为主，增强肩胛带肌肌力，恢复肩关节的稳定性。b. 爬墙训练：双上肢从体侧由下到上爬墙，双侧快慢一致。c. 俯卧撑训练：双手撑墙要平肩高，面朝墙做俯卧撑。⑤技巧性训练：离心运动与向心运动、加速和减速运动交替进行。⑥有氧训练：可应用上肢功率自行车、跑台等设备。

注意事项：康复治疗作为冻结肩患者肩关节恢复功能的一个重要手段，在训练过程中注意掌握训练强度，不是训练量越大越好，只要每个动作在无痛下做到位，达到作用即可。

（刘小燮　谷　莉）

第四节　腰背部肌肉骨骼疾病的康复

腰背部肌肉骨骼职业病是许多从事长时间坐姿工作、重体力劳动或者需要频繁弯腰、扭转等动作的职业人群面临的健康问题。这类职业病主要表现为腰背部疼痛、僵硬、活动受限，严重时甚至可能影响到日常生活和工作。因此，针对这类职业病的康复显得尤为重要。

在进行康复治疗前，首先需要对患者进行全面的康复评定。这包括询问病史、体格检查及必要的影像学检查。通过评定，可以准确地了解患者的病情、病因以及功能障碍的程度，为后续的康复治疗提供科学依据。

腰背部肌肉骨骼疾病的康复，以物理治疗和运动治疗为主。在康复过程中，药物治疗也是不可或缺的一环。非处方止痛药和非甾体抗炎药等药物可以有效地缓解轻至中度的疼痛，并抑制炎症的发展。但需要注意的是，药物治疗应在医生的指导下进行，避免出现药物依赖和不良反应。除此之外，针灸、推拿、中药敷浴等中医康复治疗均有较好的疗效。

除了进行康复治疗外，预防与保健也是降低腰背部肌肉骨骼疾患发病率的重要措施。这包括保持良好的坐、站、卧姿势，避免长时间固定一个姿势。进行核心肌群为主的训练，是腰背部肌肉骨骼职业病康复的核心部分。通过针对性的背部和腰部锻炼，可以增强腰背部肌肉的力量和耐力，提高腰椎的稳定性，从而有效地缓解疼痛和改善功能。康复训练需要持之以恒，最好在专业康复师的指导下进行。此外，对于已经有腰痛的职业人群，还应配备合适的防护用具，如腰带等，以减少腰部的受力。

综上所述，腰背部肌肉骨骼疾患的康复需要综合考虑多种治疗手段和方法，并结合患者的实际情况制定个性化的康复方案。同时，加强预防与保健工作也是降低这类职业病发病率的关键所在。

一、临床特点

腰背部肌肉骨骼疾患的临床症状可以归纳为以下几点。

（一）疼痛

腰背部肌肉骨骼疾病最常见的症状是疼痛，可能表现为酸痛、胀痛、刺痛等。疼痛的程度和性质可能因疾病类型和严重程度而异，如椎间盘突出可能导致一侧大腿后侧和小腿牵涉疼痛。在某些疾病中，腰背部疼痛可能以清晨起床时最为严重，活动后好转。腰背部肌肉骨骼疾病的疼痛往往与患者的活动有关，如长时间坐立、弯腰、提重物等可能加剧疼痛。

（二）活动受限

由于疼痛和肌肉紧张，患者可能会发现腰背部活动范围受限。某些动作，腰椎前屈、后伸、侧屈、旋转等，可能会特别受限并加剧疼痛。

（三）局部压痛

在特定的疾病中，可能会出现局部压痛。压痛的位置和程度可以提供关于疾病类型和位置的重要线索。

二、康复评定

腰背部骨骼肌肉疾病的康复评定是一个系统性的过程，主要包括以下几个方面。

（一）肌力评定

肌力评定是运动功能评定的基本内容。对于腰背部肌肉骨骼疾病患者，肌力评定尤为重要，因为它可以评价神经肌肉系统功能损伤的范围与程度。肌力评定通常采用徒手肌力评定法（MMT），在特定的体位下，分别在减重力、抗重力、和抗阻力的条件下完成标准动作，除躯干后伸外，前屈和旋转的肌力评定对于腰部骨骼肌肉疾患而言也十分重要，如表 9–4 所示。

表 9–4　腰背部肌肉骨骼肌力评定的检查方法

躯干肌肉	检查方法与评定				
	1 级	2 级	3 级	4 级	5 级
躯干后伸 竖脊肌、腰方肌等	俯卧，双踝固定，触及竖脊肌收缩	俯卧，双踝固定，尽可小范围完成关节活动	俯卧，双踝固定，被检者肩部可抬离床面	俯卧，双踝固定，被检者胸部可抬离床面	俯卧，双踝固定，被检者肋缘可抬离床面
躯干前屈 腹直肌	仰卧，抬头时触及上腹部腹肌紧张	仰卧，双髋、膝屈曲，能屈颈抬头	仰卧，髋及膝伸直，能抬起头及肩胛部	仰卧，双上肢交叉抱于胸前，双肩可完全抬离床面	仰卧，双手抱头后能坐起
躯干旋转 腹外斜肌、腹内斜肌	坐位，试图转体时触及腹外斜肌收缩	同左，双臂下垂，能大幅度转体	仰卧，能旋转上体至一肩离床	仰卧，屈腿，固定下肢，双手前平举能坐起并转体	仰卧，屈腿，固定下肢，双手抱颈后能坐起同时向一侧转体

（二）关节活动度评定

ROM 是评价腰背部关节功能的重要指标，指关节从起始端至终末端的正常活动范围。对于腰背部疾病患者，关节活动度评定主要关注腰椎的前屈、后伸、侧屈和旋转等活动范围是否正常。通过测量和比较患侧与健侧的关节活动范围，可以评估患者的功能恢复情况，如表 9–5 所示。

表 9–5　腰背部关节活动度评定的检查方法

躯干关节	运动	体位	测角计放置方法			正常活动度
			轴心	固定臂	移动臂	
胸腰部	前屈	坐位或立位	第 5 腰椎棘突	通过第 5 腰椎棘突的垂线	第 7 颈椎与第 5 腰椎棘突连线	0° ~80°
	后伸	同上	同上	同上	同上	0° ~30°
	左旋右旋	坐位，臀部固定	头顶部中点	双侧髂棘上缘连线的平行线	双侧肩峰连线的平行线	各 0° ~45°
	左右侧屈	坐位或立位	第 5 腰椎棘突	两侧髂嵴连线中点的垂线	第 7 颈椎与第 5 腰椎棘突连线	各 0° ~40°

（三）步态分析检查

步态分析是评估患者行走功能的重要方法。对于腰背部肌肉骨骼疾病患者，步态可能会受到影响，表现为步态不稳、步速减慢等。通过步态分析，可以评估患者的行走功能，为后续的康复治疗提供依据。

（四）疼痛评定

疼痛是腰背部骨骼肌肉疾病的常见症状之一。疼痛评定主要采用 VAS 或 NRS 等量表进行评定。通过定期评定患者的疼痛程度，可以了解病情的变化和康复效果。

（五）功能评定

功能评定是评估患者综合日常生活活动能力的重要方法。对于腰背部肌肉骨骼疾病患者，功能独立性评定主要关注患者在穿衣、进食、洗澡、如厕等方面的自理能力。通过评定，可以了解患者的功能恢复情况，为后续制订康复计划和评估康复效果提供依据。如表 9–6 所示，为常用的 JOAS（Japanese Orthopaedic Association Score）评价量表。

表 9–6　JOAS 评价量表

项目		选项	第 1 次	第 2 次	第 3 次
主观症状	腰痛	□ 3 分：无 □ 2 分：偶尔轻微疼痛 □ 1 分：经常轻微疼痛或偶尔严重疼痛 □ 0 分：经常或持续性严重疼痛			
	腿痛和（或）麻刺感	□ 3 分：无 □ 2 分：偶尔轻微症状 □ 1 分：经常轻微疼痛或偶尔严重症状 □ 0 分：经常或持续性严重疼痛			
	步态	□ 3 分：正常 □ 2 分：尽管能引起疼痛、麻刺感，但仍能步行超过 500 米 □ 1 分：由于腿痛、麻刺感和（或）肌肉无力，行走不能超过 500 米 □ 0 分：由于腿痛、麻刺感和（或）肌肉无力，行走不能超过 100 米			
临床体征	直腿抬高试验	□ 2 分：正常 □ 1 分：30° ~70° □ 0 分：＜ 30°			
	感觉障碍	□ 2 分：无 □ 1 分：轻微 □ 0 分：明显			
	肌力下降	□ 2 分：正常（5 级） □ 1 分：轻微无力（4 级） □ 0 分：明显无力（≤ 3 级）			
日常活动	平卧翻身	□ 2 分：无限制 □ 1 分：中度受限 □ 0 分：严重受限			
	站立	□ 2 分：无限制 □ 1 分：中度受限 □ 0 分：严重受限			
	洗漱	□ 2 分：无限制 □ 1 分：中度受限 □ 0 分：严重受限			
	前屈	□ 2 分：无限制 □ 1 分：中度受限 □ 0 分：严重受限			
	坐位（约 1 小时）	□ 2 分：无限制 □ 1 分：中度受限 □ 0 分：严重受限			

续表

项目		选项	第 1 次	第 2 次	第 3 次
日常活动	举或手持重物	□ 2 分：无限制 □ 1 分：中度受限 □ 0 分：严重受限			
	行走	□ 2 分：无限制 □ 1 分：中度受限 □ 0 分：严重受限			
膀胱功能		□ 0 分：正常 □ –3 分：轻度排尿困难 □ –6 分：严重排尿困难（尿失禁、尿潴留）			
总分					
判断结果：优（25~29 分）、良好（16~24 分）、中（10~15 分）、差（< 10 分）					

腰背部肌肉骨骼疾病的康复评定需要综合考虑肌力、关节活动度、步态、疼痛和功能独立性等多个方面。除此之外，腰部疾患相关的并发症，如神经源性膀胱、神经源性肠道、本体感觉障碍、平衡功能障碍等，还需专业的评定方式进行评估。这些评定方法有助于医生全面了解患者的病情和功能恢复情况，为后续制定个性化的康复方案提供科学依据。

三、康复治疗

腰背部肌肉骨骼疾病的康复治疗可以综合多种方法进行，以下是一些建议的康复治疗手段。

（一）运动康复

进行针对性的运动康复训练，可以增强腰背部肌肉的力量和耐力，提高脊柱的稳定性。推荐的运动包括侧桥或侧向平板支撑、鸟狗式、猫驼式以及仰卧臀桥运动等，这些运动都有助于强化腰背部的核心肌群，提升脊柱的稳定性。急性期常用腰背肌和腹肌等长收缩练习；恢复期可应用等张运动，如采用 Wiliams 体操和脊柱伸展体操等，增强腰背肌和腹肌肌力，增强脊柱稳定性。

1. 早期训练方法

（1）五点支撑法：仰卧位，头、双肘及双足跟着床，使臀部离床，腹部前凸如拱桥，稍倾放下，重复进行。

（2）三点支撑法：仰卧位，双手抱头，用头和双足跟支撑身体抬起臀部。

2. 恢复期训练方法

（1）体前屈、后伸练习：身体直立，双腿分开，双足与肩同宽，以髋关节为轴，前屈时上体尽量前倾，双手可扶于腰两侧，也可自然下垂；后伸时使上体尽量伸展后倾，并可轻轻震颤，以加大伸展程度。做 1~2 分钟后还原。

（2）体侧弯练习：身体直立，双腿分开，双足与肩同宽，两手叉腰。躯干以腰为轴，先向一侧弯曲，还原中立，再向另一侧弯曲，重复进行并可逐步增大练习幅度。

（3）弓步行走：右脚向前迈一大步，膝关节弯曲，角度大于 90°，左腿在后绷直，此动作近似武术中的右弓箭步。然后迈左腿成左弓步，左右腿交替向前行走，上体直立，挺胸抬头，自然摆臂。每次练习 5~10 分钟。

（4）后伸腿练习：双手扶住床头或桌边，挺胸抬头，双腿伸直交替后伸摆动，要求摆动幅度逐渐增大，每次 3~5 分钟。

（5）蹬足练习：仰卧位，右髋、膝关节屈曲，膝关节尽量接近胸部，足背勾紧，然后足跟用力向斜上方蹬出，蹬出后将大小腿肌肉收缩紧张一下，约 5 秒。最后放下还原，左右腿交替进行。

（6）伸腰练习：身体直立，腿分开，两足同肩宽，双手上举或扶腰，同时身体做后伸动作，逐渐增加幅度，并使活动主要在腰部而不是骶髂部。还原休息再做，动作要缓慢，自然呼吸不要闭气，适应后可逐渐增加练习次数。

（7）悬腰练习：两手悬扶在门框或横杠上，高度以足尖刚能触地为宜，使身体呈半悬垂状，后身体用力，使臀部左右绕环交替进行。

（二）物理因子疗法

腰椎牵引是利用牵拉力与反牵拉力作用于腰椎，通过向相反方向的牵拉来达到治疗腰椎间盘突出的目的。牵引可以使腰椎间隙增大，主要是腰 3/4 间隙、腰 4/5 间隙和腰 5/ 骶 1 间隙。研究表明，腰椎间隙在牵引后较牵引前可增宽 1.5~2.5mm，使得椎间隙内成为负压，加之后纵韧带的紧张，有利于突出的髓核部分还纳或改变其与神经根的关系。此外，牵引还可使腰椎得到充分的休息，减少运动的刺激，有利于组织充血、水肿的吸收、消退，还可缓解肌肉痉挛、减轻椎间压力。腰椎牵引的适应证包括初次发作且症状较轻的椎间盘突出症、椎间盘膨出、腰肌劳损等。患有结核、肿瘤等导致骨质破坏疾病的患者和骨质疏松症的患者、椎间盘突出髓核大于 5 毫米、压缩性骨折、滑脱或骨质增生等慎用腰椎牵引。

腰椎牵引分为仰卧位牵引和俯卧位牵引。①仰卧位牵引：患者采取仰卧位，主要适用于腰 4—5 椎间盘突出症的患者。牵引带捆绑于患者的骨盆，上缘位于髂嵴上缘，固定带捆绑于患者的下胸部。牵引绳从臀下牵出，与腰椎纵轴成 30°~35° 角。②俯卧位牵引：患者俯卧位，骨盆下垫软枕，髋关节略屈曲以减小腰椎屈曲角度。牵引绳从骨盆两侧牵出，使其与腰椎纵轴成 15°~10° 角。两种牵引方式的目的都是使骨盆后倾，减少腰椎前突，从而使突出的椎间盘还纳。牵引的重量通常为 40kg 加上患者体重的 15%~20%，但需注意不可做超重量牵引。请注意，以上操作步骤应在专业医师的指导下进行，以确保安全有效。

除此之外，脉冲电疗是一种有效的物理治疗方法，可以通过电子探针刺激或者应用经皮神经电刺激（transcutaneous electrical nerve stimulation，TENS）疗法来缓解腰背部疼痛。热敷、冷敷、超声波、药物导入、蜡疗等物理手段也可以帮助缓解疼痛，促进血液循环。

（三）手法按摩治疗

专业的物理治疗师可以通过手法治疗来调整错位的腰椎，增加关节灵活性，并减小椎间盘的压力。推拿、按摩等手法也可以帮助缓解肌肉紧张和疼痛。

1. Maitland 脊柱关节松动术

Maitland 脊柱关节松动术，又称为麦特兰德关节松动术或澳式关节松动术，是一种重要的诊疗技术，广泛应用于肌肉骨骼系统功能障碍的治疗。在治疗时，主要利用关节的生理运动和附属运动来改善关节功能。生理运动是指关节在生理范围内完成的运动，如屈、伸、内收、外展、旋转等。附属运动是指关节在自身及其周围组织允许范围内完成的运动，如脊柱关节的分离、相邻椎体发生前后移位、旋转等，这类运动通常不能主动完成，需要由其他人帮助才能完成。大量循证研究证明，Maitland 关节松动术在改善患者脊柱关节活动度、缓解疼痛、促进运动控制和提高患者日常生活功能等方面具有显著作用。

2. Mckenzie 脊柱力学治疗

Mckenzie 脊柱力学治疗，也被称为麦肯基疗法，是一种应用脊柱力学治疗颈腰疾患的康复方法。麦肯基疗法是一种基于躯干和脊柱的动力学原理，以及对疼痛源的精确定位来进行的康复治疗方法。它强调姿势的重要性，正确的姿势有助于恢复脊柱和关节的正常功能，减少症状和疼痛。治疗过程中，脊柱单侧方或单侧肢体远端的脊柱源性的疼痛可能会减轻，疼痛部位向脊柱中线方向移动，这种现象被称为向心化现象。麦肯基疗法以伸展运动为主的体操，运动方向由患者的适宜运动方向决定。患者需要积极参与到疾病的治疗中，这有助于取得安全、持久且可重复的疗效，同时减少对医疗干预的依赖。

（四）生活方式的调整

保持良好的坐姿和站姿，避免长时间保持同一姿势，定期起身活动。选择合适的床垫和座椅，以提供足够的支撑并减少腰背部的压力。控制体重，避免过度肥胖对腰背部造成额外负担。

为了避免工位上工作导致的腰痛，可以从以下几个方面进行考虑。

1. 选择符合人体生物力学原理的桌椅

选择符合人体生物力学原理的桌椅是非常重要的。这样的桌椅可以根据个人的身高、体型等进行调整，使得工作人员在保持正确坐姿的同时，也能够舒适地工作。具体来说，可以选择带有扶手和靠背的椅子，以便在需要时提供支撑。同时，办公桌的高度和角度也应该是可调节的，以适应不同身高的人。

2. 保持正确的坐姿

正确的坐姿对于防止腰疼至关重要。坐着时，应该保持背部挺直，避免扭曲身体。可以在腰部后面放一个垫子，以提供额外的支撑。此外，双脚应该平放在地面上，避免悬空或交叉。如果需要长时间坐着工作，可以适当地调整坐姿，如轻轻扭动腰部、抬起双腿等，以缓解腰部压力。

3. 定时起身活动

长时间坐着工作会导致腰部肌肉紧张，增加腰痛的风险。因此，定时起身活动是非常必要的。建议每隔一段时间（如每半小时）就站起来走动一下，或者做一些简单的腰部伸展动作，如扭转身体或弯腰触摸脚趾等。这样可以帮助放松腰部肌肉，预防腰痛。

4. 调整工作环境

办公环境的舒适度对于防止腰疼也有一定的影响。除了选择合适的桌椅外，还可以调整电脑屏幕的高度和角度，以减少长时间看着电脑屏幕带来的颈部和腰部压力。另外，保持室内通风和适宜的温度也有助于缓解腰部不适。

（五）骶裂孔注射阻滞

骶裂孔注射阻滞，也称为骶管阻滞或骶管麻醉，是一种通过骶裂孔将局麻药注入骶管腔内以阻滞骶脊神经的技术。骶裂孔注射阻滞是将麻醉药、激素、营养神经药物等混合后，通过骶裂孔注射到骶管内，以阻滞骶神经，使其支配的区域疼痛缓解。骶管阻滞具有操作简单、损伤小、起效迅速、麻醉效果确切等特点，应用广泛。

（六）药物治疗与辅助器具

在医生的建议下，可以使用非处方药（如消炎止痛药）来缓解疼痛和炎症。在急性期，卧床休息可以减轻腰椎间盘的压力，有助于缓解疼痛，卧床时间 2~3 天为宜，尽量不要超过 1 周，绝对不主张长期卧床。在某些情况下，医生可能会推荐使用腰围或背部支撑器来提供额外的支撑，但是制动也不应超过 1 个月。还需要提供心理支持，帮助患者应对疼痛带来的压力和焦虑。教育患者了解腰背部肌肉骨骼疾病的相关知识，以及如何在日常生活中保护腰背部。

综上所述，腰背部肌肉骨骼疾病的康复治疗需要综合考虑多种方法，并根据患者的具体情况制定个性化的治疗方案。在治疗过程中，患者应积极配合并遵循医生和康复师的建议，以期达到最佳的治疗效果。

（张元鸣飞　李　涛）

第五节　肘、腕部肌肉骨骼疾病的康复

肘、腕部是人体上肢的重要组成部分，承担着帮助我们完成日常活动和精细动作的功能。一旦这些部位受伤，不仅会影响我们的活动能力，还可能带来疼痛和不适。因此，深入了解肘、腕部的肌肉骨骼康复知识，对于帮助患者全面恢复至关重要。

肘、腕部的康复流程是一个全面的医疗过程，旨在帮助患者从肘、腕部损伤或疾病中恢复过来。通过科学的评估和针对性的治疗计划，可以减轻疼痛、控制肿胀、恢复关节活动度、增强肌力，并提升上肢的整体功能性。

肘关节损伤是一个广泛的概念，它可能由多种原因引起，包括日常的过度使用、重复性劳损、运动中的急性外伤，甚至是职业因素。此外关节炎和神经炎也是导致肘部问题的原因之一。同样，腕关节损伤也可能由跌倒、撞击、不当使用或过度运动等多种因素引起。

了解肘、腕关节的解剖学基础对于康复专业人员来说非常重要。这包括骨骼结构、关节类型、关节面、关节囊与韧带、肌肉与肌腱、神经与血管供应等。这些结构共同确保了肘、腕关节的稳定性和运动能力。

流行病学数据揭示了肘、腕关节损伤在不同人群中的发生率和特点。例如，肘管综合征、脱位、肌腱炎、神经损伤、滑囊炎和所谓的“恐怖三联征”（骨折中的一种）等都是肘关节的常见问题。而桡骨远端骨折、三角软骨盘损伤、腕关节脱位、桡骨茎突狭窄性腱鞘炎和腕管综合征等腕关节周围疾病，在特定人群中也有较高的发生率。这些数据强调了肘、腕关节损伤的普遍性和预防及治疗措施的重要性。

对于每种损伤，我们都需要根据患者的具体症状进行准确的诊断，并制订相应的治疗计划。这包括物理治疗、药物治疗，或者在某些严重情况下需要手术治疗。及时和适当的治疗对于恢复关节功能和预防长期并发症至关重要。

一、临床特点

肘、腕关节康复的临床特点涉及一系列症状和体征等，这些信息对于医疗专业人员来说至关重要。它们不仅帮助医生诊断肘、腕部的损伤，还对康复师和患者理解损伤的性质、严重程度及整体健康状况至关重要。以下是肘、腕关节损伤的一些关键临床特点。

1. *疼痛*

损伤后可能出现急性或慢性疼痛，患者可能会感到肘、腕部疼痛，这些症状会影响关节活动度

和功能。

2. 肿胀

关节周围区域可能会出现局部肿胀，这可能是由于炎症或内部出血。

3. 关节活动受限

损伤后肘关节可能出现屈、伸、旋转活动受限，影响上肢抓握和手部精细动作。

4. 关节锁定或卡顿

在某些情况下，患者可能会感觉到肘关节卡顿或锁定在某个位置。

5. 肌力减退

由于肌肉或肌腱损伤，患者可能会经历力量减弱或难以执行某些动作。

6. 感觉异常

神经损伤或受压可能导致肘部、前臂或手部的麻木、刺痛或烧灼感。

7. 畸形

在严重的骨折或其他损伤中，患者可能出现肘、腕部的形状改变或畸形。

8. 关节不稳定

韧带损伤可能导致关节不稳定，表现为关节松弛或容易脱位。

9. 功能障碍

肘、腕关节损伤可能影响患者进行日常生活活动和工作的能力，如穿衣、进食、写作和使用工具等。

10. 心理因素

长期的疼痛和功能受限可能导致情绪问题和社交障碍。

二、康复评定

肘、腕关节肌肉骨骼康复评定是康复过程中不可或缺的一环，它涉及对患者关节功能状态的全面评估，包括关节活动度、肌力、感觉和疼痛程度等。这一过程不仅帮助了解患者的康复需求，还用于监测治疗效果，确保治疗计划的个性化和有效性。康复评定是一个持续的动态过程，需要在康复的各个阶段进行，以便及时调整治疗方案，使之与患者的实际需求和进展同步。以下是肘、腕关节康复评定的关键组成部分。

（一）病史记录

详细记录患者的主诉、损伤机制、既往病史、手术史、药物使用史、过敏史、个人和家族病史，以及损伤后的活动和治疗情况。应彻底了解受伤日期和损伤机制，这将有助于确定所涉及的组织结构，并了解其身体的整体状态。

（二）疼痛评估

使用 VAS、NRS 或其他疼痛评分系统，评估疼痛的位置、强度、性质（钝痛、刺痛等）、频率、持续时间，以及任何可能加重或缓解疼痛的因素（与活动或休息的关系），以协助评估和制定针对患者的治疗目标和方案。

例如，询问患者，让其描述疼痛是急性发作还是慢性，是持续性还是阵发性，以及疼痛的具体位置和放射范围。疼痛可能局限于肘、腕关节，可能放射至手部及前臂，具体位置有助于确定受影响的结构。让其描述疼痛的感觉，如钝痛、刺痛、烧灼感等，这些可指示不同类型的损伤或疾病。

确定哪些活动或姿势会使疼痛加剧，以及哪些措施可以缓解疼痛：如提拉、握持物体、扭转手腕或长时间使用电脑鼠标等动作或姿势，可导致疼痛加剧；如休息、减少活动量等行为，可局部减轻、缓解疼痛。

（三）视觉和触诊检查

躯干和手臂应完全暴露，以提供颈部、肩部和肘部的完整视角，以便进行全面评估。

观察肘、腕关节及其周围区域的肿胀程度、颜色、皮肤完整性和形态变化，触诊寻找压痛点，评估炎症的范围和严重性。观察肿胀的形状、大小、质地和是否有波动感，这些特征可能表明炎症或积液的存在。检查皮肤是否有发红、发热、颜色变化或损伤，这些可能是炎症或感染的迹象。观察和测量手部和大臂、前臂肌肉的体积，评估是否有肌肉萎缩。

（四）ROM 评估

肘关节 ROM 指的是在没有疼痛且无限制的情况下，肘关节能够达到的运动幅度。以下是肘关节正常的活动范围指标：①屈曲，通常可达 140°~150°。②伸展，可以完全伸直，通常有 0°~10° 的过伸能力。③旋前，可以旋前至 80°~90°。④旋后，可以旋后至 80°~90°。

腕关节 ROM，使手腕部能够完成广泛的动作和日常任务。以下是腕关节的正常活动范围指标：①屈曲，通常可以达到 50°~60°。②伸展，通常可以达到 50°~70°。③桡偏，腕关节向拇指侧偏移，通常可以达到 15°~25°。④尺偏，腕关节向小指侧偏移，通常可以达到 20°~40°。

这些数值是一般指标，实际上每个人的肘、腕关节活动范围可能略有不同。ROM 在每个方向上进行评估，并与对侧 ROM 进行比较。

除了评估肘、腕关节的主、被动关节活动度，以及手指和拇指的灵活性之外，还需记录任何受限或异常增加的活动范围。需注意在评估主、被动移动时关节的稳定性，检查是否有过度活动或关节松弛，过度的松动或不稳定可能表明韧带损伤。

此外，还应评估运动的终末感觉（end-feel）。肘关节伸直一般呈现骨性终末感觉，屈曲一般呈现与软组织相似的终末感觉，前臂旋前、旋后均呈现囊性的终末感觉。

（五）肌力评估

采用定性、定量的肌力评定方法，对肘、腕关节的屈、伸肌等力量进行分级评估，包括徒手肌力评定和等速肌力评定；对握力和捏力进行测试，以了解手部和前臂肌肉的力量和耐力。记录测试结果，包括力量水平、对称性（左右对比）和任何异常发现。

徒手肌力评定是一种评估肌肉力量的临床方法，通过物理治疗师或医生的手动阻力来评估患者的肌肉力量，再根据 MRC（medical research council scale）肌力评分系统或 lovett 分级系统，将肌力分为从 0（无肌肉收缩）到 5（正常力量）不同的级别。以下是徒手肌力测试时，不同肌肉测试的体位要求：肱肌测试时，前臂旋前位，肘部弯曲 90°。肱二头肌测试时，前臂旋后位，肩部屈曲 45°~50°，肘部弯曲 90°。肱桡肌测试时，手腕中立位，肘部弯曲 90°。肱三头肌测试时，手腕中立位，肩部弯曲 90°，肘部弯曲 45°~90°。伸腕肌测试时，肘关节弯曲 30°。屈腕肌测试时，肘关节完全伸直。

肌力评估是康复过程中不可或缺的一部分，它有助于专业人员了解患者的功能状态，并制订有效的治疗策略。通过定期评估，可以确保治疗计划的适应性和患者的持续进展。

（六）感觉评估

系统检查肘部、前臂、手、腕部的感觉功能，包括触觉、痛觉、温度觉、振动觉和定位觉。

（七）神经功能评估

神经功能评估包括神经传导速度（nerve conduction velocity，NCV）测试、肌电图（electromyography，EMG）和必要的特殊神经检查（如Tinel征、Phalen征、Froment征，以及其他神经肌肉反射测试）。评估是否有神经受压的迹象，如手部麻木、刺痛或无力，以及是否有精细运动控制障碍，这可能与腕管综合征或其他神经问题有关。

（八）功能性评估

评估患者在进行日常生活活动和社会活动中的功能表现，如使用日常生活活动能力问卷（activities of daily living scale questionnaire，ADLs问卷），上肢、肩部和手部功能障碍问卷（disabilities of the arm，shoulder and hand questionnaire，DASH问卷），以及其他针对特定活动的标准化功能评分系统。通过问卷和量表收集患者关于症状严重程度、功能限制和生活质量的自我报告。进而评估肘、腕部损伤对患者日常生活活动和工作能力的影响。

（九）影像学评估

详细分析X射线、MRI、CT或超声等影像学检查结果，评估骨折线、关节脱位、软组织损伤和关节结构变化。

（十）心理社会评估

评估患者的情绪状态、压力应对策略、家庭和社会支持系统的情况，以及疼痛和功能受限对患者生活、情绪、心理状态和社会参与的影响。

（十一）职业能力评估

评估患者的职业要求（包括工作强度、所需技能和工作场所环境）与患者当前功能状态的匹配度，进行必要的工作调整。

（十二）辅助设备评估

根据患者的功能障碍程度，评估是否需要使用支具、夹板或其他辅助装置，来支持肘、腕关节的稳定性和功能。

（十三）治疗反应评估

定期评估患者对治疗的反应，以调整治疗计划。记录患者对既往治疗的反应，包括药物治疗、物理治疗或其他干预措施。

（十四）患者教育和自我管理

评估患者对疾病的理解程度和康复过程中的自我管理能力。

三、康复治疗

（一）肘关节康复治疗

肘关节损伤类型很广泛，其中由于日常重复性动作（如长时间使用电脑、抓握活动、拧螺丝等）造成肘关节周围的肌肉反复过度使用，导致的尺骨鹰嘴滑囊炎、肱骨内（外）上髁炎等疾病较为多见。其肌肉骨骼康复治疗应按照不同的康复阶段进行，每个阶段都有其特定的目标和治疗方法。

1. 急性期

（1）目标：控制疼痛和肿胀，保护损伤组织。

（2）治疗方法：①可采用冰敷、弹力绷带控制关节肿胀。②若疼痛严重，必要时使用NSAID。③必要时使用固定关节或减少关节活动的支具，让关节、肌肉、肌腱充分休息。例如，肱骨外上髁炎，支具应选用固定到腕关节的支具，但不要过度影响肘关节和手指的自由活动。

2. 亚急性期

（1）目标：开始恢复关节活动度，减少疼痛。

（2）治疗方法：①继续使用冰敷，逐渐减少频率。②轻微无痛的被动肘关节活动以预防关节僵硬，如肘关节屈曲、伸直、旋前、旋后。早期的被动 ROM 活动是为了滋养关节软骨，帮助胶原蛋白组织的合成、排列。肘部和手腕在所有平面上都可以进行被动 ROM 活动，以防止瘢痕和粘连的形成。但是一定不能过度牵拉正在修复愈合的组织。③在疼痛耐受的情况下进行Ⅰ、Ⅱ级关节松动术，用于通过刺激关节内Ⅰ、Ⅱ型受体来神经调节疼痛，帮助恢复关节 ROM。④如果患者出现伸直受限，可以进行低负荷、长时间的牵拉，使胶原组织发生蠕变，对恢复肘部完全伸直有一定帮助。方法如下：仰卧，将毛巾卷放在大臂下作为垫子和支点，将沙袋绑于手腕，患者尽可能放松，10~15 分钟 / 次，1~2 次 / 日。沙袋重量选择应较轻，在整个练习持续时间内，患者不会感到过于疼痛而导致屈肘肌肉主动收缩。

3. 早期康复阶段

（1）目标：恢复关节活动度，减少肌肉萎缩。

（2）治疗方法：①继续被动关节活动度（passive range of motion，PROM）练习。②此阶段急性炎症期已度过，可尝试超声波等理疗，以提高关节囊和肌肉肌腱结构的短时内延展性。③开始主动辅助关节活动度（active assisted range of motion，AAROM）练习和主动关节活动度（active range of motion，AROM）练习。教育患者此项练习后不能加剧症状，注意练习的时间和关节活动的范围。④在受伤部位疼痛可忍受的情况下，进行温和的横向纤维按摩，以减少肌肉肌腱组织的张力。⑤进行轻度的肌肉等长收缩练习（包括肘部屈、伸肌，旋前、旋后肌群，以及腕屈、伸肌），以增加血液循环，延缓肌肉萎缩。5~10 秒 / 下，5~10 下 / 次，1~2 次 / 日。⑥在这个阶段也可以进行上肢链的运动，以开始重建本体感觉和上肢的神经肌肉控制。例如，肩部屈曲、伸展、水平外展、内收等动作，在肩部内、外旋转过程中如果出现疼痛，暂时不进行此动作。要求患者在完全无痛的关节活动范围内，肌肉进行温和的等长收缩练习，并且肌肉收缩强度不应使关节出现疼痛。

4. 中期康复阶段

（1）目标：提高肌力和耐力，提高关节稳定性，改善运动协调性（此阶段患者应具备完整的 ROM，非常轻的疼痛，以及肘、腕部肌肉测试达到 4~5 级肌力）。

（2）治疗方法：①若此阶段肘关节不能达到完整的 ROM，可以更积极地使用Ⅲ级关节松动技术，在末端范围内对关节囊等组织施加应力。②此阶段同样需关注腕关节周围组织柔韧性，如屈曲、伸展和尺侧、桡侧偏移。③渐进式等张抗阻训练，进行肘部屈、伸，手腕屈、伸，以及前臂旋前和旋后，使用弹力带或轻重量哑铃，逐渐对相关组织施加应力。注意开始阶段应使用低强度、多重复次数来训练肌肉耐力，之后进阶到使用更大阻力来强化肌肉最大力量，以重建肘部复合体的神经肌肉控制，为功能性需求做准备。具体方法如下：进行肘关节屈伸阻力训练时，首先要采取稳定的站立或坐姿，握持哑铃或弹力带，保持上臂紧贴身体两侧，手腕中立。动作过程中，要控制速度，缓慢屈肘将前臂向肩膀移动，然后缓慢伸直肘关节返回起始位置，注意呼吸与动作的协调，避免肩部移动，确保动作的稳定性。每组动作完成后，适当休息并逐渐增加阻力以提升训练强度。同时，保持核心肌群稳定，注意手腕姿势，避免过度伸展或屈曲，以减少受伤风险。进行肘关节旋前旋后阻力训练时，首先要保持稳定的站立或坐姿，手握弹力带，自然下垂手臂，手腕中立，掌心朝向大腿。接着，控制速度，缓慢地将前臂向外（或向内）旋转至手臂完全面对身体前方（或后方），完成旋前（或旋后）动作，然后缓慢向内（或向外）旋转回到起始位置，完成旋后（或旋前）动作。整个过程中要保持呼吸均匀，上臂稳定不动，避免耸肩或肩部过度活动。动作重复 10~15 次 / 组，2~4 组 / 日。逐渐增加阻力以提升训练强度。④此阶段的后期，逐渐开始肘、腕部肌肉的离心控制训练。⑤开始功能性练习，模拟日常生活技能，如打字、使用鼠标和常用的办公工具。⑥进行整个上肢链的平衡和协调训练，训练动作中需要肩部及肩胛骨周围肌肉参与，以增强肌肉在运动中控制肘、腕关节的能力，如四点支撑、站立位划船等。“四点支撑”动作要求：从双手双膝着地的起始位置开始，保持手腕中立，手臂伸直但不锁死，脊柱和颈部保持一条直线，同时收紧腹部肌肉，确保臀部与膝盖、肩部和腕部垂直对齐。在动作过程中，要保持呼吸均匀，避免头部下垂或抬起，避免过度拱背和肩部耸起。根据训练目标，可以在四点支撑位置保持一定时间，然后慢慢回到放松休息位。根据个人能力，可以调整动作难度或选择替代动作，以确保安全有效地锻炼上肢整体的稳定性和协调性。“站立位划船”动作要求：从站立姿势开始，双脚与肩同宽，膝盖微弯，背部挺直，双肩稳定，将弹力带固定于一合适高度后，双手握持弹力带，肘部靠近身体。执行动作时，通过收缩背部肌肉将把肘拉向身体，使肘部弯曲，并进行顶峰收缩，挤压肩胛骨。还原时要控制重量缓慢放回，保持身体稳定，避免摇摆，同时注意呼吸与动作的协调，呼气时拉动，吸气时还原。选择合适的阻力，确保动作的准确性和安全性。

5. 晚期康复阶段

（1）目标：恢复功能，准备重返日常活动或工作，提高运动协调性和运动特异性训练（此阶段患者应具备完全无痛的 ROM，患侧力量达到健侧力量的 70% 以上）。

（2）治疗方法：①进行整个上肢链肌力和耐力训练，增加重量和复杂性，确保肌肉平衡，如俯卧撑、划船、高位下拉。“高位下拉”动作要求：面向训练器械坐下，双脚平放，膝盖微弯，背部保持直立。双手宽于肩宽握住横杆，手臂伸直，做好准备。利用背部肌肉将横杆有力地向下拉至胸口，同时保持肘部向下移动，到达最低点时短暂保持肌肉紧张，挤压肩胛骨。在还原动作时，要控制好速度，避免过快放回，要保持呼吸的协调，下拉时呼气，还原时吸气。整个过程中要注意避免身体摇摆，确保核心肌群的稳定参与，以及适当的重量选择以保证动作的准确性和安全性。②可尝试超等长训练。其原理是让肌肉组织先进行离心预拉伸，从而刺激肌梭产生更有力的向心收缩，使上肢链能够承受高水平的压力，如双手胸前传球、单手肩上投掷、头顶投掷，手腕抛球、拍球等。③进行更复杂的功能性训练，如提举重物、拧螺丝、使用锤子、翻阅文件、转动把手。④特定任务的训练，模拟工作或运动中的特定动作。当肌肉、肌腱的柔韧性、力量得到改善，且疼痛得到控制后，应将功能性训练的成果迁移至特定动作中，强调动作中阻力的控制。若因疼痛而出现代偿动作，应控制训练量。模拟特定动作的运动时，应从慢速、受控制的训练，逐渐进展到高速、低阻力的训练，让患者采用肌肉正确收缩时序的模式，来完成特定动作。⑤在恢复重复性或有压力的工作之前，教育患者正确的身体力学和预防策略。举例来说，需要纠正运动技巧、学习设备的使用方式、调整工具手柄，或对办公环境进行符合人体工程学的调整。⑥必要时使用护具，预防复发。

（二）腕关节康复治疗

腕关节损伤可能由多种因素引起，其中运动不当引起的扭伤和肌腱炎，长时间重复性手、腕活动引发的劳损，例如，腕管综合征、慢性腱鞘炎、桡骨茎突腱鞘炎等疾病较为多见。其肌肉骨骼康复治疗通常分为以下几个阶段，每个阶段都有特定的治疗目标和方法。

1. 急性期（炎症期）

（1）目标：减轻疼痛和肿胀，保护受伤组织。

（2）治疗方法：①冰敷以减少炎症反应，加压包扎控制肿胀，抬高患肢以减少水肿。②患者教育：告知损伤机制和重复性活动如何诱发症状，给患者解释调整活动量是给组织留出时间愈合的必要环节。让患者接受休息和避免引起疼痛的活动以防止进一步损伤，是参与康复的第一步。③若疼痛严重，可能需用 NSAIDs。④必要时使用固定关节或减少关节活动的支具，让受影响的肌肉、肌腱得到放松休息。

2. 早期康复阶段

（1）目标：开始恢复关节活动度和肌力。

（2）治疗方法：①温和的 PROM 以维持或逐渐增加关节活动范围。②尝试温和的手法放松，肌腱位于腱鞘内，在肌腱处于伸长姿势下施行横向按摩，在肌腱与腱鞘之间建立一些活动范围。③进行肌腱滑动练习，以避免肌腱和腱鞘间发生粘连。例如，屈肌肌腱滑动运动以维持或建立腕关节、手部及手指间肌腱的灵活性。指深屈肌腱和指浅屈肌腱间的自由滑动，包括 5 个姿势，即直手、钩状（爪状）拳、握拳、桌面姿势（手内在肌阳性位）和直拳。④在无痛情况下进行多角度的肌肉等长收缩（包括腕部屈、伸，腕部尺侧、桡侧偏移，手指屈、伸、外展、内收等），以增加血液循环，延缓肌肉萎缩。6~8 秒 / 下，5~10 下 / 次，1~2 次 / 日。⑤在无痛的 ROM 范围内进行主动辅助关节活动度（AAROM）练习和主动关节活动度（AROM）练习，以促进肌肉活动，8~15 下 / 次，3~6 次 / 日。⑥尝试理疗用以提高腕关节周围组织和手指肌肉、肌腱结构的延展性，如电疗或超声波治疗。⑦必要时可间断地使用固定关节或减少关节活动的支具。

3. 康复中期康复阶段（功能恢复期）

（1）目标：减少疼痛，提高关节活动范围、肌力和耐力，改善关节稳定性。

（2）治疗方法：①继续增加关节活动范围，例如，腕部屈、伸，尺侧、桡侧偏移，手指屈、伸、外展、内收，练习时控制疼痛程度，温和地进行被动 ROM 练习。过度疼痛可能导致炎症反应加剧，使进展变缓慢。②渐进式等张抗阻训练（包括腕部屈、伸，手指屈、伸、外展、内收）以增强肌力。在逐渐愈合的肌肉、肌腱结构可承受范围内逐渐增加阻力，包括手握小哑铃或弹力带练习，5~10 次 / 组，3 组 / 天，阻力以最大力量的 10%~30% 为宜。③增加抓握练习，用来提高抓握耐力和力量。使用握力器，以 10 磅阻力开始，保持 10~60 秒 / 次，休息 60 秒，依此重复，3 次 / 组，3 组 / 天。如果运动后没有感觉到疼痛，可逐渐增加阻力。④增加日常生活活动（ADLs）的练习，这些任务可以逐渐克服疼痛反射，恢复手和上肢的自然运动模式，如穿衣、进食、梳洗、如厕、写字、敲键盘等。在练习过程中可能出现异常的运动模式，其在手部和腕部损伤中很常见。这些异常运动模式是由关节僵硬、肌腱粘连、疼痛、水肿或无力引起，应予逐渐改正。⑤增加姿势稳定的功能性练习，需要联合肩胛骨稳定机制，增强上肢功能，如擦黑板等动作。⑥给患者提供职业方面必要的调整建议，如使用护具、支具或夹板给关节提供额外支持，或改变运动技术、工具使用习惯等。

4. 康复后期（功能强化期）

（1）目标：恢复最大功能，准备重返工作或运动。

（2）治疗方法：①继续等张抗阻训练（包括腕部屈、伸，手指屈、伸、外展、内收）以增强肌力，增加腕部尺侧、桡侧偏移，前臂旋后和旋前的抗阻训练。②快速握力练习，用以提高握力和耐力。使用握力器，从 10 磅阻力开始，每秒 1 次，两组之间休息 1 分钟，重复 50~100 次或出现疲劳

（以先发生者为准），阻力以最大握力的 10%~25% 为宜。③离心训练应谨慎监测患者训练中、训练后反应，以免造成组织负荷过大，诱发症状复发。④尝试涉及整个上肢链的高级功能性训练，包括模拟工作或运动的特定动作，如俯卧撑、推举、提举重物、拧螺丝、使用锤子等。“俯卧撑”动作要求：双手与肩同宽平放于地面，保持身体从头部到脚部成一直线。在下降过程中，慢慢弯曲手肘，胸部接近地面，同时保持核心肌群紧绷，避免臀部抬高或下沉，头部与脊柱始终保持直线。下降时吸气，上升时呼气，控制动作速度，避免过快或过猛。刚开始练习时，可从膝盖着地的俯卧撑开始，逐渐提升到标准姿势。“推举”动作要求：从站立姿势或坐姿开始，双脚与肩同宽，双手握持哑铃，手掌朝前，握距略宽于肩，肘部位于身体两侧。利用肩部肌肉的力量将重量向上推举至手臂伸直，同时保持头部和脊柱中立，避免身体摇摆。在顶点轻微停顿，挤压肩部肌肉，然后控制重量缓慢还原至起始位置。下放时吸气，举起时呼气，整个过程要注意呼吸与动作的协调，激活核心肌群以维持躯干稳定，并选择合适的重量以确保动作的准确性和安全性。⑤渐进式增加复杂性和多样性的运动，如抛球、接球等。⑥定期复查和评估。评估时找到会诱发出症状的功能性活动，观察其动作模式是否出现问题，并设计出能够使肌肉柔韧性、最大力量与耐力平衡的计划。通常腕关节和手部的问题来自肩、肘关节稳定性或耐力不佳。因此应确保患者有足够的肌力和灵活性来应对其活动要求，以监控进展和预防复发。⑦教育患者预防策略和正确的身体力学。持续强调自我监测症状的重要性，维持安全的康复训练计划，并且教育患者当症状发生时，如何调整腕关节和手部的运动强度和运动量，以减轻疼痛。⑧逐渐减少对辅助设备的依赖。

肘、腕部肌肉骨骼康复治疗是一个个性化的过程，每阶段的持续时间和重点会根据患者的损伤类型、严重程度及个人需求和目标而有所不同。康复计划需要灵活调整，以适应患者的进展和反馈，确保治疗既安全又有效。良好的康复效果依赖于多学科团队的紧密合作，包括物理治疗师、职业治疗师、医生、心理学家等医疗专业人员，以及患者的积极参与。

（苗　欣　朱　戈）

第六节　膝部肌肉骨骼疾病的康复

发生在膝部的工作相关肌肉骨骼疾病常见于髌前滑囊炎和半月板损伤，常常多见于长时间跪姿下出现滑囊和半月板的损伤，引起局部疼痛、肿胀、关节僵硬、活动受限等功能障碍，严重影响职业人群的身体健康。

膝关节是下肢中间部位的关节，它主要的运动自由度是在屈伸方向。膝关节在重力作用下必须受轴向的压力才能运动。另外，膝关节还有一个辅助运动自由度，即在膝关节屈曲的时候可围绕小腿的轴线进行旋转。膝关节为协调两种相互矛盾的运动需求，在力学性能上面临着一定的挑战：在完全伸直状态下具有最大的稳定性，此时膝关节因身体的重量以及杠杆臂长度的作用，受到的压力最大；在屈曲状态下具有最大的活动自由度，这样就有助于跑动，也有助于足部相对于不规则的地面调整最好的方向。膝关节所具有的高度精巧的力学结构可解决这些问题，但是它的关节面之间还存在微小程度的交锁结构，可减少膝关节发生扭伤和脱位的风险。膝关节在屈曲时滑囊、韧带和半月板容易受到伤害。膝关节在伸直时容易发生关节内骨折及韧带撕裂。

一、临床特点

膝部工作相关肌肉骨骼疾病的临床特点如下。

1. 关节疼痛和肿胀

关节疼痛是膝部肌肉骨骼疾病常见的症状之一。患者可能会感到膝关节僵硬、疼痛或肿胀。

2. 肌肉无力或麻木

膝关节周围肌肉无力和麻木是肌肉骨骼疾病的另一个常见症状，这可能与神经受损或骨骼肌肉本身病变有关。

3. 活动受限

膝部肌肉骨骼疾病可导致膝关节活动受限。患者可能在运动或日常活动中感到膝关节活动困难。这主要是由于疼痛、肌肉僵硬、关节变形等问题所致。

4. 关节僵硬

当膝部肌肉、骨骼或关节受到炎症、损伤或感染时，疼痛和僵硬会同时出现。这些症状可能会影响患者的日常活动，并且可能会逐渐加重。

掌握和分析综上所述症状有助于我们早期发现膝部肌肉骨骼疾病，并进行专业的诊断和康复，从而改善患者生活质量。

二、康复评定

膝关节及其周围组织在急、慢性发病后常呈持续缓慢发展，病情较严重的患者除疼痛、肿胀、弹响外还可见肌肉萎缩、关节活动受限等，甚至出现步行或蹲起困难，影响日常生活活动，社会生活参与受限。因此康复评定应包括以下内容。

（一）疼痛程度的评估

从疼痛发生的持续时间、严重程度、缓解方式、服用止痛药类别、药量来评估。临床可采用 VAS 评定疼痛的程度，McGill 疼痛问卷法了解患者疼痛感受。

1. 视觉模拟评分法

视觉模拟评分法（VAS）：在纸上面画一条 10cm 的横线，分成 10 等份，一端标为 0，表示无痛；另一端标为 10，表示剧痛；中间部分表示不同程度的疼痛。让患者根据自我疼痛感觉在横线上作标记，表示疼痛程度。在评估时要考虑静息状态下和运动状态下两种情况的疼痛评分。该法比较客观、灵敏，使用方便。

2. McGill 疼痛问卷法

McGill 疼痛问卷法（McGill pain questionnaire，MPQ）分四部分：第一部分为疼痛定级指数，含感觉、情感、评价和杂项 4 类，共含 78 个表达疼痛的词。第二部分为现在疼痛强度，从无痛到极痛列出 6 个词供选择。第三部分为选词总数，从另一个侧面反映受检查者对疼痛的表现。第四部分为疼痛情况和持续时间选词，计 3 项 9 个词。该问卷从不同的角度进行疼痛评估，是对疼痛的感觉、情感以及评价维度的综合评估。

（二）肌力测定

肌力测定可采用徒手肌力评定法、等速肌力评定法评定肌肉功能，对判断肌力减退的程度和康复治疗的疗效有作用。采用徒手肌力评定法对患肢和受累关节周围肌群的肌力进行评定。膝关节骨关节炎主要评定股四头肌和股二头肌、半腱肌、半膜肌的肌力。

等速肌力评定通过专门设备，在预定角速度下，测定不同关节角度和角速度时的骨骼肌肌力的评定方法。主要参数有峰力矩、最佳用力角度、到达峰力矩时间、力矩加速能力、峰力矩与体重比、肌肉做功量、耐力比、拮抗肌力矩比、关节活动范围、重力效应力矩等。优点是能精确测定肌肉功能并能进行量化，缺点是肌力在 3 级或 3 级以下者无法进行。

（三）关节活动度评定

本类疾病可致关节活动障碍，甚至出现畸形，用量角器测量关节活动度以作为康复治疗前后的对比。评定目的在于了解受累关节的关节活动受限程度，进而判断是否对日常生活活动产生影响。膝关节的正常活动范围是屈曲 0°~135°，膝关节不严重影响日常生活活动的最低活动范围为 0°~60°。

（四）日常生活活动能力评定

巴塞尔（Barthel）指数评价简单，有较高的信度和灵敏度，不仅可以用来评价治疗前后的功能状况，而且可用于预测治疗效果、住院时间及预后。Barthel 指数评分结果：最高分 100 分，＞ 60 分为生活基本自理；40~60 分为有功能障碍，生活需要帮助；20~40 分为生活需要很大帮助；＜ 20 分为极严重功能缺陷，生活完全需要依赖他人。

功能独立性评定（FIM）量表自开始使用以来逐渐受到重视，是医疗康复中唯一建立康复医学统一数据库系统（UDSRM）统一测量残疾程度的方法，其反映了患者大部分活动功能的独立性状况，是一个公认的专门测定患者个体水平残疾程度的方法，目前已在全世界广泛应用。FIM 评价分为 6 个方面，共 18 项，包括 13 项运动性 ADL 和 5 项认知性 ADL。评分采用 7 分制，每一项最高分为 7 分，最低分为 1 分。总积分最高为 126 分，最低为 18 分。以患者独立的程度、对辅助工具或辅助设备的需求以及他人给予的帮助量作为评分依据。

（五）肢体围度和关节周径的测量

肢体的围度和关节周径的测量，要两侧对比，主要了解患肢和患病关节周围的肌肉有无萎缩，关节有无肿胀或膨大。

（六）Lysholm 膝关节功能评分表

Lysholm 膝关节功能评分表是用来评估膝关节损伤之后疼痛与日常症状和运动能力的一个指标，重点关注膝关节的稳定性。如表 9–7 所示，总评分是 100 分，积分 95 分及以上为优秀，85~94 分为良好，65~84 分为尚可，小于 65 分为差。

表 9–7　Lysholm 膝关节功能评分表

跛行	无	5 分		肿胀	无	10 分	
	轻度或间歇跛行	3 分			过度用力后肿胀	6 分	
	严重或持续跛行	0 分			平时用力后	2 分	
					持续肿胀	0 分	
支持	无	5 分		上楼	无问题	10 分	
	手杖或拐杖	2 分			轻度减弱	6 分	
	不能负重	0 分			每一步都困难	2 分	
					不能上楼	0 分	

续表

绞锁	无绞锁或卡感	15 分		下蹲	无问题	5 分	
	有绞锁但无卡感	10 分			轻度减弱	4 分	
	绞锁偶然	6 分			不大于 90°	2 分	
	绞锁经常	2 分			不能下蹲	0 分	
	体检时绞锁	0 分					
不稳定	从无打软	25 分		疼痛	无	25 分	
	运动或费力时偶有打软	20 分			不常疼痛或用力时轻微疼痛	20 分	
	运动或费力时常有打软	15 分			用力时显著	15 分	
	日常生活偶有	10 分			步行 2 公里后显著	10 分	
	日常生活常发	5 分			步行 2 公里内显著	5 分	
	每一步	0 分			持续疼痛	0 分	

（七）其他临床试验

（1）过伸试验：膝关节完全伸直并轻度过伸时，半月板破裂处受牵拉或挤压而产生剧痛。

（2）过屈试验：将膝关节极度屈曲，破裂的后角被卡住而产生剧痛。

（3）半月板旋转试验：患者仰卧，患侧髋膝完全屈曲，检查者一手放在关节外间隙处作触诊，另一手握住足跟后作小腿大幅度环转运动，内旋环转试验外侧半月板，外旋环转试验内侧半月板，在维持旋转位置下将膝关节逐渐伸到 90°。注意发生响声时的关节角度。若在关节完全屈曲位下触得响声，表示半月板后角损伤；关节伸到 90° 左右时才发生响声，表示为体部损伤。再在维持旋转位置下逐渐伸直至微屈位，此时触得响声，表示可能有半月板前角损伤。

（4）研磨试验：患者俯卧，膝关节屈成 90°，检查者将小腿用力下压，并且作内旋和外旋运动，使股骨与胫骨关节面之间发生摩擦，若外旋产生疼痛，提示为内侧半月板损伤。此后将小腿上提，并作内旋和外旋运动，如外旋时引起疼痛，提示为内侧副韧带损伤。本试验在检查膝关节强直患者的半月板时有一定实用意义。

三、康复治疗

膝部肌肉骨骼疾病的特征为髌前滑囊炎症状多持续性发作，半月板损伤症状多间歇性发作，因此其康复治疗目标包括：①消炎、消肿，缓解疼痛；②减轻关节负荷，保持关节和肢体活动功能；③增强患肢肌肉力量，预防与治疗肌萎缩；④增加关节稳定性，防止关节畸形和疼痛复发。

（一）急性期治疗

遵循 PRICE 原则，避免剧烈活动，避免引起创伤或劳损的运动，减少膝部屈伸活动。休息和工作调整是半月板撕裂的非手术治疗方法的重要组成部分。大多数半月板撕裂不能自愈，如不及时治疗，可磨损关节软骨并导致并发症。

在大多数情况下对于常见的长期跪姿造成的髌前滑囊炎、半月板损伤以非手术治疗为主。一般方法主要是休息与制动、非甾体抗炎药、物理治疗、手法治疗、中医治疗、手术介入等方案。大多数急性病例对非手术治疗有效，在慢性病例中偶尔也可考虑皮质类固醇注射。对于顽固性患者，可以考虑法氏囊切除术；对于最初非手术治疗难以治疗的外伤性滑囊炎，可考虑关节镜治疗等。

治疗急性半月板损伤时可用长腿石膏托固定 4 周。有积血者可于局麻下抽尽后加压包扎。慢性期疼痛减轻后可以做股四头肌训练，以免发生肌萎缩。膝关节半月板损伤严重或非手术治疗无效，目前主张在关节镜下进行手术，内镜下手术创口很小，对关节干扰小，术后恢复快，可以早期起床活动，已成为成熟处理方法。具体康复治疗如下。

1. 休息与制动

当负重关节或多动的关节受累时，限制受累关节的活动，即可达到休息的目的。如果肿胀明显可以适度给予冰敷或冷敷。

2. 药物的选用

阿司匹林能抑制软骨内分解酶的作用，可保护软骨。其他非甾体抗炎药如布洛芬、双氯芬酸钠、美洛昔康等可酌情选用。对于半月板损伤的患者，可行关节腔内注射治疗，如选用透明质酸钠做关节腔内注射，每周 1 次，连续 4~5 周为一个疗程。必要时也可对压痛明显处采用类固醇类药物做局部注射治疗。

3. 物理疗法

可选用低中频电疗法、高频电疗法等，具有镇痛、缓解肌肉痉挛、改善血液循环作用。水疗、药物离子导入、直流电、磁疗等均可选用，也可以用针灸、传统按摩等治疗。对于软组织损伤，在受损的炎症急性期我们可以通过保护、休息、冰敷、压迫、抬高等手段进行治疗。发散式冲击波治疗方法推荐能流密度为低、中级，每次冲击 1000~2000 次，每次治疗间隔 1~7 日，3~5 次为一疗程。同时也可以使用超声波、TENS 等传统物理因子治疗手段进行针对性的疼痛、肿胀处理。牵引治疗：对膝关节可给予牵引，拉关节间隙，缓解肌肉痉挛，减轻或解除局部刺激或压迫。

4. 手法治疗

要根据患者的膝关节疼痛、关节活动受限等问题进行针对性的关节松动术、股四头肌牵伸、筋膜手法等手段，以进行对症处理和缓解髌骨周围压力等。有研究表明通过胫骨关节和髌骨关节松动术可以有效改善髌骨周围疼痛、活动受限等问题。同时可以进行股四头肌肌力训练、股四头肌牵伸等治疗以提高膝关节周围肌力和膝关节整体功能。

5. 运动疗法

①开始时以主动运动为主，在可能范围内进行单个或多个关节的活动，运动应达到患者能忍受的关节最大活动度；随着病情好转，由主动运动逐渐过渡为辅助运动，最后进行抗阻运动。②肌力训练：采用肌肉等长收缩练习，待疼痛缓解或解除固定后，应进行等张肌力练习，直至抗阻练习。③活动量的指征：活动后无任何不适，可稍增加活动量；活动后有短暂的轻度疼痛，说明可耐受，对膝关节炎患者，应注意股四头肌肌力训练。因本病常由关节劳损所致，各种形式的运动疗法均应以不加重患者的损伤为前提。

6. 中医治疗

多位学者使用中药内服、中药外敷、针灸、推拿等手段治疗髌前滑囊炎。如针刺结合囊内注射治疗髌前、上滑囊炎，姜盐灸法治疗创伤性髌前滑囊炎，有利于膝关节消肿和功能恢复，且不易复发；铍针具有减轻张力压力、缓解疼痛、活血化瘀、改善病灶的微循环、抗炎、镇痛等功效，在治疗膝关节鹅足滑囊炎改善膝关节功能、减轻患者疼痛方面有良好的效果。

7. 穿刺引流和封闭治疗

超声引导下穿刺引流和封闭注射也是经典的治疗方法之一，国内外很多学者对滑囊炎进行超声引导下穿刺引流和注射醋酸泼尼松龙与利多卡因等封闭非手术治疗，7 天 1 次，多数患者经过 3 次治疗可以治愈。尤其在治疗复发性非化脓性髌前滑囊炎方面具有实用性。

8. 手术与关节镜治疗

对于非手术治疗无效，长期肿胀积液或反复发作者应手术切除滑囊，开放手术切除滑囊被广泛采用。如果囊肿巨大或张力较高，则应行穿刺抽吸。复发性囊肿，如果有些棘手，可手术切除。

如果确有半月板损伤，目前主张在关节镜下进行手术，边缘分离的半月板可以缝合，容易交锁的破裂的半月板瓣片可以局部切除，有条件缝合的亦可以予以修复。破碎的半月板亦可以在镜下全部摘除。内镜下手术创口很小，对关节干扰小，术后恢复快，可以早期起床活动，已成为常规处理方法。

（二）缓解期的康复

缓解期是指无明显症状或症状明显减轻时，目标是改善功能障碍，康复适用 LOVE 原则，即适当负重（load）、保持乐观（optimism）、保持血液循环畅通（vascularisation）、运动训练（exercise）。在缓解期，可以使用关节松动术、肌力训练、牵伸、运动训练等手段进行治疗。

1. 运动疗法

通过徒手锻炼或利用各种康复器械进行关节功能训练。

（1）关节活动训练：可促进关节滑液循环，减轻滑膜炎症，改善软骨营养，维持关节的活动能力，防止关节僵硬。方法：关节不负重的主动运动，肩、肘、腕等关节常采用摆动运动，下肢则采取坐位与卧位进行，以减少关节的应力负荷；在器械上做关节持续被动运动；必要时可做恢复关节活动度的功能牵引治疗。

（2）肌力练习：可预防和治疗肌肉无力和肌肉萎缩，增加关节的稳定性。方法：采用关节不负重或少负重的等长练习方法为主；在等速肌力训练仪上做多角度等长肌力练习；采用渐进抗阻肌力练习。

（3）有氧运动：可增加体内脂肪消耗，配合饮食调节可减轻体重，减少关节负荷。有氧运动包括游泳、散步等。

2. 康复工程

利用关节支持用具、各种夹板、拐杖、助行器、支架及轮椅等可防止关节进一步磨损，减轻负重关节的应力负荷，减慢关节畸形的发展。

3. 作业疗法

本来疾病常因关节劳损所致，选用作业疗法项目时，应以不增加关节负担为原则，如打拳、养花、园艺等。

（三）康复防护指导

尽管不是所有类型的滑囊炎、半月板损伤都可以预防，但通过改变做事的方式方法，在一定程度上可以降低患病风险和发作的严重性。

1. 避免长时间保持跪姿

减少劳动者从事高度重复活动的工作时间，减少对髌骨的长期压力和髌骨区域的重复摩擦，可利用垫子减轻对髌骨的压力，降低髌前滑囊的压力。减少劳动者跪位或蹲位工作时间及扭动和弯曲髌骨承受负荷的时间。

2. 避免搬运重物

膝关节损伤与男子超过 25 公斤、女子超过 20 公斤的负重有关。尽可能避免长时间搬运重物，提举重物时弯曲髌骨保持用力，否则会给膝、髋关节的滑囊带来额外压力。

3. 适度休息

尽可能保证劳累、重复性工作和休息交替进行，或交叉进行其他活动。在可行的情况下，辅助机械化设备可避免或降低风险。戴护膝有助于保护，注意膝关节保暖。受影响的劳动者应调离工作岗位，并提供康复治疗。

4. 控制体重

体重超重会给关节带来更大压力，尽管暂时没有关于体重过大会加重滑囊炎风险的研究，如果体重指数大于 24，可考虑控制体重指数在 24 以内。

5. 加强运动

运动前热身以保护关节在运动时不受损伤，强化肌肉可以帮助保护关节，尤其是膝关节股四头肌肌力训练。

6. 健康宣教

对劳动者进行岗位培训提高风险意识，做好宣教工作，加强肌肉锻炼、钙制剂的补充、雌激素替代、营养的合理搭配等方面都是预防和治疗膝部肌肉骨骼疾患的有效方法。

（范　飞）

第十章　工作相关肌肉骨骼疾病的预防

10

第一节　工作相关肌肉骨骼疾病的预防概论

十几年以来，我国政府部门及科研人员对职业工效学及 WMSDs 越来越关注和重视。国家卫生健康委颁布的《健康中国行动（2019—2030 年）》规划的行动目标：对从事长时间、高强度重复用力、快速移动等作业方式以及视屏作业的人员，采取推广先进工艺技术、调整作息时间等措施，预防和控制过度疲劳和工作相关肌肉骨骼系统疾病的发生。特别针对长时间伏案低头工作或长期前倾坐姿的职业人群、教师、交通警察、医生、护士和驾驶员，提出了应注意通过伸展活动等方式缓解肌肉紧张，避免颈椎病、肩周炎和腰背痛的发生等职业人群的健康保护措施。《国家职业病防治规划（2021—2025 年）》在职业健康现状和问题中也专门提到了工作相关疾病防控、工作压力及肌肉骨骼疾患问题，将这一重要的职业健康问题提升到国家战略层面。我国是世界上劳动人口最多的国家，人力资源和社会保障部公布的数据显示，2022 年末我国劳动年龄人口总量约 8.8 亿人，多数劳动者职业生涯超过其生命周期的二分之一。因此，保证职业人群工作中的舒适、安全、健康并提高工作效率既具工效学意义也是职业健康与安全的工作目标。

流行病学研究证实，不良工效学因素是 WMSDs 的危险因素。这些因素可以分为：①人的因素，如年龄、性别、人体尺寸、生物节律及健康状况；以及姿势、重复、用力等生物力学因素。②机器及工具的因素，包括机器设备，如显示器、控制器、工作台、工作座椅等；还有工具，如锤、钳、电钻、鼠标等。③环境因素，包括气温、气压、噪声、振动、照明、色彩以及工作空间、有限空间、受限空间等。④社会心理因素，包括一般社会因素，如分配制度、劳动报酬、社会保障、上下级关系、同事关系等；劳动组织，如定额、工时、轮班、工间休息等；心理因素，如工作应激、人机交互、情景意识等。对于这些不良工效学因素，有针对性的干预是降低此类疾患发生和促进职业人群健康的重要手段，同时也是国内外研究关注的热点之一。工效学干预是通过改善人机界面和不良工作条件，改善作业环境质量，改变工作组织和管理，开展专业培训和提高认知水平等方面来减轻劳动者的 WMSDs。国外多项研究表明工效学干预对于预防和控制 WMSDs 的发生有显著效果。针对我国各个行业多发的 WMDSs 情况，应该紧密结合生产实际，根据三级预防的原则，通过辨识及分析工作场所的不良工效学因素，制定具体的干预及防控方案，从工程设计、认知培训、组织管理及个体行为等多方面多环节进行干预及防控，从源头上避免或减少工作中的不良工效学因素，减少 WMSDs 的发生。

《工作相关肌肉骨骼疾患的工效学预防原则　第一部分　通用要求》（T/WSJD 14.1—2020）规定了预防因不良工效学因素致劳动者肌肉骨骼疾患的基本原则、工效学危害因素及其危险源、工效学原则、危险评估、危险控制原则等方面内容。根据该标准，工作相关肌肉骨骼疾病的预防基本要求分为以下 4 个方面：①用人单位应明确预防和减少 WMSDs 的管理部门、人员及其职责。用人单位、管理部门和咨询组织应以合作方式发起改进活动，活动应有劳动者或劳动者代表参与。②用人单位应定期（1 次 / 年，如工作组织、工作场所、工作内容和工作任务未发生改变可适当减少评估频次，如上述内容有变化应重新进行评估）组织人员制订组织方案和评估计划，全面识别工作系统中可能存在的工效学危害因素和危险源，预测、估计和评价 WMSDs 发生危险。组织方案应包括改进目标与范围、达到目标的基本时间表和实施改进的组织。③用人单位应持续改进现有作业环境和作业条件，预防和减少 WMSDs 的发生。同时应基于持续改进活动，管理和记录现存的工效学危害因素以及危险估计和评价过程，并使其文件化。④用人单位应采取多种形式的宣传、教育与培训活动，广泛交流上述危险估计和评价结果并使其融入日常工作当中，预防和减少 WMSDs 的发生。

（郑亦沐　关　里）

第二节　一级预防

《中华人民共和国职业病防治法》（以下简称《职业病防治法》）指出，职业病防治工作坚持预防为主、防治结合的方针，建立用人单位负责、行政机关监管、行业自律、劳动者参与和社会监督的机制，实行分类管理、综合治理。“预防为主”是做好职业病防治工作的基础和前提。“三级预防理论”作为预防医学的基本准则也同样适用于工作相关肌肉骨骼疾病防治工作，以保护和促进职业人群的健康。

一级预防，又称病因预防，在疾病控制中是指在疾病尚未发生时针对病因采取的措施，也是预防、控制和消灭疾病的根本措施。这是从根本上消除或控制职业性有害因素对人的作用和损害，即改进生产工艺和生产设备，合理利用防护设施及个人防护用品等，以减少或消除接触职业性有害因素的机会。

一、一级预防的目的和意义

（一）目的

一级预防是为了识别、降低或消除导致肌肉骨骼疾患的风险因素，从根本上保护劳动者的肌肉骨骼健康，提升职业健康水平。

（二）意义

1. 健康保护

通过一级预防，能够显著降低工作相关肌肉骨骼疾病的风险，保护劳动者的肌肉骨骼健康。

2. 提高生产效率

肌肉骨骼健康与工作效率密切相关。通过一级预防，能够减少因肌肉骨骼疾病导致的员工缺勤和工作能力下降，从而提高整体的生产效率。

3. 减少医疗支出

肌肉骨骼疾病的治疗和康复往往需要大量的医疗资源，这对个人和社会都是一笔不小的经济负担。一级预防能够有效降低这种负担，节约有限的医疗资源。

4. 促进可持续发展

一级预防不仅关注个体的健康，也关注整个社会的可持续发展。当工作相关肌肉骨骼健康得到保护时，劳动者的整体健康水平也会得到提升，有助于构建一个更加健康、有活力的社会氛围，为社会经济的可持续发展提供坚实的基础。

二、一级预防的策略与措施

（一）生产工艺和生产设备改进和革新

一级预防应着重在工程控制上，从根本上消除和控制职业病危害因素，尤其是工作场所、设备和工具应符合人体力学特征，以及工作量、节奏和力度适应人体。降低肌肉骨骼系统的负荷及重复性、机械卡压力、过度寒冷源、振动振幅及频率等风险。

力量负荷工程控制方面，可以通过减少重量或者抬、举、拉等动作频率，改善手和工具之间的摩擦以及局部控制优化等策略进行预防控制。例如，使用滑动离合器减少电动手工具产生的扭矩，可以减少力度及传递给手的扭矩；安装架空平衡器或者在工作台上安装省力工具；设计和安装一些零件、工具和设备使得工作过程中不再使用窘迫的身体姿势或者手部用力捏握。定期保养工具和设备，保持其良好工作状态。正确使用手套，用来保护手部不被磨损、机械压力、冷、振动或者化学物质伤害。增大摩擦力，减小手握工具或零件的用力。办公室白领工作者虽然不直接从事重体力劳动，但长时间面对电脑进行高强度脑力劳动，同样会对肌肉骨骼系统造成负担。因此，应合理分配工作任务，避免单一任务持续时间过长，导致肌肉和关节的过度使用。通过项目管理软件或团队协作工具，科学规划工作流程，确保员工在合理的时间内完成工作任务，减少加班和过度劳累的情况。推广使用符合人体工程学的办公设备，如可调节高度的办公桌椅、人体工学键盘和鼠标、显示器支架等，以减少对颈部、肩部和手腕等部位的负荷。对于需要频繁使用电脑的员工，可以考虑使用语音识别软件或手写板等辅助工具，减轻手指和手腕的负担。

姿势控制方面，对工作台及工具的人体工效学设计应排除或减少笨拙、窘迫或非直立的工作姿势，例如手腕弯曲，前臂旋前、高于肩高、远于手臂的长度或者身体中线后方工作地点。避免工具架空，减少伸展抓举。提供座椅可减少长时间静态肌肉的伸缩。设计和选择座椅时应该考虑特定工作以及伸手距离和手工高度的兼容性。设备和硬件应该适于劳动者的高度和身体活动范围。鼓励白领工作者保持上身挺直、双脚平放地面的坐姿，避免长时间低头或弯腰工作。调整办公桌椅的高度和角度，使电脑屏幕与眼睛保持适当的距离和高度，减少颈部和眼部的疲劳。定时进行眼部和颈部的放松运动，如闭眼休息、转动眼球、左右摆动头部等，以缓解肌肉紧张。利用智能办公系统或手机 App 等工具，设置定时提醒功能，提醒员工每隔一段时间起身活动或进行伸展运动。鼓励员工之间相互监督和提醒，形成良好的工作习惯和健康氛围。鼓励员工采用站立式办公、走动式会议等多种工作方式，减少长时间久坐对身体的危害。提供可调节的站立式办公桌或站立式工作台等设备，方便员工根据自身需求选择合适的工作方式。

（二）个体防护措施

正确使用个人防护设备是切实可行的一级预防策略。根据工作性质和肌肉骨骼疾患风险，选择并佩戴适当的防护设备，如护腰带、护腕、安全帽和防滑鞋等。这些设备能够提供额外的支撑和保护，减少因意外或不当操作导致的肌肉骨骼损伤。

以国内外外骨骼装备为代表的支持性装备技术，逐渐成为新的发展趋势。外骨骼辅助装备可理解为一种结合了人工智能和机器人机械能量的人机结合可穿戴装备，嵌合穿戴于人体表面。研究表明，上肢外骨骼能增加抓举力量，减少上肢托举的能量消耗和疲劳；外骨骼装备能增加穿戴者的负重，提供支撑、助力和转移负重。随着科学技术的发展，借助材料技术、传感器技术、仿生学技术及控制技术等领域科学技术研发外骨骼支持性装备技术，已经应用于职业卫生领域职业性肌肉骨骼损伤的工效学干预防控。

（三）职业健康管理

不良作业环境是常见工作相关肌肉骨骼疾病的重要原因。用人单位应改革生产工艺，创造轻松的工作环境，提供工间休息的场所，按照工效学原则改进工作场所设施和设备，维持合适的温度、照明、颜色等，减少不良工效学因素、振动、噪声、化学物质等有害因素的影响。用人单位在组织生产劳动时，应根据工作任务、劳动强度、工作时间以及劳动者的生理、心理适应能力进行合理安排。合理分配劳动内容，制定科学合理的岗位制度，明晰岗位分工合作，分散劳动强度，避免劳动者出现对重复性工作内容的疲倦和对工作大包大揽的情况。调整作业制度，合理安排工作节奏，定期进行工种轮换，适当增加工休时间。组织劳动者进行适当的锻炼和伸展活动，以利于劳动者及时消除疲劳、恢复体力、增加个体的力量、灵活性以及耐久力。注重提高工作满意感，减轻劳动者心理负荷，降低发生工作相关肌肉骨骼疾病的风险。此外，应针对推、拉、抬、举等较重的体外负荷作业，正确有效执行负重标准，避免超负荷作业。

（四）职业健康教育

目前，对于尚无对症治疗方法的肌肉骨骼疾病患者，往往只能暂时缓解症状。因此，根据其病理学特点和工程分析，有针对性地采取预防措施尤为重要。为此，开展相关的职业健康教育十分必要。用人单位要对劳动者进行上岗前培训和定期宣教，使其了解所从事工种的职业健康保护注意事项、工作任务、劳动强度、工作时间、作业制度、工种轮换，工休时间，以利于及时消除疲劳、恢复体力的各项措施。用人单位应倡导劳动者在工作中，尽量避免长时间保持同一姿势，特别是弯腰、扭转或过度伸展等可能导致肌肉疲劳和损伤的姿势；定期进行伸展运动，调整坐姿或站姿，以缓解肌肉紧张，改善血液循环。劳动者应积极参加体育活动，提倡工间操、工后操，要进行耐力和耐寒锻炼，不断增强机体的耐受力和抵抗力。

（韩　承）

第三节　二级预防

二级预防，也被称为“三早”预防，即早发现、早诊断、早治疗。二级预防又可以称为发病预防，其核心策略是通过对劳动者进行职业健康监护，结合工作环境中工效学相关有害因素监测，以早期发现劳动者工作相关肌肉骨骼疾病损害。这种预防措施旨在减少工效学危害，确保工作环境达到相关职业卫生标准。为此，对存在职业危害因素的工作场所，需严格实行健康监护，做到早期发现、早期鉴别、早期诊断。同时，还应定期对存在职业危害因素的场所进行检查和检测，使工作场所的危害因素符合国家标准。

职业病的二级预防主要是指早期检测人体受到职业危害因素所致疾病。其核心手段包括定期进行工作环境中职业病危害因素的检测和对接触者的定期体格检查，以早期发现病损，及时预防、处理。体格检查的间隔期可根据疾病的自然演变、发病快慢和严重程度、接触到职业危害程度以及接触人群的易感性等因素来确定。体格检查项目应鼓励使用特异及敏感的生物监测指标进行评价。因此，工作相关肌肉骨骼疾病的二级预防主要手段是职业健康监护和职业健康检查，根据劳动者的工作相关肌肉骨骼疾病风险，通过系统的定期或不定期的医学健康检查、健康相关资料的收集、肌肉骨骼疾病评估量表等手段，连续性地监测劳动者健康状况，分析劳动者健康变化与所接触的危害因素的关系，并及时地将健康检查和资料分析结果报告给用人单位和（或）个人，以便及时采取干预措施，保护劳动者健康。

一、二级预防的目的和意义

（一）目的

二级预防的核心目的是早期发现和掌握特定人群的工作相关肌肉骨骼疾病状况及职业危害，为早期诊断、早期治疗及采取相应的防治措施提供依据，增加改善和逆转工作相关肌肉骨骼疾病的可能性。尽管一级预防措施是理想的方法，在现有的技术条件下，有时难以达到预期效果，仍可出现不同程度工作相关肌肉骨骼疾病健康损害的人群，因此二级预防是十分必要的。已有研究显示开展针对工作相关肌肉骨骼疾病的预防对于减少疾病发生、减少旷工、工作原因所致赔偿具有积极意义。

（二）意义

（1）监测工作相关肌肉骨骼疾病的发生、发展规律，及其在三间分布情况。

（2）早期发现、识别工作相关肌肉骨骼疾病及职业禁忌证。

（3）评价作业环境与工作相关肌肉骨骼疾病的危害程度和关系。

（4）识别新的职业危害、危害因素和危害人群。

（5）进行目标干预，包括改善作业环境条件，优化生产工艺，采取更为适当的个人防护，对工作相关肌肉骨骼疾病患者、疑似工作相关肌肉骨骼疾病患者和有职业禁忌人员的处理与安置等。

（6）评价预防和干预措施的效果。

（7）为制定或修订卫生政策和职业病防治对策提供支撑。

二、二级预防的策略与措施

根据职业病二级预防策略，职业性肌肉骨骼疾病预防的策略主要任务是全员按时完成职业健康监护。职业健康监护是以预防为目的，根据劳动者的职业接触史，通过定期或不定期的医学健康检查和健康相关资料的收集，连续性地监测劳动者的健康状况，及时采取干预措施，旨在早期发现职业病、职业健康损害和职业禁忌证，评价职业健康损害与作业环境中职业病危害因素的关系及其危害程度，保护劳动者健康。职业健康监护主要包括职业健康检查和职业健康监护档案管理等内容。

（一）职业健康检查

职业健康检查是通过对接触不良工效学职业危害因素的劳动者进行定期的健康体检，尤其是开展针对不同部位的体格检查和辅助客观检查，可以早期发现健康损害，及时进行处理或治疗，防止病损的发展。这一措施要求及时将体检结果告知劳动者本人，以便他们了解自身的健康状况，并采取相应的保护措施。通过职业健康检查，一是可以发现职业禁忌人员，从而指导岗位设置；二是可以早期发现疑似职业病，进一步提请职业病诊断；三是可以对其他健康损害给予妥善处理意见。对于工作相关肌肉骨骼疾病的职业健康检查按照岗位情况分为三种，即上岗前、在岗期间和离岗时的职业健康检查。其中，上岗前职业健康检查主要目的是判断拟上岗劳动者是否有从事不良工效学职业危害因素作业的职业禁忌证，该类病证是指劳动者由于自身的个人特殊生理或病理状态，在从事接触不良工效学职业危害因素时，与一般职业人群相比更易受到损害，可能导致工作相关肌肉骨骼疾病或加重原有疾病，甚至对他人的生命健康构成危险。在岗期间职业健康检查主要目的是判断劳动者是否有从事不良工效学职业危害因素作业的职业禁忌证或疑似职业病，疑似职业病界定应以4项原则为准：①疑似职业病的界定应以职业病定义作为参照；②疑似职业病患者所患疾病应在《职业病分类和目录》范围之内；③应按照《疑似职业病界定标准》（GBZ/T 325—2022）执行，基于现有的疾病证据、接触证据、疾病与接触的职业病危害因素之间因果关系等相关证据进行界定；④疑似职业病患者所患疾病的严重程度应达到相应职业病的诊断起点。离岗时职业健康检查主要目的是判断劳动者是否有从事不良工效学职业危害因素作业的疑似职业病。

（二）职业健康监护档案

职业健康监护档案管理旨在通过建立和完善职业健康监护档案，系统记录劳动者的职业健康检查信息，实现对劳动者健康状况变化的动态跟踪，及时发现潜在职业病风险，并为制定针对性预防和治疗措施提供科学依据。根据《职业病防治法》第三十六条规定，用人单位应当为劳动者建立职业健康监护档案，并按照规定的期限妥善保存。职业健康监护档案应当包括劳动者的职业史、职业病危害接触史、职业健康检查结果和职业病诊疗等有关个人健康资料。同时，根据《职业健康检查管理办法》第二十条规定，职业健康检查机构应当建立职业健康检查档案。职业健康检查档案保存时间应当自劳动者最后一次职业健康检查结束之日起不少于15年。职业健康检查档案应当包括下列材料：①职业健康检查委托协议书；②用人单位提供的相关资料；③出具的职业健康检查结果总结报告和告知材料；④其他有关材料。

此外，用人单位管理者还应定期组织肌肉骨骼症状问卷调查，了解疾病征兆史和进行筛查、定期进行工作场所工效学检测和评价，通过实施以上综合措施，能够在职业病发展的早期阶段，有效地发现劳动者不良工效学损害，及时采取补救措施，防止病损进一步发展，进而切实保护劳动者的健康权。

（阎腾龙　关　里）

第四节　三级预防

三级预防，也称为临床预防或康复性预防，在职业病、职业健康预防控制体系中，是重要一环。三级预防是指在疾病或伤害发生后，通过积极的医疗干预和康复措施，减轻病情，促进康复，预防并发症出现、避免伤残以及劳动能力丧失情况的发生。它强调在患病或受伤后，不仅要进行必要的治疗，还要注重康复和并发症的预防，以达到提升劳动者职业健康水平的目的。

三级预防原则主要包括以下几个方面：

第一，对已患病或受伤劳动者的及时处理是首要任务。这些劳动者可能由于长期暴露于某种职业危害因素而患上职业病或受到健康损害。对于这些劳动者，需要立即调离原有工作岗位或环境，以避免继续暴露于有害因素中，进而防止病情恶化。同时，还应结合合理的急救措施，积极改善患者的病情，减轻相关症状。

第二，促进患者康复和预防并发症的发生和发展也是三级预防的重点。职业病往往具有慢性、进行性等特点，患病劳动者在治疗过程中可能会面临发生各种并发症的风险。因此，除了积极治疗原发病外，还应注重患者的康复训练和并发症的预防工作。这包括制订合理的康复计划，多举措提高生活质量等；通过一系列的康复训练，如肌力训练、耐力训练、柔韧性训练等，来增强患者的肌肉力量、耐力和关节稳定性。这些训练有助于改善患者的身体功能，减少疼痛，并预防并发症的发生；也有必要加强并发症的监测和预警，及时发现并处理并发症，防止病情恶化。

一、三级预防的目的和意义

（一）目的

三级预防的核心目的如下。

1. 减轻症状与促进康复

对于已经患有职业相关肌肉骨骼疾患的劳动者，三级预防的首要目的是通过专业的医疗手段和康复措施，及时处理、减轻相关症状、促进康复。

2. 防止并发症与二次伤害

在治疗和康复过程中，三级预防还注重预防可能出现的并发症和二次伤害，促进劳动者健康。

3. 改善患者生活质量

通过有效的治疗和康复，帮助劳动者恢复或提高生活自理能力、工作能力，使他们能够更好地融入社会和工作，提高整体生活质量。

（二）意义

1. 保障员工健康与安全

三级预防体现了用人单位对员工健康与安全的高度重视。通过三级预防，用人单位能够及时发现并处理劳动者的健康问题，避免因职业相关肌肉骨骼疾患导致长期健康损害，降低生活质量。

2. 减少医疗与赔偿成本

通过早期的预防、检测和治疗，用人单位可以降低因职业相关肌肉骨骼疾患导致的长期医疗和赔偿成本。对于用人单位的经济效益和长期稳健发展具有重要意义。

3. 符合法律、法规与社会责任

实施三级预防策略也是用人单位遵守相关法律法规、履行社会责任的体现。

二、三级预防的策略与措施

三级预防是指肌肉骨骼疾病患者在明确诊断后，得到及时、合理的处理，以预防和控制疾病恶化及复发，保持劳动能力。常见措施包括物理疗法、药物治疗和手术治疗等。对于有些患者，停止工作后症状可能会消失，但若未痊愈而恢复工作则症状可能会重新出现。即便是痊愈的个体恢复工作，仍有重新出现的可能性。

从临床预防或康复性预防的角度，针对患有工作相关肌肉骨骼疾病的劳动者，可以采取一系列措施来减轻症状、促进康复、防止并发症和二次伤害，从而改善患者的生活质量。以下是一些具体的策略与措施。

（一）全面评估与诊断

对患者进行全面的身体检查和评估，包括不限于鉴别和诊断肌肉、肌腱、骨骼、软骨、韧带、神经等相关疾病、日常活动能力和工作能力等。结合患者的职业特点、接触史、工作环境和日常习惯等，初步判断导致肌肉骨骼疾患的具体原因。

（二）制订个性化康复计划

康复治疗是无创、无明显副作用的非手术治疗方式。根据评估诊断结果，制订个性化的康复计划，包括物理治疗、运动疗法、药物治疗等。应特别注重提高肌肉力量、关节灵活性、稳定性、营养受损神经等。

（三）药物治疗、物理治疗与运动疗法

根据患者的具体情况，使用适当的药物来缓解症状，促进神经功能的恢复。可以使用NSAID、肌肉松弛剂、外用贴剂等药物，以此缓解疼痛，消除炎症。药物治疗只是暂时缓解症状，不能解决根本问题。也有研究表明药物治疗在缩短疼痛持续时间、减轻疼痛强度、促进治疗后功能恢复以及提高复工率等方面是否有效存在争议。

物理疗法也是促进康复的重要手段。利用热敷、冷敷、按摩、牵引等物理治疗方法，可以改善患者的血液循环和代谢状况，缓解肌肉紧张和疼痛；通过电疗等刺激神经和肌肉组织，促进神经功能的恢复。冷疗、热疗、超声波等物理因子治疗，可以改善半月板局部血液循环，促进炎症消退。此外，针灸、推拿等中医传统疗法也有助于缓解疼痛和改善关节功能。

适当的运动可以帮助预防和治疗多种骨骼肌肉疾病。如渐进性力量训练、平衡练习和柔韧性训练，能够促进能量代谢、蛋白质代谢、离子代谢和激素代谢等过程，从而提高肌肉的力量、耐力和适应性。伸展运动、加强核心肌群的训练等，有助于增强腰背部的稳定性和灵活性，减轻疼痛。关节活动度训练和平衡训练，可以增强膝关节周围肌肉的力量和稳定性，减轻半月板的负担。适当的拉伸训练、力量训练和平衡训练，可以增强肌肉和韧带的弹性和力量。运动训练应在专业指导下进行，避免过度运动导致二次损伤。

还有研究指出，表面肌电图在运动医学及康复医学的领域有着较为广泛的应用。作为一种客观量化的评估手段，并具备多样化的分析方法，表面肌电图不仅可以很好地评估患者的肌肉功能、激活时间和肌肉协调性，还有助于针对性地指导康复目标的制定，以及对康复效果进行评价，直观量化地呈现出肌肉功能的变化情况。

（四）心理支持与康复治疗

工作相关肌肉骨骼疾病常常会给患者带来较大的心理压力和困扰，患者往往会出现焦虑、抑郁等情绪问题，因此，心理支持也是不可忽视的一环。医疗单位和用人单位应耐心倾听患者诉求和感受，给予心理支持和疏导，帮助患者树立信心，积极面对康复过程。同时，要对患者进行健康教育，让他们了解工作相关肌肉骨骼疾病的成因、预防方法和康复技巧，提高自我管理能力。有研究建议运用生物—心理—社会模型对慢性腰痛进行评估与治疗，还推荐了认知行为疗法、渐进式放松、正念减压疗法及综合物理和心理疗法等治疗方案。

（五）预防并发症和二次伤害

医疗单位或者用人单位相关管理人员应该对患者定期进行复查，及时发现并处理潜在风险。一旦发现异常情况，如关节肿胀、疼痛加剧等，应及时采取措施进行处理。教育患者正确的运动姿势和技巧，识别并消除工作环境中的危险因素，如重负荷、振动、不良照明、不稳定的地面等，避免在工作或日常生活中因不当动作导致二次伤害。

（六）改善营养与生活方式

日常生活方式的调整也是康复的重要内容。在饮食方面，应注意营养均衡，多摄入富含蛋白质和维生素的食物，以促进组织修复。鼓励患者戒烟限酒，保持良好的作息习惯，避免久坐或久站。应保持良好的作息习惯，避免过度劳累和长时间保持同一姿势。

（七）定期复查与随访

患者应定期前往医院复查，评估康复效果，并根据医生建议调整康复计划。医生也应定期进行随访，及时了解患者的病情变化，包括肌肉骨骼系统的恢复情况、疼痛程度、活动受限程度等。这有助于医生评估治疗效果，并根据病情变化调整治疗方案。

综上所述，从临床康复的角度针对工作相关肌肉骨骼疾病进行干预，需要综合考虑患者的具体情况，制订个性化的康复计划，并综合运用药物治疗、物理疗法、运动训练、心理支持等多种手段，以减轻症状、促进康复、防止并发症和二次伤害、提升劳动者职业健康水平。

（韩　承）

参考文献

[1] 曾强. 职业病三级预防理论与实践 [M]. 北京：人民卫生出版社，2022.
[2] 陈孝平，汪建平，赵继宗. 外科学 [M]. 9 版. 北京：人民卫生出版社，2018.
[3] 陈仲强，刘忠军，党耕町. 脊柱外科学 [M]. 北京：人民卫生出版社，2013.
[4] 戴红. 康复医学 [M]. 北京：北京大学医学出版社，2019.
[5] 党耕町，刘忠军，张凤山，等. 罗思曼 – 西蒙尼脊柱外科学 [M]. 6 版. 北京：北京大学医学出版社，2017.
[6] 丁玉兰. 人机工程学 [M]. 北京：北京理工大学出版社，2017.
[7] 于长隆. 骨科康复学 [M]. 北京：人民卫生出版社，2010.
[8] 郭应禄、祝学光. 外科学 [M]. 北京：北京大学医学出版社，2003.
[9] 胡波，刘志东，李志民. 职业病运动康复理论与实践 [M]. 广州：广东科技出版社，2023.
[10] 恽晓平. 康复疗法评定学 [M]. 北京：华夏出版社，2012.
[11] 黄晓琳，燕铁斌. 康复医学 [M]. 北京：人民卫生出版社，2018.
[12] 李德鸿. 职业健康监护指南 [M]. 上海：东华大学出版社，2012.
[13] 南登昆，黄晓琳，燕铁斌，等. 康复医学 [M]. 5 版. 北京：人民卫生出版社，2013.
[14] 邱贵兴. 奈特骨科疾病彩色图谱 [M]. 北京：人民卫生出版社，2010.
[15] 曲绵域，田得祥. 运动创伤检查法 [M]. 2 版. 北京：北京大学医学出版社，2013.
[16] 曲绵域，于长隆. 实用运动医学 [M]. 4 版. 北京：北京大学医学出版社，2003.
[17] 田伟. 实用骨科学 [M]. 2 版. 北京：人民卫生出版社，2016.
[18] 王澍寰. 手外科学 [M]. 3 版. 北京：人民卫生出版社，2011.
[19] 王玉龙. 康复功能评定学 [M]. 3 版. 北京：人民卫生出版社，2019.
[20] 邬堂春. 职业卫生与职业医学 [M]. 8 版. 北京：人民卫生出版社，2017.
[21] 伍勰. 运动生物力学 [M]. 北京：高等教育出版社，2020.
[22] 刑博. 人体工程学 [M]. 青岛：中国海洋大学出版社，2014.
[23] 徐红萌. 腰痛诊断与治疗 [M]. 刘小立，译. 郑州：河南科学技术出版社，2014.
[24] 燕铁斌. 物理治疗学 [M]. 北京：人民卫生出版社，2018.
[25] 詹思延. 流行病学 [M]. 人民卫生出版社，2017.
[26] 张宏，姜贵云. 物理治疗学 [M]. 2 版. 北京：人民卫生出版社，2019.
[27] 樊瑜波，王玉珍. 骨肌系统生物力学建模与仿真 [M]. 北京：人民卫生出版社，2017.
[28] Donald A. Neumann. 骨肌运动功能学 康复学基础 [M]. 3 版. 刘宝戈，敖英芳，马信龙，译. 北京：北京大学医学出版社，2022.

[29] McCauley-Bush，Pamela. 工效学基本原理、应用及技术［M］. 陈善广，周前祥，柳忠起，等，译 . 北京：国防工业出版社，2016.
[30] 毕明丽，孙新，李珏，等 . 国内外工作相关肌肉骨骼疾患研究现状及发展态势分析［J］. 职业与健康，2022，（15）：2127–2132.
[31] 曾国习，陈海友，张美程，等 . 渔民髌前滑囊炎的特点及治疗体会［J］. 中医正骨，2010，22（11）：51.
[32] 曾秀诗，郑邦健 . 职业与滑囊炎［J］. 职业卫生与病伤，2002（1）：45–46.
[33] 陈青松 . 工作相关肌肉骨骼疾患及其防控［J］. 环境与职业医学，2023，40（1）：1–5.
[34] 程爱国，黄绍光，李林 . 全国煤矿工人滑囊炎的流行病学调查［J］. 职业卫生与病伤，1986（1）：17–19.
[35] 程爱国，黄绍光，李林 . 职业性外伤性滑囊炎的诊断和治疗［J］. 工业卫生与职业病，1987（1）：19–21.
[36] 冯阳 . 与时俱进的工效学［J］. 南京工业大学学报（社会科学版），2004（4）：71–75，81.
[37] 郭瑞玉，吴庆文，王小伟，等 . 运动疗法对康复治疗师职业性肌肉骨骼疾患的康复效果［J］. 华北理工大学学报（医学版），2017，19（6）：8.
[38] 江南宇，董一丹，姜伟，等 . 工效学负荷评估方法进展概述［J］. 环境与职业医学，2022，39（6）：632–638.
[39] 姜萍，何丽华 . 国外工作相关肌肉骨骼疾患认定与赔偿标准概览［J］. 中国职业医学，2021，（5）：557–565.
[40] 李晨阳，石陨 . 浅析颈椎病的危险因素［J］. 中华针灸电子杂志，2020，9（3）：128–130.
[41] 李建华 . 表面肌电图的康复临床评估应用进展［J］. 实用医院临床杂志，2014，11（5）：3.
[42] 李林，黄绍光 . 煤矿井下工人滑囊炎的流行病学调查［J］. 工业卫生与职业病，1987（1）：14–16.
[43] 李增春，陈德玉，吴德升，等 . 第三届全国颈椎病专题座谈会纪要［J］. 中华外科杂志，2008，46（23）：1796–1799.
[44] 梁倩倩，张霆 . 肩周炎中西医结合诊疗专家共识［J］. 世界中医药，2023，18（7）：911–917.
[45] 林霖 . 髌前滑囊炎的病因和治疗进展［J］. 中国现代医学杂志，2002（11）：40–41.
[46] 卢雅梦，雷静，尤浩军 . 骨骼肌损伤后疼痛机制及非药物治疗研究进展［J］. 中国疼痛医学杂志，2023，29（2）：138–143.
[47] 牛升波，杨桓，吴江红，等 . 慢性腰痛诊断与治疗的研究进展［J］. 海军军医大学学报，2023.
[48] 沙蕉，李宏云，陈世益，等 . 关节镜下成形联合缝合术治疗不稳定型外侧盘状半月板临床分析［J］. 中国运动医学杂志，2011，30（7）：609–612.
[49] 申毅锋，周俏吟，李石良 . 基于解剖结构的桡骨茎突狭窄性腱鞘炎研究进展［J］. 中国骨伤，2019，32（5）：479–484. DOI：10.3969/j.issn.1003–0034.2019.05.018.
[50] 世界中医药学会联合会骨关节疾病专业委员会 . 腕管综合征中西医结合诊疗专家共识［J］. 中华医学杂志，2023，103（7）：473–482.
[51] 王国基，王国军，彭健民，等 . 腰椎间盘突出症致病因素的流行病学研究［J］. 现代预防医学，2009，36（13）：2401–2403.

[52] 王振涛，韩玉龙，李彦平，等．不同方法治疗不同程度桡骨茎突腱鞘炎临床疗效的对比观察[J]. 临床和实验医学杂志，2015（15）：1289-1291.
[53] 吴浩．颈椎病的病因、常见症状及科学防治[J]. 人口与健康，2023（5）：90-94.
[54] 吴煌超，孙劲，张忠文．指屈肌腱狭窄性腱鞘炎治疗的研究进展[J]. 中国医药导报，2024，21（1）：68-71.
[55] 吴向东，姜洪丰，苏鹏，等．职业性手指指屈肌腱狭窄性腱鞘炎不同治疗方法的初探[J]. 中华劳动卫生职业病杂志，2017，35（4）：302-303.
[56] 阎腾龙，张楚宜，朱晓俊，等．工作相关肌肉骨骼疾患目录对比分析[J]. 中华劳动卫生职业病杂志，2022，40（4）：311- 315.
[57] 杨辉，郭丽新，武媛媛．颈椎病病因的相关性研究进展[J]. 中国实验诊断学，2012，16（6）：1152-1154.
[58] 杨磊．工效学应用研究简介[J]. 劳动医学，1999（2）：55-57.
[59] 杨雄武，陈跃平．指屈肌腱腱鞘炎的治疗方法回顾[J]. 医学信息，2015（39）：406-406.
[60] 张会杰，孙新，张华东，等．我国重点行业职业人群下背痛影响因素分析[J]. 中国工业卫生，2021，48（5）：481-487.
[61] 赵朝义．工效学基础数据调查研究[J]. 工效学，2013，19（1）：76-79.DOI：10.13837/j.issn.1006-8309.2013.01. 021.
[62] 赵云栋，唐冬良．职业性外伤性髌前滑囊积血的防治[J]. 中华劳动卫生职业病杂志，1995（2）：121.
[63] 郑亦沐，关里．职业因素与颈椎病发病关系研究进展[J]. 中国工业医学杂志，2017，30（2）：112-114.
[64] 中国健康促进基金会骨病专项基金骨科康复专家委员会．骨科康复中国专家共识[J]. 中华医学杂志，2018，98（3）：7，164-170.
[65] 中华外科杂志编辑部．颈椎病的分型、诊断及非手术治疗专家共识（2018）[J]. 中华外科杂志，2018，56.6（2018）：4，401-402.
[66] 中华医学会骨科学分会脊柱外科学组，中华医学会骨科学分会骨科康复学组．腰椎间盘突出症诊疗指南[J]. 中华骨科杂志，2020，40（8）：477-487.
[67] 钟思武，曲颖，王忠旭．工作相关肌肉骨骼疲劳与损伤相关生物标志物研究进展[J]. 职业与健康，2018，34（21）：8.DOI：CNKI：SUN：ZYJK.0.2018-21-034.
[68] 周杰，王生，唐仕川，等．职业性肌肉骨骼损伤的危险因素与工效学预防措施[J]. 伤害医学（电子版），2014，3（4）：26-29.
[69] 朱秋鸿，刘拓．ILO 职业性肌肉骨骼疾病诊断和暴露标准简介[J]. 中国卫生标准管理，2022，13（11）：1-5.
[70] 朱秋鸿，张君，刘拓．工作相关肌肉骨骼疾病判定标准国内外对比研究[J]. 中国卫生标准管理，2021，12（22）：1-5.
[71] 中华人民共和国卫生部．煤矿井下工人滑囊炎诊断标准：GBZ 82-2024[S]. 北京：中国标准出版社，2024.
[72] Shengli Niu，Claudio Colosio，Michele Carugno，et al. International Labour Organization. Diagnostic

and exposure criteria for occupational diseases [M]. Geneva: ILO, 2022: 500- 518.

[73] Shingle Niu, Claudio Colosio, Michele Carugno, et al. International Labour Organization. Diagnostic and exposure criteria for occupational diseases [M]. Geneva: ILO, 2022: 515–518.

[74] Waldman SD, ed. Atlas of Common Pain Syndromes [M]. 4th ed. Philadelphia, PA: Elsevier, 2019.

[75] Frontera WR.Essentials of Physical Medicine and Rehabilitation [M]. Third Edition, Elsevier, 2015.

[76] Miller T T, Shapiro M A, Schultz E, et al. Comparison of sonography and MRI for diagnosing epicondylitis [J]. J Clin Ultrasound, 2002, 30 (4): 193–202.

[77] Adnan S Kabeer, Humza T Osmani, Jugal Patel, et al. The adult with low back pain: causes, diagnosis, imaging features and management [J].British Journal of Hospital Medicine, 2023, 84 (10): 1–9.

[78] Al Badri F. Work–Related De Quervain's Tensosynovitis (DQT): The Diagnosis Dilemma [J]. Cureus, 2023, 15 (1): e33458.

[79] Boutry N, Titecat M, Demondion X, et al. High–frequency ultrasonographic examination of the finger pulley system [J]. J Ultrasound Med, 2005, 24 (10): 1333–9.

[80] Christina Bach Lund, Sigurd Mikkelsen, Lau Caspar Thygesen, et al. Movements of the wrist and the risk of carpal tunnel syndrome: a nationwide cohort study using objective exposure measurements [J]. Occup Environ Med, 2019, 76 (8): 519–526.

[81] Clauw D J. Fibromyalgia: a clinical review [J]. JAMA, 2014, 311 (15): 1547–55.

[82] Clewley D, Flynn T W, Koppenhaver S. Trigger point dry needling as an adjunct treatment for a patient with adhesive capsulitis of the shoulder. J Orthop Sports Phys Ther [J]. 2014 , 44 (2): 92–101.

[83] David M, Rangaraju M, Raine A. Acquired triggering of the fingers and thumb in adults [J]. BMJ, 2017, 359: 52–85.

[84] Donovan M, Khan A, Johnston V. The Effect of a Workplace–Based Early Intervention Program on Work–Related Musculoskeletal Compensation Outcomes at a Poultry Meat Processing Plant [J]. J Occup Rehabil, 2017, 27 (1): 24–34.

[85] du Toit C, Stieler M, Saunders R, et al.Diagnostic accuracy of power Doppler ultrasound in patients with chronic tennis elbow [J]. Br J Sports Med, 2008, 42 (11): 872–6.

[86] Dunn J H, Kim J J, Davis L, et al. Ten- to 14–year follow–up of the Nirschl surgical technique for lateral epicondylitis [J]. Am J Sports Med, 2008, 36 (2): 261–266.

[87] Freys SM.Olecranon and prepatellar bursitis [J]. Langenbecks Arch Chir Suppl Kongressbd, 1997, 114: 493—496.

[88] Harna B, Gupta V, Arya S, et al. Current Role of Intra–Articular Injections of Platelet–Rich Plasma in Adhesive Capsulitis of Shoulder: A Systematic Review. Bioengineering (Basel) [J]. 2022, 10 (1): 21.

[89] Hassell A, Fowler PD, Dawes PT: Intra–bursal tetracycline in the treatment of olecranon bursitis in patients with rheumatoid arthritis [J]. Br J Rheumatol, 1994, 33: 859–860.

[90] Henrichsen J L, Wilhem S K, Siljander M P, et al. Treatment of patella fractures [J]. Orthopedics, 2018, 41 (6): e747–e755.

[91] Jia X, Ji J H, Petersen S A, et al. Clinical evaluation of the shoulder shrug sign [J]. Clinical orthopaedics and related research, 2008, 466: 2813-2819.

[92] Jinquan Gong, Gewei Wang, Yafeng Wang, et al. Nowcasting and forecasting the care needs of the older population in China: analysis of data from the China Health and Retirement Longitudinal Study (CHARLS) [J]. The Lancet Public Health, 2022, 7 (12): e1005-e1013.

[93] Kelley M J, Shaffer M A, Kuhn J E, et al. Shoulder pain and mobility deficits: adhesive capsulitis: clinical practice guidelines linked to the international classification of functioning, disability, and health from the Orthopaedic Section of the American Physical Therapy Association [J]. Journal of orthopaedic & sports physical therapy, 2013, 43 (5): A1-A31.

[94] Luca Padua, Cristina Cuccagna, Silvia Giovannini, et al. Carpal tunnel syndrome: updated evidence and new questions [J]. Lancet Neurol, 2023, 22 (3): 255-267.

[95] Makkouk A H, Oetgen M E, Swigart C R. Trigger finger: etiology, evaluation, and treatment [J]. Current Reviews in Musculoskeletal Medicine, 2008, 1: 92-96.

[96] Mardani-Kivi M, Karimi-Mobarakeh M, Babaei Jandaghi A, et al. Intra-sheath versus extra-sheath ultrasound guided corticosteroid injection for trigger finger: a triple blinded randomized clinical trial [J]. Phys Sportsmed, 2018, 46 (1): 93-97.

[97] Melvin, Stuart J.M D; Mehta, Samir M D. Patellar Fractures in Adults [J]. American Academy of Orthopaedic Surgeon, 2011, 19 (4): p 198-207.

[98] Mitsch J, Casey J, McKinnis R, et al. Investigation of a consistent pattern of motion restriction in patients with adhesive capsulitis [J]. Journal of Manual & Manipulative Therapy, 2004, 12 (3): 153-159.

[99] Mysnyk M C.Prepatellar bursitis in wrestlers [J]. Am J Sports Med, 1986, 14 (1): 46-54.

[100] Nzuekoh N Nchinda, Jennifer Moriatis Wolf. Clinical Management of Olecranon Bursitis: A Review [J]. J Hand Surg Am, 2021, 46 (6): 501-506.

[101] Palmer K T, Harris E C, Coggon D. Compensating occupationally related tenosynovitis and epicondylitis: a literature review [J]. Occup Med (Lond), 2007, 57 (1): 67-74.

[102] Petit Le Manac'h A, Roquelaure Y, Ha C, et al. Risk factors for de Quervain's disease in a French working population [J]. Scand J Work Environ Health, 2011, 37 (5): 394-401.

[103] Ramchandani J, Thakker A, Tharmaraja T. Time to Reconsider Occupation Induced De Quervain's Tenosynovitis: An Updated Review of Risk Factors [J]. Orthop Rev (Pavia), 2022, 14 (4): 36911.

[104] Rodgers J A, McCarthy J A, Tiedeman J J. Functional distal interphalangeal joint splinting for trigger finger in laborers: a review and cadaver investigation. Orthopedics [J]. 1998, 21 (3): 305-9, discussion : 309-10.

[105] Rosalinda T, Jorge I, Liliana C, et al. High frequency of carpal tunnel syndrome and associated factors: A cross-sectional study in Peruvian workers from agro-export industry [J]. Medicine, 2023, 102 (44): e35927.

[106] Schuett D J, Hake, M E, Mauffrey C, et al. Current treatment strategies for patella fractures [J].

Orthopedics，2015，38（6）：377–384.
[107] Smith D L，McAfee J H，Lucas L M，et al. Treatment of nonseptic olecranon bursitis. A controlled，blinded prospective trial [J]. Arch Intern Med，1989，149：2527–30.
[108] Weinstein P S，Canso J J，Wohlgethan J R. Long–term follow–up of corticosteroid injection for traumatic olecranon bursitis [J]. Ann Rheum Dis，1984，43：44–6.
[109] Yang J，Lin J. Reliability of function–related tests in patients with shoulder pathologies [J]. Journal of Orthopaedic & Sports Physical Therapy，2006，36（8）：572–576.